图书馆管理与资源开发建设

刘淑玲　主编

吉林出版集团股份有限公司

图书在版编目(CIP)数据

图书馆管理与资源开发建设 / 刘淑玲主编. — 长春：
吉林出版集团股份有限公司，2021. 3

ISBN 978-7-5581-9888-5

Ⅰ. ①图… Ⅱ. ①刘… Ⅲ. ①图书馆管理②图书馆－
信息资源－资源建设 Ⅳ. ①G25

中国版本图书馆 CIP 数据核字(2021)第 054378 号

图书馆管理与资源开发建设

TUSHUGUAN GUANLI YU ZIYUAN KAIFA JIANSHE

出 版 人：吴文阁
主　　编：刘淑玲
责任编辑：赫金玲
装帧设计：中图时代
开　　本：710 mm×1000 mm　1/16
印　　张：13. 25
字　　数：200 千字
版　　次：2022 年 8 月第 1 版
印　　次：2022 年 8 月第 1 次印刷

出　　版：吉林出版集团股份有限公司
发　　行：吉林音像出版社有限责任公司
地　　址：吉林省长春市净月区福祉大路 5788 号出版大厦 A 座 13 层，邮编：130000
电　　话：0431-81629679
印　　刷：三河市嵩川印刷有限公司

ISBN 978-7-5581-9888-5　定价：60. 00 元

目　录

第一章　图书馆管理的基本概念

第一节　图书馆管理的内涵

什么是图书馆管理？怎样给图书馆管理下一个科学的定义？对此，国内外学术界的做法迥然不同。

国外学者一般不明确界定图书馆管理的内涵，如罗伯特·D. 斯图亚特和约翰·泰勒·伊斯特利克合著的《图书馆管理》(书目文献出版社，1984 年第 1 版)、H. M. 福鲁明著的《图书馆组织与管理》(书目文献出版社，1985 年第 1 版)、沃伦·B. 希克斯与阿尔马·M. 蒂林合著的《现代图书馆管理》(书目文献出版社，1989 年第 1 版)等教材或专著中，均无图书馆管理的明确定义。

与此相反，国内许多学者都给图书馆管理下了定义，以至学术界至今尚未取得统一的认识。下面我们列举一些有代表性的定义。

郭星寿认为，“所谓图书馆管理，就是遵循图书馆工作的规律，依据管理工作的内容与程序，在图书馆系统最优化的条件下，充分利用其资源，以有效地实现其社会职能的一系列有组织的活动。”

于鸣镝认为，“应用现代科学的理论与方法，遵照图书馆工作和图书馆事业的固有规律，最大限度地发挥图书馆人力、物力、财力等各种资源的作用，以便达到预定目标的决策过程。这就是图书馆的科学管理。”

鲍林涛主编的《图书馆管理学》(学苑出版社，1989 年第 1 版，第 6 页)指出，图书馆科学管理就是“通过计划、组织、指挥、协调和控制等行动，按照图书馆事业和图书馆工作的发展规律，最合理地使用图书馆的人力、财力、物质资源，使之发挥最大的作用，以达到图书馆预期的目标，圆满地完成图书馆任务”。

黄宗忠认为，“图书馆管理是根据图书馆满足社会读者需求的目的，通过决策、计划、组织、指挥、协调与控制等行动，最合理地分配与使用图书馆系统的人力、物力、财力等资源，使之发挥最大的效益，提高图书馆的效率，以达到图书馆预期的目标，完成图书馆任务的动态过程。”

谭祥金认为,“图书馆管理是图书馆通过专门的机构和人员,合理配置和使用图书馆资源,达到预期目标的过程。”

潘寅生主编的《图书馆管理工作》(北京图书馆出版社,2001 年第 1 版,第 10 页)指出:“图书馆管理是遵循图书馆工作的客观规律,通过计划、组织、协调、指挥等手段,合理配置和使用图书馆资源,以达到预期目标,满足读者知识信息需求的一种活动。”

刘喜申认为,图书馆管理是指图书馆的主管者通过实施决策、组织、领导、控制和创新等职能,来协调工作人员的行为,以达到图书馆预期目标的活动过程。

李松妹认为,现代图书馆管理的定义应该是:全面运用现代管理理论,用以指导现代图书馆全部活动,提升现代图书馆管理水平的整个过程。

应该说,上述几种定义虽然表述方式不同,但并无实质性差别。它们或多或少是通过概括图书馆工作的客观规律、图书馆职能、图书馆资源、图书馆目标等要素来定义图书馆管理,都承认图书馆管理是一种管理活动或管理过程。我们不能说哪一种定义是完全正确的,因为每种定义都有自己的侧重点或视角。

在吸取上述定义之精华的基础上,我们可以给图书馆管理下一个定义:图书馆管理是指引导人力资源、财力资源、信息资源和物质资源进入动态的图书馆以达到图书馆管理的目标,就是使其服务对象——读者满意,并且使服务的提供者——馆员获得一种高涨的士气和强烈的成就感的活动。

这是一个关于图书馆管理的综合性定义。让我们来分析一下这个定义。

图书馆管理包含对人力资源、财力资源、信息资源和物质资源的管理。图书馆管理者必须平衡四者之间的关系,不能厚此薄彼。

图书馆的动态性在这个定义中得到了体现。图书馆的运营是处在一个永远变化的环境之中的,因为信息技术在变化,读者在变化,信息产品和信息服务在变化,馆员也在变化。因而,图书馆也必须变化。那些随时准备适应环境变化的图书馆被称为动态图书馆,正如在定义中所阐述的那样,图书馆管理涉及将人力资源、财力资源、信息资源和物质资源引导进入一个动态图书馆中去。

达到目标是这一定义不可分割的组成部分。目标是一个图书馆管理不可或缺的要素,没有目标,图书馆管理就没有了方向。

衡量达到图书馆目标的绩效度量是其所服务对象的满意程度。读者是图书馆服务的对象,对于成功的图书馆管理需要注重的是读者的满意程度。一些图书馆对读者持一种消极的态度,从长远的观点看,这种态度会使图书馆步入困境。不论一个图书馆是处在一种高度竞争的环境中还是处在一种非高度竞争的环境中，其所关注的焦点都应当是读者的满意程度。因此，图书馆管理就是为了达到使读者满意的目的，而将人力资源、财力资源、信息资源和物质资源引入动态图书馆中。

定义中的最后一个部分是关于对提高士气和成就感的阐述。而高涨的士气和强烈的成就感是馆员在提供信息服务的过程中获得的，馆员从工作中所获得的成就感和满意程度对图书馆达到目标以及为读者提供满意的服务具有很大的影响。

第二节　图书馆管理的特点

作为一种特殊的社会实践活动，图书馆管理具有一般社会实践所共有的客观性、能动性和社会历史性等特性，不过这一特性在图书馆管理中有其具体的表现形式。整个实践的特性对于不同的实践活动来说是一种有共性的东西，而具有这种共性的各种实践活动又表现出不同的特性。图书馆管理具有以下几个主要特性。

一、总合性

图书馆管理的总合性，从空间上来说，它贯穿于一切图书馆管理活动，存在于图书馆管理活动的一切方面和一切领域，凡是有图书馆管理活动的地方，就有图书馆管理存在。从时间来说，它与图书馆共始终。在中国商代，不仅有藏书之所、掌书之人，而且有管书之法。商代设史官掌管藏书，虽然这一时期尚未形成书籍分类和编目体例，但对藏书的管理已存在一定之法。商代史官在甲骨片编联成册之后，为便于查找，在储藏中采用标签形式将其标示。另据英国考古学家伍利（Leonard Woolley，1880—1960）1930—1931 年在幼发拉底河口附近的乌尔（Ur）发掘出的 400 多块泥版文书和 1000 多块残片，发现泥版文书中的经济资料是按主题和年代排列的，泥版还挂有内容简介的标志牌。经专家鉴定，这些泥版文书是由一座寺庙图书馆收藏的，大约存在于公元前 3000 年。这是国外存在最早的藏书管理，代表着国外最原始的图书馆管理理念。随着信息技术的发展，图书馆的形态可能会发生一些变化，传统的纸质图书馆可能会逐渐萎缩，虚拟图书馆、电子图书馆、数字图书馆或网络图书馆将登上历史舞台。但我们认为，只要还存在图书馆活动，不管其形式如何，仍然离不开管理。因此，在图书馆发展的长河中，管理是无处不在、无时不有的一种社会活动，它在图书馆系统中横贯各个层次、涵盖一切领域，具有总合性。

二、依附性

图书馆管理都要依附于一定的图书馆业务工作，它的全部实际内容和具体形式离开了其他的业务活动就不能单独存在，图书馆管理是对业务活动（文献采选、分类编目、书刊借阅、参考咨询、文献检索、情报研究等）的管理。图书馆管理的这种依附性主要表现在：图书馆管理的目标要依托于具体的业务活动才能实现，图书馆管理的过程总是伴随着其他业务活动的进行而展开，图书馆管理的结果则总是融合在其他业务活动的成果之中。也就是说，图书馆管理要以其他某一种、某几种或全部业务活动作为自己的“载体”。

三、协调性

所谓协调性，是指调节和改造各种管理对象之间的关系，使它们能相互适应，按照事物自身固有的规律使它们在整体上处于最佳的功能状态。图书馆管理与其他业务活动不同：

首先，从活动的对象来看，一般业务活动总将某个特定的具体事物作为自己的对象，如文献采选以图书馆未收藏的新书、新刊、新报、新光盘等文献载体为对象，分编工作以图书馆已采购回来的新文献为对象，咨询服务以读者为对象等。但是，图书馆管理在一定意义上却是以图书馆系统的各种业务活动为自己的管理对象，是对这些业务活动之间的关系以及这些业务活动内部的各种要素之间的关系进行协调的活动，从而改变它们的存在状态。

其次，从活动的任务来看，一般的业务活动都有自己特定的具体任务，它们或者是为了购回本馆读者所需要的文献，或者是为了改变文献的形式特征，或者是为了将读者所需要的文献传递给读者，或者是对读者进行信息检索技能培训，或者是为读者提供咨询课题的解答方案等。图书馆管理的主要任务是协调人们之间的关系和利益，协调人们活动的状态和过程，使图书馆各种业务活动要素之间建立有序的结构。所以，图书馆管理是一种柔性的社会活动，图书馆管理者一般并不直接从事信息产品的生产或信息服务活动，他们主要是通过协调各种业务活动的内外关系，特别是馆员之间的关系以及馆员和读者之间的关系，使各种要素、各个环节在共同目标——最有效地满足读者的信息需求的指引下，消除大家在方法、时间、力量或利益等方面存在的分歧和冲突，使图书馆的各种业务活动实现和谐运转，结合成一个有机的整体。

四、组织性

图书馆管理的组织性,一方面指的是图书馆管理活动总是通过一定的组织(如学校图书馆、科学图书馆、企业图书馆、公共图书馆、工会图书馆等)进行的,这种组织是由进行管理活动的人所组成的一个有序结构。组织是管理的主体,任何图书馆管理都是由一定的组织机构(即特定的图书馆)去进行的。同时,组织又是管理的对象,因为任何图书馆管理都是对一定组织(即特定的图书馆)的管理。另一方面,它指的是图书馆管理活动本身就是一种组织活动,这种组织活动将分散的资源如人力、物力、财力、信息等资源组合起来,形成一个稳定的、能够不断根据客观环境变化而进行调整的物质和社会双重结构的过程。这种组织过程把各种离散的、无序的事物结合成一个相互联系、相互制约的管理组织系统,这是图书馆管理活动得以进行的物质和社会实体。同时,它又能不断地根据变化着的外部和内部情况,对管理活动各种要素之间的关系进行调整,以达到物质与社会最佳的匹配关系,使图书馆系统朝着管理的目标运动。前者指的是静态的组织性,它表现为一种有序的组织形式;后者指的是动态的组织性,它表现为一种能动的组织职能。图书馆管理的组织性是图书馆管理最基本的特征。

五、变革性

管理在本质上是变革活动,是使人获得真正自由的活动。管理的特点就是变革——迅速的、不断的、根本的变革。图书馆管理也不例外。从现象上看,图书馆管理有保守的一面,它要维持图书馆系统一定程度的稳定,要用一定的原则、规章制度约束图书馆成员。但是,保守性、束缚性只是使图书馆获得发展、使个人获得真正自由的手段,因而是暂时的、相对的。稳定是运动的一种特殊状态,因为图书馆系统中的人、财、物、信息等要素是不断发展变化的,图书馆系统外部的经济、政治、文化、科技等环境也在不断变化。要实现对图书馆真正有效的管理,目标和计划就要反映对象的变化,协调活动就要使系统内外因素的配合在变动中趋向合理,要不断通过信息反馈实现对图书馆的动态控制,要根据图书馆的发展改变失去合理性的规章制度。图书馆管理的变革性更重要地表现为其发展演化。图书馆管理要反映图书馆的变化,不仅反映图书馆现时的变化,而且要反映图书馆变化的趋势,还要反映趋势的转变,这只有通过科学预测、设立目标、制订计划、完善组织、实施控制等一系列动态管理活动反复循环才能实现。

六、科学性

图书馆管理的动态特性并不意味着图书馆管理没有规律可循。尽管图书馆管理是动态的,但还是可将其分成两大类:一是程序性活动;二是非程序性活动。所谓程序性活动,就是指有章可循,照章运作便可取得预想效果的管理活动,如制定读者服务工作中的各种规章制度,制定人员管理工作中的录用、奖惩、培训等方面的条例,制定行政管理的各种规章制度,制定后勤管理的各种规章制度,等等。所谓非程序性活动,就是指无章可循,需要边运作边探讨的管理活动,如建设图书馆自动化系统、图书馆组织机构的调整、复合图书馆的设计等。这两类活动虽然不同,但又是可以转化的。实际上现实的程序性活动就是由以前的非程序性活动转化而来的,这种转化的过程是人们对这类活动与管理对象进行规律性的科学总结,图书馆管理的科学性在这里得到了很好的体现。此外,对新管理对象所采取的非程序性活动只能依据过去的科学结论进行,否则,对这些对象的管理便失去了可靠性,而这本身也体现了图书馆管理的科学性。

七、艺术性

由于图书馆管理对象分别处于不同系统(如科学院系统、文化系统、教育系统、工商企业系统等)、不同部门(如采访部、编目部、流通阅览部、典藏部、参考咨询部、研究辅导部、信息技术部、特藏部等)、不同环节(如出纳台借还、书库整理)、不同的资源供给条件等环境中,这就导致了对每一具体管理对象的管理没有一个唯一的完全有章可循的模式,特别是对那些非程序性的、全新的管理对象更是如此,因此,图书馆具体管理活动的成效与管理主体管理技巧的娴熟程度密切相关。事实上,管理主体对管理技巧的运用,体现了管理主体设计和操作管理活动的艺术性。另一方面,由于在达成图书馆资源有效配置的目标与现行责任的过程中,可供选择的管理方式、手段多种多样,因而如何在众多可供选择的管理方式中选择一种合适的用于现实的图书馆管理之中,也是管理主体进行管理的一种艺术性技能。

八、经济性

图书馆存在着以资源稀缺性为核心的经济问题,如:社会对图书馆的投资应该达到什么样的水平才能充分发挥图书馆的各项社会功能?为了节约社会投资,提高图书馆的投资效益,对图书馆的社会投资应如何分配?怎样选购和组织藏书才能使有限的购书经费发挥最大的效益？要解决上述问题，就必须对图书馆的人力、物力、财力、信息等资源进行合理配置。而资源配置是需要成本的，因此管理就具有经济特性。图书馆管理的经济性首先反映在图书馆资源配置的机会成本上，管理者选择一种资源配置方式是以放弃另一种资源配置方式为代价而取得的，这里有个机会成本的问题。其次，图书馆管理的经济性反映在管理方式方法的选择上。因为在众多可进行资源配置的方式方法中，其成本不同，故如何选择就产生了经济性问题。最后，图书馆管理是对资源有效整合的过程，因此选择不同资源供给和配比，就有成本大小的问题，这是经济性的另一种表现。

第三节　图书馆管理的范畴

范畴是反映事物本质和普遍联系的基本概念，是人的思维对客观事物本质的普遍反映和概括。

每门学科都应有自身特有的一系列适用范畴。范畴对于学科的发展具有重要意义：①一门学科有没有自身的适用范畴是它能否存在的重要条件。若没有范畴，它既不可能被人们所认识，也不可能被社会所认可。②范畴的不断扩展，就意味着该学科的不断发展。扩展范畴的途径一是改造原有的范畴，即丰富其内涵或深化其内容；二是提出或形成新的范畴。③范畴对于学科理论建设具有特殊的意义，因为理论观点的表述要借助于范畴才有可能实现。④范畴提供学科的入门知识，对干学习者必不可少。从范畴入手，是学习专业知识的必经之路。⑤范畴是一种交流工具，在专业工作者之间借助于范畴进行交流有助于学科的发展。

图书馆管理的范畴是图书馆管理活动中各种要素、关系的普遍联系和全面发展的不同侧面的反映。图书馆系统内部允满着各种矛盾，图书馆管理范畴就是从不同角度反映图书馆系统中各种因素的既对立又统一的辩证关系，它们是图书馆管理的本质和运动规律的不同表现形式，也是各种管理要素和运动过程之间相互作用的交叉点和“结合部”。这些范畴来源于图书馆管理实践，它们随着图书馆管理实践的发展而发展，同时也指导着人们的图书馆管理实践。

一、主体与客体

管理主体是指具有一定管理能力、拥有相应的权威和责任、从事现实管理活动的人，也就是通常所说的管理者。管理主体具有能动性、创造性、自主性等特性。

图书馆的管理主体通常由两个部分构成:一是根据图书馆既定目标将目标任务分解为各类管理活动、工作任务和负有最终督促完成既定目标的人,这类人通常是图书馆的核心人物,或者说是图书馆的高级领导人员,如馆长、副馆长等;二是各方面具体执行诸如计划、组织、协调、控制、经营等管理活动的人,这类人通常是图书馆的骨干人物,如各部门主任。

现实的图书馆管理活动是一种多层次的综合活动,管理主体通常是由许多个人按一定形式组织起来的整体,这种担负管理主体功能的整体就是管理主体系统。从管理主体的不同职能性质来说,管理主体系统是由处于不同职权地位、担负不同管理职能的人相互组合而成的。一般来说,图书馆管理主体系统由四个部分组成,或者说包括四个子系统,即决策系统、执行系统、监督系统和参谋系统。

管理客体是指进入了管理主体活动领域、并能接受管理主体的协调和组织、以人为中心的客观对象系统。这一规定概括地表明了管理客体的特性,即客观性、可控性、系统性和对象性。

图书馆内的管理客体范围较大。首先,图书馆的一般成员均是管理的客体,他们执行组织分配的工作任务,遵照一定的运行规则进行工作,以求获得良好的工作成绩。其次,图书馆中的其他资源,如信息资源、物质资源、金融资源、关系资源等均是管理的客体,都是管理的收受者,它们在管理的作用下经过特定的技术转换过程成为良好的产出物。再次,当图书馆向外扩展自己的生存空间时,必定要作用于相关的人、财、物、信息或其他组织,这些因素也就相应地成为本图书馆管理的客体,只是这类管理客体不一定很确定,而是经常会变动。

管理主体与管理客体是组成图书馆系统实体结构的两极,它们之间的相互联系和相互作用构成了图书馆管理系统。然而,这种联系和作用是通过管理组织这一形式而发生的。管理组织是图书馆管理系统的现实表现形式。管理主体与管理客体不仅通过组织的形式相互联系,而且通过组织的形式相互转化。这种转化指的是管理主体与管理客体在管理活动中各依一定的条件,使自己的地位向其对立面转化。管理主体与管理客体在图书馆系统中的相互转化有不同的表现形式:一种是地位的转化,这是由图书馆职权层次的变化引起的;一种是角色的转化,这是由图书馆行为的变化而引起的;另一种是自身的转化,这是由组织成员自我意识的变化而引起的。正确认识这些转化,对理解图书馆管理系统的辩证性质有着重要意义。

二、硬件与软件

一般来说,图书馆管理活动是由两类既相互对立又相互统一的因素所组成的:一类是活动的物质性载体,它具有一定的感性存在形式,具有稳定性、被动性的特点,称为“硬件”。另一类是使物质性载体能够按一定方式组合起来并产生现实活动的精神性因素,它往往不具有固定的感性存在形式,而是具有变动性、创造性、主动性等特点,称为“软件”。这里的硬件和软件都是泛指与图书馆管理活动有关的事物、过程、方法、成果等,具有普遍的意义。

硬件与软件的划分具有相对性和模糊性,只有把两者同时放在图书馆管理活动中进行比较,才具有较为确定的意义。在图书馆系统中,如果把馆舍、文献、信息技术设备等因素看作是硬件,那么人的精神因素就是软件;在组织结构中,如果组成图书馆的个人是硬件,那么指导人的行为的价值观念、道德情操、理想信念等就是软件;在组织形式中,如果正式组织是硬件即“硬组织”,那么非正式组织就是软件即“软组织”;在管理技术中,如果把具有固定程式的数学分析方法和计算机技术方法称为硬件,即“硬技术”,那么那些具有创造性、没有固定程式的其他管理技术就是软件,即“软技术”;在管理模式中,把图书馆管理单纯看成一种科学,强调运用数学和逻辑方法以及各种严格的制度和标准化原理来进行管理,这就是“硬管理”;而把管理看成一种艺术,强调对人的思想情感及各种非理性因素进行激励,运用非逻辑的创造性方法进行管理,这就是“软管理”。

在图书馆管理活动中,硬件和软件相互依存,相互促进,共同作用,谁也离不开谁。一方面,硬件是软件的基础。任何管理都必须具有正式的和相对固定的组织形式,必须有明确的职务、权力和责任的划分,必须有严格的大家都要遵循的规章制度,必须运用各种物质手段来组织和协调人们的活动。图书馆系统也必须有稳定的输入和输出关系,即既有一定的物质、能量和信息输入,又有一定的信息产品和信息服务输出。这些看得见、摸得着的有形事物是图书馆管理赖以存在和进行的物质基础,离开了这些硬件,软件就失去了自身依托的物质外壳,任何方法、手段、指令、程序等都无法显示其功能,图书馆管理也就根本不能存在。另一方面,软件是硬件的灵魂。任何管理如果只有硬件而没有相应的软件,那么硬件就只能是没有活力的“死东西”。一个图书馆系统,如果只有单纯的组织结构形式,只有一些硬的规章制度,而组织成员缺乏共同的目标、愿望、动机等软件,那么这样的图书馆是无法进行有效的管理活动的。管理的核心因素是人,而人总是有着自己的需要和追求,有着自己的情感和意志,这些“软件”是图书馆的各种结构和形式等“硬件”的灵魂,它规定着硬件的组成形式,引导着硬件的发展方向。

在图书馆管理活动中,硬件和软件不但相互依存,而且可以相互转化。这种转化包括了硬件的软化和软件的硬化两个方面,它们是和图书馆管理过程紧密联系在一起的。

三、利益与责任

利益是标志人的物质和精神需要能否得到满足以及得到满足程度的范畴。人们有各种各样的需要,也就有各种各样的利益。人的需要有高低不同的层次,利益也有根本和非根本之别。

责任是一种对自己采取的行为以及行为的社会意义的自觉意识和实践。对于自己责任的自觉意识通常称为责任心或责任感。责任感一般从激发和控制这两个方面将自己的行为确定在与自己的地位和职务相适应的范围内。激发行为是对应尽责任的鼓励,控制行为则是对超越责任的限制。

利益和责任在图书馆管理活动中是一对矛盾因素。首先,二者在方向上相互分离,有时甚至呈现出相互排斥的倾向。利益反映了整个图书馆、图书馆各部门、部门内各小组或馆员的需要,由外向内具有收敛性;而责任则要求整个图书馆、图书馆各部门、部门内各小组或馆员付出(劳动、努力等),是由内向外发出的影响,具有发散性。其次,利益和责任相互包含,表现了二者的一致。任何利益的取得都要承担相应的责任,没有责任的利益是不存在的;责任中也包含着一定的利益,如果不包含任何利益,履行责任就没有了动力和基础。再次,利益和责任能够相互转化。利益在实现的过程中必然转化为责任,不尽责任,就没法也不能取得利益;而责任在履行的过程中也可能转化为利益,这是尽责任应得的报酬。图书馆管理者在管理实践中有两个基本任务:一是将个人的、小组的、部门的或整个图书馆的利益获得过程设计为履行各自职责的过程;另一方面,把履行职责的结果同个人、小组、部门或整个图书馆的利益结合起来。

四、集权与分权

集权与分权是表征管理职权在管理空间中的分布状态和运动方向的范畴。

集权既指管理活动中的集中统一指挥,又指权力向上层逐步收缩的过程。从职权在管理空间中分布的状态来说,集权意味着主要的管理职权(如决策权、人事权、财政权、奖惩权等)集中于高层领导,特别是最高领导层,而中下层只有处理例行的日常事务和工作的权力,而且即使是这些权力的执行也必须处于上级的控制之下。从职权的运动方向来说,它意味着下级某些权力被缩小乃至取消,并向上级组织或专门机构集中,这种集权化的运动方向是由下向上逐步收敛的。

集权一般有两种途径:一是规定限制下级组织或非专门组织裁决问题范围的一般标准。即规定它们该管哪些事,不该管哪些事;哪些事可以自己做主,哪些事必须上报并由上级批准。二是撤销下级组织或专门组织的实际决策职能。这种方式在某些特殊情况下会采用。譬如,某图书馆的购书经费很充足,但藏书结构多年来一直不合理,于是由馆长或一名副馆长亲自指挥采访部的工作。

分权就是分散权力,即上级部门将某些问题的决策权移交给下级部门。从职权在管理空间中分布的状态来说,就是中下层各级管理人员拥有某些问题的决策权,高层领导只保留重大问题的决策权和在政策、目标、任务方面的必要控制权。从职权运动的方向来说,它意味着下级部门自主性和独立性的加强,许多职权从上级向下级分散,这种分权化的趋势是自上而下逐步发散的。

在图书馆管理活动中,集权与分权是辩证统一的。首先,集权和分权各有利弊,因此必须互相补充。在图书馆管理过程中,关键是要把握好集权和分权的度。过度集权,什么都管,不仅上级决策的正确性不能保证,还会扼杀下级工作的积极性和主动性;过度分权,什么事情都撒手不管,则可能使上级对下级失去控制。其次,集权与分权在一定条件下互相转化。这种转化一般有两种形式:一种是被动转化,即在过度集权或过度分权的管理模式阻碍图书馆各项业务活动发展的情况下,由过度集权向分权或由过度分权向集权转化。另一种是主动转化,即在问题出现之前就注意调整集权和分权的关系,在动态中把握二者变化的度,及时消除偶然出现的过度集权或分权现象。

五、权威与服从

权威是指管理过程中使人信赖和服从的力量和威望。在图书馆管理过程中,权威是非常必要的。没有权威就不能有效地指挥和协调图书馆各项业务分工和协作中的复杂关系,图书馆管理活动就会陷入混乱。

服从是指管理过程中尊重并执行权威意见的行为。服从并不是盲从或屈从,因为人们在管理活动中只能服从正确的意见,即服从真理,这是服从的实质。

在图书馆管理活动中,权威和服从的辩证关系表现为:其一,二者相互依存。

权威以服从为自己存在的前提。没有服从就无所谓权威,硬建立起来的权威也形同虚设。同样,服从又以权威为自己存在的前提。没有权威人们不知道服从什么,权威如果不值得服从一方信赖,就会出现不服从。滥用权威造成的不是服从,而是屈从和盲从。不服从、盲从和屈从都不属于科学的服从范畴。其二,权威和服从在一定条件下相互转化。权威代表被人服从的一方,但是权威只有在符合群众正确意见的时候才能被人们服从。服从是权威的反面,但权威的正确意见正是来自服从的一方;权威的行使又必须体现服从一方即群众的意志。在这两种情况下,服从一方都是权威一方的真正权威。

六、有序与无序

有序和无序是标志组织协调程度的矛盾范畴。有序是指管理系统的各个要素之间相互联系、相互作用和相互转化中有规则的、有秩序的状态和运动趋势;无序是指这种联系、作用和转化中无规则、无秩序的状态和运动趋势。

图书馆系统中的有序和无序标志着管理组织的协调程度,这种协调程度是管理主体有意识的自觉活动的结果。图书馆系统的各种要素并不能自发地形成具有管理功能的组织。要形成组织,就必须通过自觉的组织活动,把各种相互之间无规则、无秩序的要素(主要是人)在一个统一目标、统一行为规范和统一的结构形式中组合起来,这种组合也就是把各个要素由无序状态转变为具有一定规则和秩序的有序状态。有序是图书馆系统的一个本质特征。图书馆管理就是通过设立共同目标来协调馆员各不相同的无秩序的目标;通过明确的责、权、利的规定来协调各个部门和馆员之间不确定的相互作用方式;通过规章制度来协调馆员无规则的行为;通过管理工作来协调复杂多变的人际关系和不同的心理情感。这样,图书馆中各个部分之间就能够按照规范统一意志,按照共同目标统一方向,按照规章制度统一行动,整个图书馆呈现出有规则、有秩序的状态,这就是有序性。因此,图书馆就是通过有意识的主动管理行为,使无序的因素构成有序的系统。在这个意义上说,图书馆管理就是通过协调来达到有序结构的实践活动。

然而,在各种组织结构中无序也总是存在的,任何图书馆中都存在着一种反抗协调而自发趋向无规则、无秩序状态的力量。图书馆中的这种无序一般有两种表现形式:一是受控的无序状态。在统一的图书馆系统中,每个人都扮演不同的角色,有着自己的利益、目标和爱好,外部环境又总是给予一些随机性的干扰,这些是图书馆的协调活动中不可能消除的因素。同时,图书馆中存在分权和结构软化、简化的活动,不可避免地增强图书馆管理中各个部分的自主性、独立性、竞争性的运动趋势。这样,有序的结构中就必然会产生对原来确定位置的无规则、无秩序的偏离,形成一种无序的涨落。这种涨落一般总是在一定限度之内进行,有效的控制总是会把偏离度过大的因素重新拉回到合理的范围之内,使它不致形成失控状态。这种受控的无序状态是保持一个图书馆活力所必需的,也是一个图书馆系统必然存在的,是一种良性的无序。二是失控的无序状态。如果图书馆自身的组织结构不合理,管理者决策或指挥失误,或者外界环境急剧恶化,对图书馆造成的巨大冲击力,都有可能使图书馆的协调和控制失效,原来的组织目标、规章制度和职权结构失去了对各个因素相互作用的制约力,图书馆中无规则、无秩序的运动趋势大大加强,再也无法把这种涨落控制在合理的范围内,这就是失控的无序状态。这种无序,轻则造成效率低下,管理混乱,图书馆管理目标难以实现;重则致使整个图书馆分崩离析,管理完全失败。这种失控的无序是一种恶性的无序,对图书馆有极大的危害性,所以必须极力防止。

图书馆系统中的有序和无序还标志着管理活动程序化的程度,这种程序化是管理过程各种机制和职能有机联系和转化的结果。一个相对完整的管理过程是以决策为中心的,包含了计划、组织、领导、控制和评价等一系列职能和过程的统一体,这些职能和过程相互联系和转化,形成了图书馆管理活动的一定程序。这个程序规定了图书馆系统在达到目标的过程中所应该遵循的行为步骤和秩序,使管理活动的整个过程表现出一种在时间进程中的规则性和秩序性,这就是管理过程的有序化。一个有序的图书馆管理过程表现为各种管理活动,井井有条。当上一阶段尚未完成时,不轻易进行下一阶段的工作;而当条件具备时,又不失时机地把管理过程推进到新的阶段,做到管理过程间断性与连续性的辩证统一。在每一阶段中善于抓住重点,顾及全面,突破难关,带动其他环节;而当内外环境发生变化时,又能适时地转移工作的重心,使整个管理过程呈现出主次适宜、轻重得当,有节奏、有规律地向前推进,做到管理过程起伏性和前进性的辩证统一。这就是图书馆管理活动的程序化。

然而,图书馆管理活动又具有非程序化的一面,即存在着管理过程的无序。这种无序同样有两种情况:一种是由于外界环境和图书馆系统内部各种关系的随机变化,使原来固定的程序不得不被打破,出现错位、扰动甚至颠倒的情况。例如,在开始实施图书馆计划之后,发现计划与客观实际严重不符,或者客观情况已经发生了重大的变化,这就必须停止原计划的执行,重新返到修改或重新制订计划的阶段。这就是要求保持管理过程的良性无序,这种无序就是灵活性,是任何成功的图书馆管理活动所必须具有的性质。另一种管理过程的无序就大不一样。这种无序的根源是图书馆管理者主观思维与客观实际发生严重背离,它表现为原来制定的程序本身严重失误,与实际情况的变化根本不相适应;或者是图书馆管理者在执行程序时,严重失职,完全不顾眼前现实的管理情境。这种无序会造成整个管理程序被打乱,管理活动严重失控,使图书馆处于一种被动应付、穷于招架、目标不清、方寸大乱的境地,从而导致图书馆管理失败。

图书馆管理的有序和无序还有另外两种形态:一种标示管理组织的协调程度,即组织结构的有序性;一种标示管理活动程序化程度,即管理过程的有序性。前者是空间结构规则性和秩序性的反映,后者是时间结构规则性和秩序性的反映。也可以说,有序和无序是图书馆系统在时空结构中的规则性和秩序性程度的综合反映。

七、稳定与改革

稳定和改革是图书馆系统在其发展历史中的两种不同的状态和趋势。稳定是指图书馆系统在其发展过程中的总体状态和趋势保持不变,即处于相对静止的状态;改革是指图书馆系统的总体状态和趋势发生重大变化,即处于显著变动的状况。

图书馆管理的一切要素、一切过程都具有稳定性,否则,图书馆管理活动就无法正常进行,研究者也无法对管理要素和过程进行研究。但是,图书馆管理活动的相对静止和相对稳定是有条件的、暂时的。首先,当我们说某些管理要素处于稳定状态时,只是相对于一定的管理系统和时间、地点而言。在某一特定的图书馆系统中,管理者和被管理者的划分是稳定的,但离开这个特定的系统,进入其他管理系统,情况就会发生变化。其次,稳定包含管理活动中的量变。当图书馆管理过程的某一阶段、某一种管理模式或体制仍然保持着它们自身的性质、没有发生质变的情况下,我们就认为它们是相对稳定的。但与此同时,它们在性质不变的情况下还发生着其他变化。例如,计划过程在没有向组织过程发生飞跃前,内部发生着由初选目标向预测、预算、决定方案的量变,这并没有改变计划过程的性质,我们就说它是稳定的。某一管理模式中的内部矛盾还未尖锐到刺破这种体制的外壳,我们就说这种管理模式是相对稳定的。

改革是图书馆管理活动中的质变,确切地说是指一种管理模式或管理体制向另一种管理模式或管理体制的飞跃。改革是由图书馆内在矛盾推动的自我否定和自我发展的过程。一方面,它是旧的管理模式向新的管理模式的质变,是管理旧过程连续性的中断,体现了图书馆管理活动发展的阶段性。另一方面,它继续保留并改造了旧的管理活动的积极成果,作为新管理过程存在和发展的基础,因而把新旧管理过程联系起来,体现了图书馆管理过程发展的连续性。

图书馆管理中的稳定和改革是辩证统一的。首先,稳定和改革相互包含、相互渗透。在图书馆管理模式全面质变发生之前,图书馆管理活动虽然处于相对稳定的状态,但局部改革是常常存在的。任何一个具体的图书馆管理过程都经历过改革。例如,控制过程对组织过程来说就是改革组织管理,控制过程对计划过程的反馈也是改革。改革是动态管理的基本特征,而一切管理本质上都是动态管理。所以,稳定中有改革的因素。另外,改革中也有稳定的因素。改革不是一阵风、一股浪,它是一个持续稳定的过程。改革要有一定的步骤,改革中推行的政策、组织体制、管理方法等需要一定的稳定度,以便观察、评价和控制,并在改革过程中巩固自己的成果。其次,稳定和改革具有相互转化的趋势。管理模式的相对静止、管理过程的量变使整个图书馆管理活动在一定时期呈现出稳定状态,似乎一切都在按部就班地正常运转。其实不然,这背后隐藏着各种矛盾。当这些矛盾尖锐到不冲破旧的管理体制其管理活动就会严重阻碍各项业务活动发展时,全面的改革就不可避免了。当通过改革建立起新的管理体制后,这种管理体制下的管理活动基本上是适合各项业务活动发展需要的,这时就需要以保持管理体制的稳定来巩固改革成果。总之,“稳定—改革—稳定”是管理体制发展的实际过程,这个过程的不断推进就是图书馆管理活动的进化和升级。

综上,图书馆管理的范畴是图书馆管理活动中个人与组织、组织与环境这两个基本问题的具体内容,作为矛盾统一体的每一对范畴在现实的图书馆管理活动中并不是孤立存在的,而是紧密联系并和图书馆管理活动规律相互结合综合地发挥作用。当我们用这些范畴去分析现实的图书馆管理活动及其矛盾时,应该注意这些范畴之间的相互联系和相互转化,注意它们在反映图书馆管理的本质和规律中的普遍性和特殊性,注意它们与图书馆管理现实活动及蓬勃发展的图书馆管理学的有机结合。

第四节　图书馆管理的职能

管理过程学派认为,管理是由一系列管理职能所构成的。但是,管理究竟有哪些职能?迄今为止,尚没有一种说法能令所有的人信服,不同的人认为管理有不同的职能。不仅如此,管理的职能还有多种称谓。譬如,有人将管理职能称为管理内容,有人称为管理过程,有人称为管理程序,有人称为管理的基本手段,还有人称为管理的表现形式,不一而足。这种状况自然也影响到了人们对图书馆管理职能的研究。关于图书馆管理的职能,至今也是众说纷纭,莫衷一是。

H. M. 福鲁明认为,图书馆管理的职能分为一般职能和专门职能两种。一般职能是各种类型图书馆的领导人员应履行的职责,包括计划、公务和劳动的组织、各部门联合活动的协调和协作、干部的教育、统计和监督。专门职能又分为两种具体职责。一种职责是属于所有大型图书馆和中心图书馆系统的,包括:①负责方法工作,制定各种组织、工艺流程和说明性文件,以提高工作的专业水平和巩固工艺流程的纪律;②推广先进经验;③提高业务水平。另一种职责仅仅属于各个独立的图书馆,具体包括:①挑选和分配干部;②负责图书馆的业务和技术服务;③负责行政总务和财务活动;④处理公文。

沃伦·B. 希克斯和阿尔马·M. 蒂林认为,图书馆管理的五个标准职能是计划、设计、监督、控制和修正,这些职能合起来组成图书馆管理过程。

于鸣镝认为,图书馆科学管理的程序包括决策、计划、组织、指挥、控制和协调。

黄宗忠指出,管理的职能可以理解为管理系统所具有的功能和职责,图书馆管理的职能主要有决策、计划、组织、用人、指挥、控制、协调、信息沟通、教育激励和挖潜创新。

潘寅生认为,图书馆管理职能主要有决策、计划、组织、指挥、控制和协调六项。

刘喜申提出,图书馆管理有五项职能,即决策、组织、领导、控制和创新。

熊丽认为,图书馆管理的职能主要有决策、组织、指挥、控制和创新。

李松妹主张,现代图书馆管理的职能涵盖决策、计划、组织、领导、控制和协调。

我们认为,图书馆管理的职能主要有下列五项,即计划、组织、领导、控制和评价。

计划是指对未来的行动以及未来资源供给与使用的筹划。计划指导着一个图书馆系统循序渐进地去实现其目标,计划的目的就是要使图书馆适应变化中的信息环境,并使图书馆占据更有利的信息环境地位,甚至进入一个完全不同的信息环境。计划在图书馆中可以成为一种体系并有其内在的层级,如战略计划是最高层次的、总的长远计划,职能计划与部门工作计划则是中层的操作性较强的计划,而下级的工作计划则为近期的具体计划。从计划的定义、目标及其功能来看,计划无非是一种降低图书馆在资源配置过程中的不确定性的一种手段。事实上,无论是战略计划还是职能部门计划,对未来行为的筹划就是希望通过事先的安排有准备地迎接未来,或按照设定的目标循序渐进地工作,从而减少未来不确定性对图书馆的冲击,减少未来工作过程本身可能产生的不确定性。计划职能涉及如下因素:①有助于达到目标的政策;②管理人员将要实施的项目;③管理人员将会采用的过程;④管理人员必须按时完成的时刻表;⑤将会涉及的预算方面的因素。

组织是管理者建立一个工作关系构架,使图书馆成员得以共同工作实现图书馆目标的过程。组织的结果是产生组织结构,即一种正式的任务系统和汇报关系系统。通过这种系统,管理者能够协调和激励图书馆成员努力实现图书馆的目标。组织结构决定了图书馆能在多大程度上很好地利用其资源创造信息产品和提供信息服务。组织职能包含的要素如下:①将图书馆各项业务活动进行合理组织,使之具有一定功能和位置;②为了有效地发挥其职能,管理人员必须进行一定的授权;③管理人员必须在其下级之间建立关联,使这些下级能够相互提供完成工作所必需的信息;④管理人员必须仔细检查自己所在部门与其他部门之间的关系及其对图书馆经营运作的影响。

领导有两重含义:其一是领导现象,指人群中存在的追随关系,其本质是影响力;其二是领导行为,指群体中的某些成员为了促使领导现象的出现或加强而实施的各种行为。在领导过程中,管理者要向员工描述一个清晰的愿景,调动图书馆成员的积极性,使他们理解他们在实现图书馆目标过程中所起的作用。管理者利用权力、影响、愿景、说服力和沟通等技能来协调个体或全体的行为,使他们的能力能够得到充分展现和发挥。领导所产生的效果就是图书馆成员所表现出来的高度积极性和对图书馆的承诺。领导涉及四个方面的功能:①及时根据外界环境的变化,指示图书馆内所有人与资源配合去适应环境并采取适当的行为;②调动图书馆内成员的积极性,激励他们奋发努力,给他们创造发展的机会;③有效地协调图书馆内的人际关系,使图书馆内有一个良好的工作氛围,从而降低内耗;④督促图书馆内成员尽自己的努力按照既定的目标与计划做好自己专职范围的工作。

控制是指根据既定目标不断跟踪和修正所采取的行为,使之朝着既定目标方向运作并实现预想的结果或业绩。由于现实行为往往会受各种不确定性因素的影响,故每一行为都有可能偏离预定要求,从而可能使既定目标或业绩难以达成,显然这是图书馆所不愿看到的。为了防范这种状况的产生,控制就非常必要。通过实施控制这一职能,管理人员能够做到在图书馆偏离目标太远之前就将其纳入正确的轨道之内。控制职能包括以下内容:①将实际效果与预测进行对比;②将已获得的结果与目标要求、项目要求和计划要求进行对比;③将实际成本与预算成本进行对比。

评价是指图书馆管理实施过程结束之后,根据管理的成效,对图书馆管理过程的各项活动进行全面的检查、比较、分析、论证和总结,从中得出规律性的启迪,以达到不断提高管理水平,取得更好的管理效益,实现管理良性循环的一项管理活动。图书馆管理过程结束之后,需要对其所获得的管理成绩和效果进行相应的评价,从中汲取经验和教训,为下一轮的管理循环提供依据,打好基础,以便不断提高图书馆管理工作的水平。因此,评价既是图书馆管理过程的归宿,又是图书馆管理过程的出发点。它对于加强图书馆管理工作,提高图书馆管理水平有着至关重要的作用。

第二章　图书馆管理的原理

原理是指某种客观事物的实质及其运动的基本规律。图书馆管理原理是对图书馆管理工作的实质内容进行科学分析总结后而形成的,是对图书馆各项管理制度和管理方法的高度综合与概括,因而对一切图书馆管理活动具有普遍的指导意义。

第一节　图书馆管理的系统原理

任何社会组织都是由人、财、物和信息组成的系统,任何管理都是对系统的管理。系统原理不仅为认识图书馆管理的本质提供了新的视角,而且它所提供的观点和方法广泛渗透到人本原理、能级原理、动力原理和效益原理之中,在图书馆管理原理的有机体系中起着统率作用。

一、系统原理所蕴含的几对基本概念

1. 系统与要素

系统论的创立者贝塔朗菲把系统界定为"处于一定的相互关系中并与环境发生联系的各组成部分(要素)的总体(集合)"。

钱学森认为:"系统是由相互作用和相互依赖的若干组成部分结合成的具有特定功能的有机整体"。

从系统的定义可以看出,一个具体的系统要具备三个条件:一是系统必须由两个以上的要素(元素、部分或环节)所组成;二是要素与要素、要素与整体、整体与环境之间存在着相互作用和相互联系;三是系统整体具有确定的功能。这三个条件缺一不可,否则就不能构成一个具体的系统。

要素始终是和系统不可分割地对应着的。要素是构成系统的必要因素,即组成系统的各个部分或成分,是系统最基本的单位,因而也是系统存在的基础和实际载体。要素在系统中的情况一般可分为三种:①不同数量和不同性质的要素可构成不同的系统;②相同数量和相同性质的要素仅由于结构方式的不同,也可构成不

同的系统;③相同性质的要素仅由于数量的不同,也可构成不同的系统。

系统和要素是对立统一的关系。首先,系统通过整体作用支配和控制要素;其次,要素通过相互作用决定系统的特性和功能;最后,系统和要素在一定条件下相互转化。

2. 结构与功能

所谓结构,是指系统内部各组成要素之间的相互联系、相互作用的方式或秩序,也就是各要素之间在时间或空间上排列和组合的具体形式。贝塔朗菲把结构称为系统的"部分的秩序"。

所谓功能,是指系统与外部环境相互联系和作用过程的秩序和能力。系统功能体现了一个系统与外部环境之间物质、能量和信息之间的输入与输出的变换关系。

结构与功能之间的关系主要表现为如下几种情况:首先,由不同要素组成的不同结构的系统具有不同的功能;其次,由相同要素组成的不同结构的系统也具有不同的功能;再欠,组成系统的要素和结构不同,可以具有相同的功能;最后,同一结构的系统可以具有多种功能。总之,客观世界的复杂性和无限性,致使系统的结构和功能的关系多样且变化无穷,并在一定条件下可以互相转化。

3. 环境与行为

所谓环境,是指系统存在的外部条件,也就是系统以外对该系统有影响、有作用的诸因素的集合。在一个大系统中,对于某一特定的子系统来说,其他的子系统可以看成是它的环境。环境实际上是同某一特定的系统相关的其他系统(或事物)的统称。

所谓行为,是指系统对环境的影响和作用的反应,即在系统与环境的相互作用中,在环境对系统施加影响和作用以后,系统对环境产生反作用。

系统行为是由系统环境和系统内部状态两个因素引起的。其中,环境是产生系统行为的诱因或外部条件;系统内部状态是系统行为的根据或决定因素。系统行为归根结底取决于系统的内部状态,而系统的内部状态又取决于系统结构的优化程度。可见,系统行为实际上是系统的外部状态,即系统本质的外部表现。因此,在一定环境下,可以通过改变系统的内部状态来调节或改变系统的行为;也可以通过系统行为的研究来考察一个系统的内部状态,即系统要素及其结构方式。

需要注意的是,系统行为和系统功能是两个相近但又不完全相同的概念。系统功能虽然也是在系统与环境的相互作用中表现出来的,但它只是着重描述在系统与环境的相互作用中,系统对外部环境施加影响和作用的能力;系统行为则不然,它着重描述在系统与环境的相互作用中,系统自身的外部活动状态以及状态变化过程。因而不能把系统行为和系统功能混为一谈。

二、系统原理的内容

系统原理是有关系统的基本属性、共同特征和一般规律的理论概括,主要体现在系统与要素、要素与要素、结构与功能以及系统与环境、系统与时间等关系上。

1. 系统整体性原理

系统整体性是指系统诸要素相互联系的统一性。整体性是系统最本质的属性,因而“整体”和“系统”这两个概念经常被同义使用。在这个意义上,贝塔朗菲指出:“一般系统论是对‘整体’和‘完整性’的科学探索。”因此,整体性原理是系统原理的一个最基本的组成部分。

系统的整体性根源于系统的有机性和系统的组合效应。系统整体性原理的基本内容有:①要素和系统不可分割;②系统整体的功能不等于各组成部分的功能之和;③系统整体具有不同于各组成部分的新功能。

系统整体性原理对图书馆管理工作具有重要的指导意义:①根据图书馆管理目标,把管理要素组合成为一个有机的系统。图书馆管理的目的就在于把图书馆中诸要素的功能统一起来,从总体上予以放大。从这个意义上说,图书馆管理是一门把图书馆中的各种要素或各个部分协调起来,使之达到某种组织目标的学问。②把不断提高要素的功能作为改善图书馆系统整体功能的基础。由于组成图书馆系统的要素是决定其整体功能状况的最基本的条件,因此改善图书馆系统的整体功能一般应从提高其组成要素的基本素质入手。图书馆系统作为一个整体,一般由采访、分编、典藏、流通等部门或环节组成。任何一个部门或环节的功能素质不健全或相对较弱,都会在一定程度上影响图书馆的整体效应。因此,必须按照图书馆整体目标的要求,不断提高各个部门特别是关键部门或薄弱部门的功能素质,并强调局部服从整体、保证整体,以保证图书馆系统最佳的整体功能。③保持图书馆系统要素的合理组合。系统整体性原理告诉我们,整体功能不守恒的实质在于结构是否合理。因此,改善和提高图书馆系统的整体功能,不仅要注重发挥每个要素的功能,更重要的是调整要素的组织形式,建立合理的结构,从而使图书馆系统整体功能得到优化。

2. 动态相关性原理

任何系统都处在不断地发展变化之中,系统状态是时间的函数,这就是系统的动态性。系统的动态性取决于系统的相关性。系统的相关性是指系统的要素之间、要素与系统整体之间、系统与环境之间的有机关联性。它们之间相互制约、相互影响、相互作用,存在着不可分割的有机联系。正是由于系统内部诸要素之间、要素与系统整体之间、系统与环境之间的相互作用和相互联系,才构成了系统发展变化的根据和条件。动态相关性原理的实质是揭示要素、系统和环境三者之间的关系及其对系统状态的影响。

动态相关性原理的基本内容有:①系统内部要素和要索之间的相关性;②要素与系统整体的相关性;③系统与环境的相关性。

从上述内容可以看出,动态相关性原理和系统整体性原理是紧密联系的。整体性原理是系统思想的核心,动态相关性原理则是整体性原理的延续和具体化。

动态相关性原理对实际的图书馆管理工作具有重要的指导意义:①任何一个要素在图书馆系统中的存在和有效运行都与其他要素相关。图书馆系统中某个要素发生变化,就会引起其他相关要素的相应变化。例如:图书馆藏书规模的扩大,必然要求增加工作人员和书库空间;图书馆新馆舍的建成,必然要求对工作人员、藏书、设备等要素重新进行布局;一位新馆长的上任,必然会引起图书馆系统内一系列要素的变化;图书馆自动化系统的应用,必定要求对馆员进行培训;图书馆经费的缩减,必定会影响设备的更新与维护、工作人员的福利待遇、藏书建设水平等方面。因此,在图书馆管理实践中,当我们想要改变某些不合要求的要素时,必须注意考察与之相关要素的影响,使这些相关要素得以相应地变化。图书馆系统中各要素发展变化的同步性可以使各要素之间相互匹配,从而增强协同效应以提高图书馆系统的整体功能。②图书馆系统内部诸要素之间的相关性不是静态的,而是动态的。要素之间的相关作用是随时间变化的,由此决定了系统整体的性质和状态也是不断发展变化的。因此,必须把图书馆系统视为动态系统,在动态中认识和把握其整体性,在动态中协调各部分或部分与整体的关系。图书馆管理的过程,实质就是把握藏书、馆员、读者、经费、设备等要素的运动变化特点,然后有针对性地进行调节和控制,最终实现图书馆管理的最佳目标。③图书馆系统的整体功能存在于图书馆与环境的相关性之中。如果说要素之间的相关性形成系统的结构联系,使系统成为具有一定结构的整体,那么系统与环境的相关性则形成系统的功能联系,使系统具有某种整体功能。系统一定的整体功能,表明系统与环境必须按照一定的规律进行物质、能量和信息的交换，才能保持系统整体的性质，产生一定的整体效应。如果系统与环境的输入和输出关系遭到破坏，系统整体的性质和整体效应就会受到影响以致丧失。因此，一定要在图书馆系统和环境的相互联系和相互作用中认识和改善图书馆系统。

3. 层次等级性原理

一个系统的组成要素是由低一级要素组成的子系统，而系统本身又是高一级系统的组成要素。这种系统要素的等级划分，就是系统的层次等级性。

层次等级性原理的基本内容有：①层次等级结构是物质普遍存在的方式；②处于不同层次等级的系统具有不同的结构，亦具有不同的功能；③不同层次等级的系统之间相互联系、相互制约，处于辩证统一之中。

系统层次等级性原理对图书馆管理工作具有重要的指导意义：首先，系统层次等级性原理可以指导人们合理设置图书馆管理层次。管理组织系统划分层次等级的主要原因在于管理对象的复杂性与管理者个人能力的有限性之间的矛盾。尽管今天的管理者较以往的管理者在能力和手段上普遍有了提高，但今天的管理对象要比以往复杂得多。管理对象的复杂化，使管理组织系统的规模日益增加。对于规模较大的图书馆系统来说，合理划分管理层次，建立等级结构，可以削弱系统规模和对象复杂性之间的联系，缓解管理对象复杂性和管理者能力之间的矛盾。这是因为，把一个较大的管理组织系统划分为不同的层次等级，按照层次等级进行分级管理，可以使处在不同层次的管理者所直接联系的人数（包括上级和下级）大体相当，从而使他们的管理能力和管理对象相适应。其次，系统层次等级性原理可以指导人们科学地分解图书馆目标。图书馆系统的层次等级是科学分解目标的组织基础。一个图书馆系统总是要根据自身的基本任务、上级的指令、当前的状况、发展的需要和各种内外条件来确定系统的总体目标，然后按照图书馆系统的层次等级将总目标分解为不同层次、不同部门的分目标。分目标要保证总目标，总目标指导分目标，从而形成前后衔接、上下贯通的目标体系。这样建立起来的目标体系，在组织上能使目标由上而下层层落实，由下而上层层负责；在内容上既能明确本级系统的基本任务，又能反映分目标和总目标的关系，便于处理局部和整体的矛盾。在明确每一管理层次、每个部门以至每个人的目标责任的基础上，授予相应的权力，进而建立起目标责权体系，使整个图书馆管理工作走上系统管理的轨道。最后，系统层次等级性原理可以指导人们按图书馆系统的层次实施层级管理。图书馆系统中的每一层级所处的地位不同，因而性质和功能也不同。每一个管理者都有自己相应的管理层次,处于不同层次的管理者各有不同的目标责任和要求。一般来说,同一层次各子系统的横向联系应由他们之间全权处理,只有在出现不协调或发生矛盾时才提交上一层次的系统来解决。上一层次系统的任务有两个:一是根据本系统的目标向下一层次发出指令,并检查监督指令执行的结果;二是解决下一层次中各子系统之间的不协调或相互之间的矛盾。当每一层次的任务明确以后,各层次的分系统均须围绕着本层次的中心任务开展工作并通力协作,上一层次一般不宜干预下一层次的工作,这样就形成有序的层级管理。

4. 系统有序性原理

系统的有序性是指构成系统的诸要素通过相互作用,在时间和空间上按一定秩序组合和排列,由此而形成一定的结构,决定系统的特定功能。系统的有序性标志着系统的结构实现系统功能的程度。因此,系统有序性原理的实质在于揭示系统的结构和功能的关系。

系统有序性原理的基本内容有:①任何系统都有特定的结构。结构合理,系统的有序度高,功能就好;反之,结构不合理,系统的有序度低,功能就差。②系统由低级结构转变为较高级结构,即趋向有序;反之,系统由高级结构转变为较低级结构,即趋向无序。③任何系统必须保持开放性,才能使系统产生并且维持有序结构。

系统有序性原理对图书馆管理工作的指导意义表现在:第一,掌握系统有序性原理,有助于深入理解图书馆系统对外开放和对内搞活政策。任何图书馆系统都应该是一种具有活力的耗散结构系统。耗散结构系统的存在和发展必须具备两个条件:一是对外开放,二是内部要有活力。只有对外保持图书馆系统的开放性,才能从外部环境中吸收负熵流,以抵消内部的熵增,使图书馆系统处于非平衡态或远离平衡态,即造成图书馆系统向有序发展的外部条件。对内要有活力,就是要保持图书馆系统内部的非平衡态。这是因为,一个图书馆系统如果处于无差异的平衡状态,就意味着其内部不存在势能差。根据耗散结构理论,无势能差的平衡系统服从势能最小原则,因而必然是一个低功能系统。图书馆管理体制改革之所以要打破“平均主义”和“大锅饭”,引进竞争机制,目的就是设法增大图书馆系统内部的势能差,形成非平衡态。第二,掌握系统有序性原理,有助于提高图书馆管理的有序度。要提高图书馆管理的有序度,必须科学地安排图书馆系统诸要素的秩序,使之协调匹配,以减少内耗而求得统一的整体功能。为此,主要应使以下三个方面有序:首先是目标体系有序;其次是目标实施过程有序;最后是组织系统有序。

第二节　图书馆管理的人本原理

在管理学的整个发展过程中,“人”始终是一个最基本的概念。任何一种管理理论都是依据对人的一定看法而提出来的,各种管理理论的区别大多可以归结为对人的理解不同。例如,X 理论是建立在人性“恶”的假设之上的,Y 理论是建立在人性“善”的假设之上的,Z 理论则试图超越人性“善”还是“恶”的问题。再如,传统的管理理论往往把人当作手段来看待,认为人和机器等工具一样,无非是达到某一目的的手段;而现代管理学则普遍地摒弃这种看法,把人看作是目的,认为人本身是一切管理活动的最终目的。所以,对于现代管理学来说,关于人是手段还是目的的争论已经有了明确的答案。

一、人本原理的含义

所谓人本,顾名思义,就是以人为根本。概括地说,图书馆管理的人本原理是指在图书馆管理活动中,坚持一切从人出发,以调动和激发人的积极性和创造性为根本手段,以达到提高管理效率和人的不断发展为目的的原理。

该原理具体包含以下几层含义:①人的因素第一的观念。所谓人的因素第一,就是在观察任何事物、处理任何事情、解决任何问题时,都把人的因素看成是首要因素、关键因素、决定性因素,既不是重物不重人,也不是见物不见人。②尊重知识、尊重人才的观念。知识是人才的基础,人才又是知识的人格化。但图书馆管理中的人才观念是指广义的人才,而不仅仅是指少数典型或代表人物。③以人的不断解放和全面发展为最高追求目标的观念。④“人和第一”的观念。在图书馆管理中树立“人和第一”的观念,既包括管理者之间即领导班子的团结合作、管理者与被管理者之间的团结合作、上下同心同德,也包括团体或组织内良好的人际关系、团体或组织外良好的社会关系。

二、在图书馆管理中贯彻人本原理的主要途径

1. 把图书馆管理建立在对人的本性的科学认识的基础上

从人本原理来看,图书馆管理主要是人(馆长、书记、副馆长、部门主任、小组长等)对人(普通馆员和读者)的管理。因此,建立任何管理制度,制定任何管理措施,都必须对人的本性有一个准确而科学的认识。通俗地讲,就是首先明确所管理

的人是什么人,然后再研究管理制度和管理方法,即如何管理的问题。这样就能使所制定的管理制度和措施有较强的针对性,使之建立在科学而实际的基础上,从而从根本上起作用。

2. 在图书馆管理中正确运用激励机制

人的需要是人普遍存在的自然本性,任何管理都应运用激励机制,通过满足人的各种合理需要来调动人的积极性。需要决定动机,动机产生行为,这是人的行为产生发展的规律。在图书馆管理活动中,通过认识和引导人的需要去实施对人的管理具体包括三个方面的内容:

①通过认识人的需要去实现对人的管理。在任何图书馆系统中,每个人都有着多种多样的不尽相同的愿望、利益和追求。这些个人的愿望和利益,有些是同图书馆利益相一致的,或是兼容的,也有些是不符合甚至背离了图书馆的需要的。图书馆管理实际上就是通过认识人的需要,并在这种认识的基础上,鼓励、支持和强化个人的那些符合图书馆需要的行为,限制个人那些不符合图书馆需要、为图书馆条件所不许可的愿望和追求,甚至对满足后一种需要的行为实施必要的惩罚。

②通过促进人的需要的满足去实现对人的管理。人的全部行为归根结底都是为了满足自身需要的活动。管理就是要预测作为管理对象的人在一定环境下会怎样行动,要了解是什么东西在引导着他们工作,什么东西在激励着他们前进,说到底,也就是要知道他们需要的是什么。所以,考虑作为对象的人的各种需要,解决个人需要与集体需要之间的矛盾,是管理者的重要职责。图书馆管理者要把读者的需要、馆员的需要和图书馆的需要紧密结合起来,保证图书馆成员的个人需要不仅在一时一地得到满足,而且能够长期稳定地得到满足,以极大地调动他们完成图书馆任务的积极性,并进一步促进他们为满足需要、实现利益而努力。

③通过唤起和促进人的需要的生成去实现更为积极主动的图书馆管理。在某种意义上,能否唤起被管理者的需要,是管理活动有效、成功与否的测量器。任何管理者都希望通过对被管理者施加信息影响,唤起他们对图书馆、集体必需的有关活动的兴趣。有效的图书馆管理是使被管理者自觉地把图书馆的利益变成他个人的利益,把图书馆的信念变成他个人的信念,把图书馆的事业变成他个人的事业。这时,被管理者对执行图书馆活动不是看作出于强迫,而是出于他个人的内在推动或内在需要。

3. 重视人的精神、价值观和政治思想在图书馆管理中的作用

我国古代早有“为将之道,当先治心”的名言。随着社会的不断进步和人们物

质文化生活水平的不断提高,人的精神追求、价值观的实现和思想政治因素在管理中发挥的作用越来越大。因此,图书馆管理应顺应这一历史潮流,重视文化建设,加强思想政治工作,以使图书馆系统有明确的追求目标,形成良好的共同价值观和强大的精神凝聚力。精神凝聚力是最根本的凝聚力,任何图书馆只要形成了强大的精神凝聚力,就能充分发挥人的"自动自发"功能,就能经得起任何艰难困苦的考验,无往而不胜。

4. 创造能充分发挥人的才能和积极性的机制和环境

一般来说,一个体力、脑力健全的人,只要使其能力得到一定程度(不一定是全部)的发挥,就可以创造多于正常消费的财富。按照这一推理,任何图书馆都不存在人的能力和积极性缺乏的问题,而只可能存在缺乏使人的能力和积极性得到充分发挥的机制和环境。当今图书馆中所存在的种种影响人的才能和积极性充分发挥的因素,如领导作风、运转机制、管理制度、精神风貌等。因此,要想提高图书馆管理水平,增强图书馆系统的活力,就必须大胆地清除影响人的才能和积极性充分发挥的各种障碍。图书馆可通过实行民主管理,建立平等竞争机制,制定公开、公平和公正的分配制度与干部培养、选拔、任用和考核制度,以及贯彻目标、责任、权力、绩效和利益五位一体原则等措施,来营造一种人才成长的优良环境。

第三节 图书馆管理的能级原理

在图书馆管理活动中,人是决定性因素,所以要以人为本。但仅仅认识到这一点还远远不够。因为图书馆成员的知识水平、年龄、职称、学历学位、社会阅历各异,也就是说不同的人具有不同的能量,所谓"因地制宜""量才录用"即是出于这种考虑,这就涉及了能级原理。

一、能级原理的基本含义

能是做功的本领。这种物理现象在管理活动中同样存在。人、机构和法规都有个能量问题。能量有大小,可以分级,可以建立一定的管理程序、规范和标准体系。管理的能级是现代化大生产发展的必然产物,正是它构成了现代管理的"场"和"势",使管理得以有序进行。图书馆管理的任务之一,就是要建立一个与其要素的能量相对应的具有不同层次及能量的合理的结构体系,使图书馆的各要素及其行为动态地纳入相应的能级中去,形成图书馆系统得以良性运行的"场"和

"势",进而达到优化图书馆系统整体功能的目的。这就是图书馆管理能级原理的含义。

二、图书馆能级的结构优化

优化图书馆的能级结构是图书馆能级动态优化的基础和保证。若对图书馆的能级结构形态做几何学考察,则一个稳定的图书馆能级结构应呈正三角形态。其特点是:上面(战略规划层)最小,中间(战术计划层)稍大,下面(技术操作层)最大(如图 2-1 所示)。

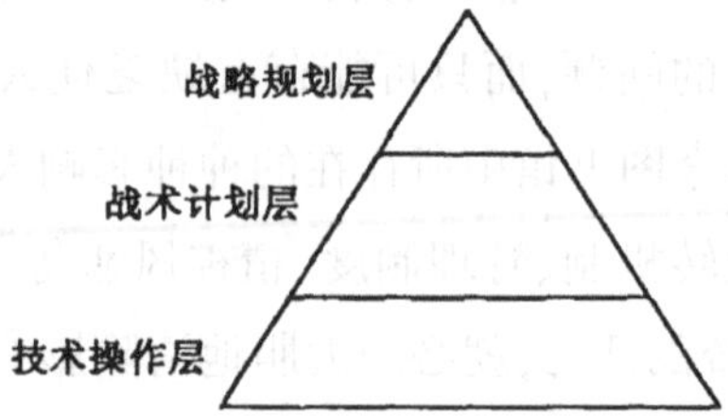

图 2-1　图书馆系统能级结构示意图

管理组织的正三角形态属于全稳态能级结构系统,是现代图书馆管理较理想的能级结构形态。其典型特点是:①决策层令行统一,政出一门;执行层有章可循,有据可依,从而保证管理的路线、方针和政策能长期稳定地持续下去。②能满足管理智力和权力在质上递增、在量上递减的原则。③符合现代管理的投入—产出法则,可做到以最小投入实现最大产出。④便于发现各管理能级故障,职责明确,后果了然,有利于避免官僚主义瞎指挥、遇事推诿和"踢皮球"等弊端的出现。

三、图书馆能级的动态优化

1. 不同能级的管理岗位必须具有不同的目标和任务

著名的"安东尼"结构曾将管理系统分为三个层次,即战略规划层、战术计划层与技术操作层。其中,战略规划层主要是考虑诸如管理系统的某一项目要不要实施及什么时候实施等问题;战术计划层主要解决怎么实施的问题;技术操作层的主要任务是更好地组织并保证实施操作。如表 2-1 所示。

表 2-1　各级管理岗位上不同目标和任务

项目	战略规划层	战术计划层	技术操作层
主要关心的问题	是否实施与何时实施	怎样实施	怎样干好
时间幅度	3~5 年	半年~2 年	周、月
视野	宽广	中等	狭窄
信息来源	外部为主	内部为主	内部
信息特征	高度综合	中等汇总	具体
不确定冒险程度	高	中	低

可见,各级管理岗位的目标和任务是不同的,因此,对不同级别管理人员的要求也不同。管理者的管理内容必须同他们各自的管理级别相对应,不可混淆。

2. 不同专业岗位的能级必须动态对应

每个人都有不同的能力和特长。管理者的责任就在于正确地认识和区别不同能力与特长的人,并尽可能使相应才能的人处于相应的能级岗位上,真正做到人尽其才,能释其量。但是,单靠主观愿望和死板计划不可能做到这一点。因此,必须保证人们在各个能级中适当地流动,通过各个能级的管理实践去发现、锻炼和检验其才能,实现扬长避短、各得其所。而且,专业岗位能级变化和人的才能变化之间的交叉效应,要求图书馆管理必须实行动态的能级对应。只有这样,才能发挥图书馆管理的最佳效能和效率,进而获得最佳管理效益。

第四节　图书馆管理的动力原理

在图书馆管理系统中,确立了以人为本的观念,对人也划分了能级,这是否就意味着图书馆管理活动一定会一帆风顺呢？未必。因为人缺少了动力就不可能充分发挥其潜能,更不可能积极主动地去为实现图书馆的目标而奋斗。因此,动力原理也就应运而生。

一、动力原理的基本含义

动力的管理学含义是指推动管理活动向特定方向运动的力量。其意义和作用不仅在于使管理活动,而且在于使其非如此运动不可。

管理动力具有如下特征:①它不仅有大小、方向,而且有直接作用的目标;②它不仅是一种力量,而且还是一种强有力的制约因素,促使管理组织按特定方式、以特定速度和规模向特定方向运动;③它是形成管理组织有序运动的主要原因,是维持管理组织存在、发展和完善的必要前提。

现代管理强调,管理活动必须有强大的动力,尤其要求管理者要最优地组合、正确地运用管理动力,从而使管理能持续有效地进行下去,并趋向管理组织整体功能优化。这就是管理动力原理的基本含义。

二、管理动力的基本形态

我们认为,激发图书馆系统的高效能,推动图书馆管理行为高速做功并趋向图书馆整体目标,最基本的动力是物质动力、精神动力和信息动力。

1. 物质动力

图书馆管理的物质动力,是指通过一定的物质手段,推动图书馆管理活动向特定方向——最有效地满足读者的知识信息需求运动的力量。对物质利益追求而勃发出来的力量支配人们一切活动,从最初到最后,因而,对图书馆人的物质激励是开发人员要素功能促其加速做功的最原始、最基本和最重要的手段。实践证明,忽视对图书馆系统个体要素的物质激励,否认个体要素合理而正当的利益追求,搞绝对平均主义、吃“大锅饭”,是导致许多图书馆管理活动失败的主要原因之一。

2. 精神动力

它既包括世界观、人生观和价值观,也包括精神鼓励(如奖状、信任、关心、先进称号等),还包括日常的思想工作。

精神动力作为一种推动图书馆管理活动趋向优化目标的重要力量,已被越来越多的人所认识。这是因为,作为推动图书馆管理活动的精神力量,一方面它依赖于物质力量,并以物质动力作为其存在和发挥作用的前提;另一方面,若精神动力的质量好、目标取向正确而又发挥得当的话,则会对物质动力产生巨大的反作用。它不仅能大大地影响并制约物质动力的方向,决定物质动力发挥的速度、范围、持久性等,而且一旦它转化成每个人员要素的内心信念,就会对个体要素的行为产生深远而持久的影响。所有这些都是精神动力的独特作用之所在。值得一提的是,日常思想工作也是精神动力的一项重要内容。对图书馆管理活动而言,更要引起高度重视。

3. 信息动力

图书馆管理的本质，从某种意义上讲，就是一个信息输入、存储、加工和输出的活动过程。信息作为动力，同其他动力一样，从特定的角度、以特定的方式推动着图书馆管理活动趋向特定的目标。信息量在迅速增加，而科学知识的老化周期则日益缩短。这种信息——知识的反向运动及其趋势对图书馆管理提出了特殊的要求。一个图书馆系统，为了维持自身的存在和发展，不仅要积极主动地输入、处理和输出各种信息，而且应不断地加大有效信息的输入和输出功率，这样才能立足于先进管理之列。图书馆的生存前提，既取决于它的信息加工能力和信息更新周期，也取决于它在向外部环境提供信息质量和数量的基础上所获得的用户市场。当然，在图书馆管理活动中，我们既要正确区分有用信息、无益信息和有害信息，又要注意保持信息量的度。

三、管理动力的正确运用

1. 管理动力的协调机制

由于图书馆管理的物质动力、精神动力和信息动力各自具有相对独立性，因此如何有机地组合、协调地运用这三类动力，就成为图书馆管理学需要研究的重大问题。

一般来说，管理行为在趋向系统整体目标的过程中，物质动力是其基础和前提，精神动力是其核心和灵魂，信息动力则是其必不可少的调节杠杆。三类动力各有自己的功用和意义，不可偏废。在不同的图书馆系统中，三类动力的地位和作用存在着各种各样的差异。即使在同一图书馆系统内，三类动力的地位和作用也不仅会随着时间、地点和条件的变化而变化，而且在不同结构、层次之间存在着区别。图书馆管理的任务之一，就是要及时洞察其变化，把握其差异，采取既合乎实际又行之有效的措施，促使这三类动力相辅相成，发挥综合效力。

2. 正确处理个体动力与集体动力、眼前动力与长远动力之间的关系

从管理动力的角度看，任何一个图书馆系统的整体动力都是由图书馆内各个体动力相互作用的结果。这些个体动力都各自有其物质动力、精神动力和信息动力。它们同图书馆系统整体动力并不总是完全一致的。如果我们用向量来表示图书馆系统的个体动力同整体动力的关系及其效应，一般会表现为以下三种典型情

况(如图 2-2 所示)。

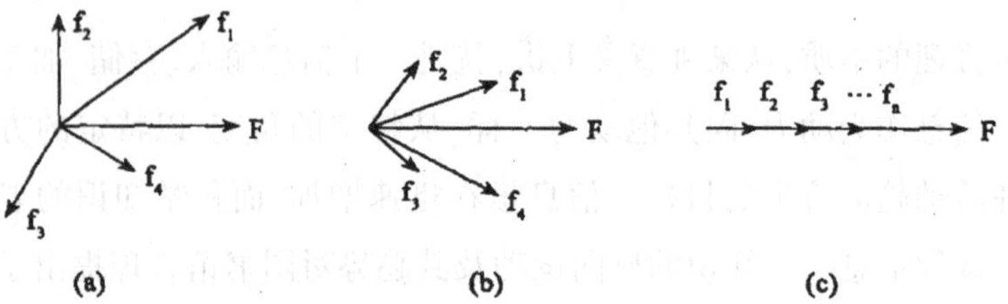

图 2-2　图书馆管理整体动力和个体动力组合的三种典型情形

在图 2-2(a)中,图书馆系统内部各个要素动力都得到了充分而自由的发展,但由于它们方向各异,相互抵消,最后表现出来的整体效应就十分有限,有时甚至会出现向量为零或为负的情况。这种动力结构被称为放任型管理动力模式。

在图 2-2(c)中,将每个个体要素的动力强扭到统一的"集体"方向上,从表面上看,只要将个体要素叠加,就能获得最大的整体动力。实则不然。因为图书馆系统的整体动力同单个要素的动力之间不遵守代数守恒定律。将单个要素动力强行纳入图书馆系统整体动力之中,并要求方向相同和行动划一,实际上是对个体要素动力的约束或否定。其结果是个体动力不能得到合理而充分的发展,从而造成个体要素能量的减少或消失。这种动力结构被称为独断型管理动力模式。

图书馆管理在动力组合问题上,既反对个体要素动力的盲目发挥,又反对整体独断动力模式,而是追求图书馆系统要素动力的合理组合。图书馆管理实践证明,一种比较理想的管理动力模式一般遵循"四边形法则",即使个体要素的动力在整体目标方向基本一致的前提下,充分自由地发展,如图 2-2(b)所示。这样综合作用的效果,其整体向量当然不是最理想的,却是最稳定可靠的、最现实合理的管理动力综合。这是图书馆管理要求建构的动力结构,即满意型管理动力模式。

图书馆管理中还存在正确认识和处理眼前动力同长远动力的关系问题。通常情况下,图书馆系统内部个体要素的动力主要表现为眼前动力,这是由个体要素的性质、任务、目标以及自身利益所决定的;而图书馆系统的整体动力则主要表现为长远动力。然而,这种区分是相对的。事实上,个体动力中也有长远动力,整体动力中也有眼前动力。它们之间是"标"与"本"的关系,并具有交叉效应。图书馆管理应按照"急则治标,缓则治本"的原则,正确地认识和处理眼前动力和长远动力的辩证关系。

3. 管理动力刺激量的科学运用

根据控制论，我们可以通过一定的外部刺激来获得图书馆系统的动力。即当图书馆系统及其要素的行为得到改善时，就予以鼓励加强，这就是正刺激；反之，就予以惩罚、限制，这就是负刺激。从一定意义上讲，图书馆系统动力结构的优劣主要取决于正负刺激量的正确运用和比例是否恰当。刺激量不当，就不能有效地贯彻管理动力原则，不能发挥出图书馆系统及其要素的最佳动力。因此，图书馆管理者必须注意：①管理刺激应以实现目标为准；②注意刺激的时效性；③少用甚至不用定期刺激；④少用甚至不用固定刺激；⑤刺激应随人员要素不同而采取不同手段；⑥奖惩分明，奖惩结合，以奖为主。

第五节　图书馆管理的效益原理

效益是管理的永恒主题。任何组织的管理都是为了获得某种效益。效益的高低直接影响着组织的生存和发展，图书馆管理自然也不例外。

一、图书馆管理的效能、效率和效益

图书馆管理的效能是指图书馆管理系统所具备的实现目标的有效做功本领或有效行为能力，它直接取决于图书馆管理系统的目标是否明确、结构是否合理，以及图书馆馆员的积极性发挥得是否充分。

图书馆管理效率包括两层意思：一是指图书馆管理行为趋向系统目标的速度，即单位时间内图书馆管理系统所完成的工作量；二是指图书馆管理系统完成单位工作量所需消耗的劳动量（包括知识和物化劳动等）。

图书馆管理效益是指图书馆管理系统为一定的目标、以一定的效率发挥其效能的结果或效果。

一方面，从动态过程看，图书馆管理效益是管理目标行为有效做功的结果，它表现为管理效能、效率和系统目标的函数。可用下式表示：

管理效益 = f（系统目标，管理效能，管理效率）

这表明：①图书馆管理系统的整体目标是管理效能和效率趋向管理效益的一个重要干涉变量。即使在管理效能大、效率高的情况下，如果管理的目标不明确或无目标，管理效益就低下或无管理效益可言；如果管理系统目标错了，则管理结果就是负效益，且效能越大、效率越高，系统整体的负效益也就越大。②由于目标变

量可主要视其优化程度而在 0~1 取值,因此,当图书馆管理系统的目标确定后,目标就转化为一个常量。③一个系统的效能主要取决于它的结构。一个图书馆管理系统在特定的时空内其结构是相对稳定的,因此,其效能也可视为一个常量。这时,上式可化为:效益=f(效率),即效益直接取决于效率,并是它的函数。

另一方面,从静态结果看,图书馆管理效益又主要由经济效益和社会效益构成。我们把图书馆管理系统所表现出来的内在价值称为经济效益,把图书馆管理系统对读者的价值称为社会效益。经济效益与社会效益既有联系,又有区别。追求社会效益可以成为提高经济效益的重要条件。两者的区别主要表现在:经济效益较社会效益更为直接和显而易见,经济效益可以运用若干个经济指标来计算和考核,而社会效益则难以计量,必须借助其他形式来间接考核,图书馆管理活动在处理经济效益与社会效益的关系上,应该是统筹兼顾,最大限度地追求经济效益和社会效益的同步增长。既反对单纯追求经济效益而不顾社会效益的倾向,也反对片面讲求社会效益而不讲经济效益的做法。当经济效益与社会效益发生矛盾时,应当从全局出发协调两者的关系,但基本的原则是要让经济效益服从和服务于社会效益。

二、图书馆管理效益的根据

1. 生产方式

从根本上来看,图书馆管理效益是由生产方式决定的。一个社会的生产方式是这个社会劳动者与劳动资料的结合方式,它既是人与自然之间发生物质变换的方式,也是人与人之间的物质交往方式。在这两个方面都伴随着管理活动。在某种意义上,图书馆管理活动是生产方式的外在表现,有什么样的生产方式就必然会有什么样的管理活动。所以,生产方式既决定着图书馆管理的性质,也决定着图书馆管理的方式。图书馆管理具有什么样的性质和以什么样的方式存在,又直接决定着图书馆管理的效益。因而,生产方式从根本上决定图书馆管理的效益。

2. 管理者

管理者是管理主体,在图书馆管理活动中居支配地位,起核心作用。管理者的思想观念、行为方式对图书馆管理效益的影响是十分明显的。这是因为,管理者的思想观念在管理活动中往往表现为管理的指导思想,这种指导思想又会支配管理行动,使其表现出特定的管理行为方式。管理者的思想、观念、行为方式对图书馆管理效益的影响,是通过对图书馆管理活动的计划、组织、领导、控制和评价等职能和环节实现的。

3. 管理对象

图书馆管理对象是由人、财、物、信息资源等要素组成的一个有机体系,其中,人是最重要的。尽管财、物、信息资源等要素的组合对提高图书馆管理效益具有不可忽视的作用,但这种作用只有通过人的活动才能实现。人的素质水平、工作责任心、主观能动性发挥的程度,往往决定着其他管理对象作用发挥的程度。

4. 管理环境

图书馆管理效益是通过有效的管理活动实现的,而管理活动又是在外部客观环境的影响下进行的,因此,管理环境也是影响管理效益的一个重要因素。影响图书馆管理效益的环境因素包括政治环境、经济环境、科学技术环境和社会心理环境。政治环境是指一个国家的政治形势、法律制度、路线方针政策,以及国际局势;经济环境是指图书馆系统之外的经济发展状况,如市场、投资、银行信贷、税收、物价等,这些因素通过价值规律等方面的作用影响图书馆管理的效益;科技环境是指图书馆系统外部科学技术(尤其是信息技术)的发展状况,它通过影响劳动生产率来影响图书馆管理的效益;社会心理环境是指图书馆系统外部的各种社会心理现象,主要包括社会态度、社会期望、社会舆论、消费心理、从众心理等,它们通过对图书馆的精神文化、人际关系以及图书馆馆员的心理影响图书馆管理效益。

弄清影响图书馆管理效益的因素对于提升图书馆管理效益具有重要意义:首先,可以使管理者提高认识,在图书馆管理活动中注重运用科学的管理方法和民主的管理手段,自觉地提高管理水平。其次,可以使管理者认识到人的因素对管理的影响,注重调动人的积极性,提高人的素质,协调人们之间的关系,使人与物的结合方式达到最佳的优化状态。最后,可以使管理者树立开放的管理观念,不是把眼光局限于自己的管理范围之内,而是在更广阔的视野中看待自己的管理范围,认识环境因素对图书馆管理活动的影响,自觉地利用一切有利的影响,避免不利的影响,从而大大提高图书馆管理效益。

第三章　图书馆组织

组织是管理的基本职能,也是任何一项管理活动的主要形式,是实现各种管理目标的重要保障。图书馆组织是图书馆系统内部的结构模式,是图书馆管理的重要内容之一。本章主要就图书馆组织的概念及组织形式、图书馆组织的设计、图书馆的组织结构、图书馆内非正式群体等几个问题进行阐述。

第一节　图书馆组织的含义和组织形式

一、图书馆组织的含义

在现代汉语中,组织通常含有动词和名词的意义。作为动词,组织是指安排分散的人或事物,使之具有一定的系统性或整体性的工作或活动过程。作为名词,组织是指按照一定的宗旨和系统建立起来的集体,即人们为了一定目标的实现而建立起来的社会实体。既然组织是一个有活动目标的社会实体,并围绕目标开展系统性和整体性的活动,那么,从管理学的角度来看,组织就可以被理解为是一个动态活动过程和静态社会实体相结合的统一体。在这个统一体中,组织具有以下特定的内涵:

(1)组织是由两个或两个以上的人所组成。可以说组织是由人们以及人与人的相互关系所组成,人们在实现共同目标的过程中彼此联系并发挥基本的作用,从而形成了组织。

(2)组织具有特定的活动目标。组织是按照一定的目标和一定的需要将各个组织要素组合起来构成的统一体,每个组织都有各自明确的活动目标,围绕特定的组织目标开展活动。因此,组织的目标决定了组织存在的必要性与合理性。

(3)组织具有一定的结构和层次。组织是按照一定的职能分工、责权分配所构成的特定群体,它根据一定的规则和程序排列组合并相互协调开展各种活动。因此,合理地设计组织结构,协调组织成员的分工与合作,是组织得以正常运行的基本保证。

(4)组织具有与社会的互动作用。组织在自身发展过程中,不仅要依靠其内部的协调运行,同时还要与组织生存的环境相互依托,并在适应社会环境的过程中形成组织个性,以保持组织运行的独立性,从而发挥组织的整体作用。所以,组织是社会系统的一部分,是一个与社会有着千丝万缕联系的开放系统。

(5)组织与组织之间存在着一定的边界。人类社会中任何组织都具有与其他组织不同的组织精神、组织行为和组织作风,表现出与其他组织所不同的个性特征和活动目标。因此,组织不同,人们的活动内容不同,组织行为就不同。这就是不同的组织给人们留下不同印象的主要原因。

从人们对组织基本内涵的认识出发,我们认为,图书馆作为人类文明的产物,在其发展过程中有着特定的活动内容和范围,它以保存和传扬人类文化的智力成果为宗旨,以满足社会文献信息需求为己任,以文献信息资源的收藏和利用为组织活动目标,从而适应社会不断发展的需要。因此,我们可以把图书馆组织定义为:以最大限度满足社会文献信息资源需求为目标而对图书馆资源进行合理的设计与职能分配,并按一定规则和排列程序组合成并协调运行的有机系统。它既反映了图书馆社会实体的形成,同时也体现了对图书馆实体的管理行为、管理活动和管理过程。由此可见,图书馆组织的特定内涵是对图书馆资源的合理设计、分配、排列与组合,形成一个稳定的、能够根据环境的变化而不断调整行为目标的组织系统。而图书馆系统的有效运转则是图书馆管理中组织的必然结果。图书馆组织是实现科学管理的基本职能,也是图书馆管理的主要对象。人们通过这个特定的组织行为建立图书馆工作关系架构,并协调和刺激图书馆组织内的成员为实现整体目标而开展指定的活动,履行各自的职、权、责,相互协调、合作,为实现系统的目标,完成系统的计划而努力。

图书馆组织的职能体现在以下几个方面:①构建图书馆工作关系架构,使图书馆各组成部分形成有机的不可分割的整体;②合理组织图书馆各项活动,使之具有一定的功能和作用;③明确授予图书馆各级管理人员一定的权限,充分调动管理人员的工作积极性;④强化图书馆管理信息的传递与沟通,建立图书馆系统内的层级关系和联系;⑤建立和健全图书馆组织的管理体制,执行、协调、监督图书馆管理活动的运行。

二、图书馆的组织形式

图书馆同任何社会组织一样,只有运转才能发挥作用,才能充满活力、生机勃勃。在图书馆的运转过程中,为了保证图书馆既定目标的实现,就必须运用各种组织方式处理管理活动中的各种关系,并进行图书馆资源的合理配置,以保证图书馆整体活动的正常运行,因此,图书馆管理的组织形式就成为其管理活动的具体表现。采用不同的组织形式,就会产生不同的组织运转过程。就目前图书馆的运行模式和组织形式而言,通常采用的组织形式主要有直线式、职能式、直线职能式和合作式等。

1. 直线式组织形式

直线式组织形式在图书馆管理中是一种最基本的组织形式。直线式结构比较简单,又称单线式职权形式,或军队式职权形式。它是指将社会实体中的各种职位按垂直的管理系统进行直线排列,以形成自上而下的管理与运行体系。例如,图书馆馆长对副馆长有直线职权,副馆长对部门主任有直线职权,由上而下形成一条权力线,指挥统一。但是,由于这种组织形式没有具体的职能机构作为辅助管理的手段,容易形成管理权力的高度集中,从而导致在复杂的管理活动中不能有效控制下属行为的问题出现,造成不利于沟通和交流的现象。所以,这种组织形式通常只适合规模较小的图书馆。

2. 职能式组织形式

职能式组织形式,又称多线式组织形式,它是直线式组织形式的一种补充。它是指在图书馆管理过程中,各级行政领导都设有相应的职能机构,各个职能机构在自己的业务范围内有权直接指挥下级单位。因此,各级行政领导人员除了服从上级行政领导外,还要服从上级各个职能机构的指挥。这种类型的组织形式适用于业务技术复杂、管理分工细致、规模较大的图书馆。但是,它也存在一定的不足,这种形式常常会造成图书馆管理中的多头领导现象,从而妨碍了图书馆组织的必要的集中领导和统一指挥,造成组织管理上的混乱。

3. 直线职能式组织形式

直线职能式的组织形式是直线式组织形式和职能式组织形式相互结合产生的一种图书馆组织形式。它是将图书馆管理人员分为指挥型管理人员和职能型管理人员两类,指挥型管理人员有权力对下级发布命令,组成图书馆组织结构中的“命令链”;职能型管理人员凭借自己的专业知识和工作经验,向上级领导提出专业管理的建议,也可以向下级机构进行业务的指导,但无权直接对下级机构进行指挥和发布命令,除非其上级领导授权。这样的组织形式便于在组织内充分发挥职能部门的参与作用，减轻上级领导的工作负担，为图书馆的指挥人员正确决策提供依据，从而实现图书馆管理活动的统一指挥，统一行动，使得图书馆的专业化管理更为细致。

4. 合作式组织形式

合作式组织形式是一种新型的图书馆组织方式。它是一种超越了传统垂直管理的基础所进行的一种组织与组织之间的合作管理形式。合作式图书馆组织形式主要是根据参加合作体的各成员馆签订的合作协议明确各自的权利、责任与义务，并明确其组织关系，通过利益共享实现组织的整体目标。因此，它是一种以契约形式构筑的图书馆组织形式。其特点就是在图书馆之间不论是否存在隶属关系，在这个合作式组织中没有上下级的等级制度，没有体制上的制约关系。它强调在图书馆之间进行跨组织合作关系的构架，注重不同系统、不同类型图书馆的分工与合作，注重在合作中进行优势互补，从而实现图书馆建设的整体目标。

合作式组织形式赋予了图书馆管理的高度灵活性，使组织成员能够在自己的职责范围内独立工作，并能充分调动其积极性。合作式组织形式的主要表现就是图书馆联盟，它是以文献信息资源共建共享为目标的实际而有效的图书馆组织形式。其形成的主要原因有两个：一是共享图书馆收藏的文献信息资源；二是信息技术的发展使社会信息用户产生了新的信息需求和新的信息利用空间。与传统的图书馆组织形式相比，合作式图书馆组织形式具有反应迅速、机动灵活的优点，其合作的范围更加广泛。它可以降低文献信息资源的收藏成本，进行图书馆之间的文献传递服务，并及时发现和解决由于信息技术发展而带来的各种问题，如文献的知识产权保护问题、电子文献的出版与利用问题等。同时，通过合作还可提高图书馆的服务能力和参与竞争的能力。目前国内外已经出现了不少这样的图书馆合作组织，如中国高等教育文献保障体系等。

第二节　图书馆组织设计

一、图书馆组织设计的原则

组织设计，概括地说，就是围绕某种战略目标，对组织所拥有的各项资源进行合理安排和配置，以构成有机整体的过程。组织设计的直接结果就是形成一定形式的协作系统和关系网络。任何组织都是依照一定结构形式设计并建立起来的。

组织设计包含三层含义:第一,进行资源配置。即围绕组织活动的目标,将各种资源分配到不同的组织层面,实现有利于组织目标的最佳组合。第二,确定各种资源之间的关系。即通过组织设计,形成特定的关系网络,使各种资源能够围绕组织目标有效地进行运转。第三,制定运行规则。为了证明和充分体现各种资源配置的有效性与协调性,就需要组织设计者根据组织运行的基本情况制定出一系列规则,并在这些规则的约束下开展活动。由此可以看出,组织设计是一个资源组合的过程,是一个发挥各种资源作用的过程,同时也是一个调节组织整体作用的过程。

图书馆组织设计是指对图书馆组织的结构进行规划、构架、创新或再构造,通过对图书馆的任务、权限和工作流程的安排与设计,使图书馆组织能够协调运转的过程。图书馆组织设计的目的就是从组织的结构上确保组织目标的有效实现。图书馆组织的结构,是图书馆内部各个工作部门的排列顺序、空间位置、聚集状态、运作形式以及图书馆各个要素之间相互联系的一种方式,也是图书馆内部管理的一种模式。这种模式或管理体制是人们根据图书馆的社会目标和功能,以及各个图书馆的个性特点设计创造出来的。

组织设计的结果是形成特定的组织机构,即组织的构成框架。组织结构设计得合理,就可以充分发挥系统的整体功能,使系统高效率地运行,取得最大的社会效益与经济效益。图书馆组织结构的合理设计,是保证图书馆整体目标顺利实现的前提,是图书馆内部管理工作的信息流以及人流和物流得以正常运行的保证,是图书馆管理活动的基础工作。

图书馆的组织结构既要保持相对的稳定性,又要适应图书馆内部和外部环境的变化,所以,保持图书馆高效率地运行是图书馆组织设计的最终目的。因此,如何设计高效率运行的图书馆组织结构是关键所在。总的来说,图书馆组织设计应遵循以下几个原则:

1. 因地制宜原则

任何一个组织都有其特定的任务和目标,每个组织的每一个部分,都应当与其特定的任务目标相关联,组织的设计应该以是否对其目标的实现有利为衡量标准。图书馆组织的设计没有统一的模式可循,因为各个图书馆的现实情况不一样,图书馆应该根据其发展目标与规模以及文献信息资源的构成、工作人员的构成以及空间设备、技术条件等资源来选择组织的发展模式,设计图书馆的组织结构。所以,图书馆内部结构的设计与排列都应当和图书馆的整体目标相关,只有这样才能充分发挥图书馆系统的整体功能。如果馆内的某一部门的设置与图书馆的发展目标不相关联或关系不大,可以考虑将其合并或者从图书馆组织中剥离出去。图书馆的总目标通过细化分工分成若干个子目标,而图书馆内部各个部门的设置正是这一细化分工的结果。

2. 合理分工原则

图书馆组织构建的过程是组织内部科学分工的过程,也是对图书馆资源进行合理配置的过程,它与图书馆总目标的实现有着直接的关系。因此,一方面应当合理地进行图书馆各种资源的配置,安排图书馆各个部门的目标与任务,使图书馆的各项工作有序、高效地运行。另一方面,也要根据图书馆人员的性格、兴趣、特点和信息素养上的区别,进行合理的人力资源分工,做到人尽其才,充分调动员工的积极性,从而提高工作效率,营造良好的工作氛围。所以在设计组织机构时,要进一步明确各个部门的职责范围以及管理权限。同时,部门与部门之间要相互支持,协调合作,才能实现整个图书馆的目标。

3. 职权层级化原则

图书馆组织设计的主要内容是要形成组织的层级化和职权的层级化。因此组织结构和职权形式的层次分明是图书馆组织的基本要求。组织结构和职权的层次分明是指机构内部最高权力等级到每一个下属职位的权力等级是绝对明确的,组织层次的多少与管理者的控制幅度成反比。组织机构层次多,控制幅度就小;组织机构层次少,控制幅度就大。管理者数目应根据图书馆管理的工作性质与工作效率的需要而定。等级分明,合作协调,可以使高级管理层快速做出决策,达到组织间有效交流,发挥系统整体效益。图书馆组织的层级不宜过多,层级过多,不仅浪费人力资源,加大人力成本,而且增加了管理信息流动的复杂性,降低了管理效率。图书馆管理层次的多少,应根据图书馆规模、各自活动特点及管理范围来确定。

4. 灵活处置原则

用户是图书馆服务的对象,“用户至上”是图书馆工作的根本出发点,最大限度地满足用户的需求是图书馆工作的最终目的。所以,图书馆的组织设计应该充分体现这一思想和原则。同时,社会发展,环境变化,用户需求也会随之变化,因此,图书馆组织的灵活性增强。在图书馆组织设计相对稳定的情况下,必须强化灵活管理,增强组织的应变能力。同时也可以根据外部环境和内部环境的发展变化,以及图书馆长远目标的实现,对图书馆组织设计做出适当调整。

二、影响图书馆组织设计的因素

合理的图书馆组织设计除了应遵循科学的原则之外,还应关注影响图书馆组织设计的各种因素,因为任何图书馆组织都处于一定的时空环境下,不同的时空环境会对图书馆组织产生不同的影响。影响图书馆组织设计的因素主要有以下几点:

1. 环境因素

影响图书馆组织形成与发展的环境因素主要包括外部环境因素和内部环境因素。外部环境因素是指影响图书馆发展的各种外在因素,它主要包括一定的政治、经济、文化以及国家体制的变化。内部环境因素是指影响和制约图书馆发展的各种内在因素,主要包括图书馆发展目标、文献信息资源、读者、工作人员、经费、设备和技术资源等。

2. 社会需求因素

图书馆的建设与发展,既是社会文明进步的重要表现,也是社会信息需求的发展,因为社会信息需求是图书馆事业发展的基本动力。满足社会不断增长的信息需求是图书馆存在与发展的理由与目的,组织信息资源、提供信息服务是图书馆责无旁贷的义务。怎样才能将图书馆的作用发挥到极致,怎样才能使社会的信息需求得到最大满足,都与图书馆组织设计的合理程度有直接关系。因此,图书馆组织设计应当根据社会信息需求规模以及图书馆服务的范围与能力进行资源有机整合,充分发挥图书馆资源的协调作用,以满足社会发展中不断增长的信息需求。

3. 主观意识因素

图书馆组织的设计与发展除了受环境因素与社会信息需求因素的影响之外,还受到人们主观意识因素的影响。社会、政府及领导对图书馆的重视与支持程度,对图书馆的发展有很大影响。他们对图书馆的意识程度越高,那么在对图书馆的经费、技术等投入方面就会越大。同时,一个好的管理者或者一个好的管理班子,对图书馆组织的合理设计也有很大的帮助,管理人员注重素质的提高、紧跟时代发展的步伐,会给图书馆的组织设计注入新的思想和活力。

综上所述,影响图书馆组织设计的因素是多方面的,任何时代都不可能有一个停滞不前的、固定不变的理想模式供我们套用。因此,应当充分考虑到上述各种因素对图书馆发展的影响,随着时代、社会的不断发展和变革来合理组织和配置图书馆资源,形成完整的系统的图书馆组织体系。

第三节　图书馆的组织结构

组织结构是组织内部各部门之间相互关系的框架。它通常需要根据组织的目标与任务、工作流程及管理的责权体系以及信息交流的具体情况来确定,从而建立一个分工合作、协调运作的组织运行模式,以实现相对稳定、连续运作和逐渐变化的组织体系发展目标。一个能完成预定目标和实现预期目的的组织结构,是经过认真思考后建立和发展起来的。作为一个系统,组织结构虽具有相对稳定性,但又不是一成不变的。但是组织结构一旦建立,就将制约和规范组织成员的一切活动与行为,同时组织成员的各项活动也将直接影响组织结构的稳定性。

组织结构在组织中的作用主要表现在以下几个方面:①支持或制约组织战略;②有效配置组织资源;③提供组织运转的环境。图书馆的组织结构同样如此。随着以信息技术为核心的新技术在图书馆的广泛应用,图书馆的运作方式、管理对象以及服务策略等都在发生着深刻的变化。作为图书馆管理的基本职能,图书馆组织结构合理与否直接关系着图书馆战略目标的实现,因此对其进行研究具有十分重要的意义。

一、传统图书馆的组织结构模式

传统图书馆的组织是以职能部门化和业务流程部门化为基本管理原则进行的直线式组织设计。它的最大特点在于注重静态组织的构造,组织权力高度集中,并对组织成员进行等级化集中控制。因此,传统图书馆的组织结构通常呈金字塔形。金字塔形组织结构始于20世纪初,由著名管理学家亨利·法约尔亲自设计,适应了当时生产力发展水平。图书馆的金字塔形结构也适应了传统图书馆时期的社会环境。处于塔尖的是由图书馆理事会、馆长和副馆长组成的决策者群体,处于中间层的是由图书馆各部门负责人所组成的管理者群体,处于基层的是由不同类型的图书馆馆员所组成的执行者群体。图书馆的规模越大,则中间层次越多,从决策层到执行层的距离也越远。

传统的图书馆之所以采取这种金字塔形的组织结构,在很大程度上与管理控制幅度有关。所谓管理控制幅度是指直接向上级报告的下级的数量,也称为控制幅度或管理幅度。管理控制幅度与管理层次在一定条件下成反比关系,即管理控制幅度越大,管理层次越少;管理控制幅度越小,管理层次越多。20 世纪早期,很多研究者试图找到管理者能直接管理的人数的最大额度。许多人得出的结论是以 6 人为最佳。这样,为了有效地进行管理,各图书馆普遍采用了金字塔式的等级制组织结构。

但是,到了 20 世纪末,信息技术的发展和知识经济的来临,引发了更为激烈的竞争,图书馆在这种环境下也受到了巨大的影响,传统的金字塔形组织结构日益暴露出其弱点:

第一,金字塔形组织是一种封闭的、机械的组织结构,一般来说适应于稳定的环境。而在新的信息环境下,用户需求变化多端,这种形式的组织结构就显示出其应变能力差、不利于提供高质量的服务缺点。例如,目前一些边缘性工作和综合性工作常常需要跨部门合作,而金字塔形的组织结构责任明确,分工细致,导致决策缓慢,容易产生部门之间沟通堵塞,造成服务滞后;还有的下级人员不清楚上级管理者的想法和决策,造成图书馆组织整体目标的模糊。

第二,金字塔形组织职责明确,分工细致,但灵活性差,过于僵硬,导致组织内信息沟通不畅。每个职能部门和部门基层的执行者受岗位职责的局限,只关心自己分内的事情,只对分支部门的管理者负责,职能部门之间缺乏沟通,容易形成不合作的组织氛围,甚至在信息、技术和知识方面难以交流,不利于图书馆馆员自身素质的提高和完善,同时也影响了图书馆业务的发展。

第三,金字塔形组织有固定的部门设置和多级的职位排列,随着图书馆规模的不断扩大,在管理中容易出现部门和级别的增加,导致机构臃肿。同时,金字塔形组织结构的权力是自上而下的,严格的上下级关系,容易导致官僚作风。目前,国内的图书馆大多还是典型的金字塔形组织结构,所以在部门设立上远远多于国外图书馆。

二、影响图书馆组织变革的因素

不变革的组织是没有生命力的,它必然会走向消亡。但盲目地变革同样会使组织消亡。由于组织的环境是由多个因素组成的,所以组织变革的因素是多种多样的。我们可以把组织变革的原因分为外部原因和内部原因两大类。外部原因是指组织外部环境发生了变化,如社会政治、经济、科技、军事等具体条件的变化,使得组织必须进行相应的变化。内部原因是指组织内部情况发生了变化,使得组织也要相应地变革自己的结构,如组织内部人员的创造性受到了组织机构庞大和烦琐的制约,组织妨碍人员的发展,组织内部人员工作效率低下,沟通渠道不畅等。近年来,国内外许多图书馆都对组织机构进行了改革。促使图书馆组织变革的主要外部因素是新技术的运用、用户需求的变化和社会竞争的加强,内部因素是管理理念的变化、图书馆自身发展的需要。

1. 外部环境因素

(1)新技术的应用

现代信息技术、网络技术在图书馆中的应用必然冲击图书馆的传统技术和工作流程,影响组织活动的效果和效率,影响组织活动的内容划分、部门的设置和工作人员的素质要求,从而成为推动图书馆组织结构变革的活性分子。

首先,新技术的运用促使社会信息量剧增和文献载体的多样化。据英国技术预测专家詹姆斯·马丁测算,人类知识在 19 世纪是每 50 年增加一倍,20 世纪是每 10 年增加一倍,到了 70 年代是每 5 年增加一倍,目前已经是约每 3 年增加一倍。面对如此庞大的信息群,如何有组织、有效率、有系统地整合、加工、使用它们,是当前图书馆工作的重点。图书馆组织机构、工作方式和操作流程都要相应地发生变化。

其次,网络化和数字化的影响,使得个体图书馆可以通过网络有机地联系在一起,从而克服了远距离传播的阻碍,并能够大批量地复制文献,因此从根本上改变知识继承的方式。信息积累的社会化,使得图书馆必须有效地利用网络信息资源,并对其进行整合和导航,才能最大地发挥图书馆在信息社会的现实作用。

最后,数字图书馆的出现是新技术应用的重要表现,它对传统图书馆的冲击是十分巨大的。数字图书馆的重要特征表现在信息资源数字化、信息传递网络化、信息利用共享化、信息提供知识化和信息实体虚拟化等方面,使现代环境下的图书馆在发展目标制定、文献资源组织与建设、人力资源配置、信息技术运用以及服务设备的布局和管理等方面都发生了极大的变化。为了适应环境的新变化,图书馆的组织变革势在必行。

(2)用户需求的变化

随着信息的增多、虚拟图书馆和数字图书馆的出现,用户不再必须到馆查找资料,信息技术的普及使用户信息水平和信息要求不断提高,传统图书馆的信息提供方式已经不再适合社会发展的需要,而需要向用户提供更主动、更个性化的信息服务。图书馆要谋求自身的发展,固步于传统服务方式是不可取的,必须在原有工作基础上不断拓展,不断满足用户新的更复杂的需求。但是随着信息的大量累积,面对网络环境下浩瀚的信息海洋,人们常常会陷入信息过盛和信息迷失的窘迫境地,即太多的信息无从消化,同时又难于找到自己所需的信息。对于大部分只有一般水平的网络用户来说,很难从网络上获取到所需要的信息。图书馆的角色应转变为既是一个良好的信息提供者,又是一个优秀的信息获取引导者。所以,在图书馆组织机构变革中,必须考虑这些因素,适应现代服务理念。

(3)社会竞争的加强

信息行业竞争的大环境迫使图书馆对组织结构进行变革。信息社会中,整个社会的结构不再是金字塔形而呈网络状态,这种状态具有整体性、综合性、开放性、动态性、非线性和互补性等特征。网络把信息的生产者、收集者、加工整理组织者、储存者、传递者和使用者紧密联系起来。因此,图书馆必须适应这种社会化的信息生产和流通方式,在业务技术和服务上改变原有的封闭型组织体系,加强合作,发挥网络优势。

2. 内部环境因素

(1)管理理念的变化

以往由于科学发展的缓慢,加上我国的具体情况导致文献知识量特别是新的文献知识量不多,文献的管理工作只能部分地替代知识传播工作。但随着社会的发展与变化,传统的图书馆管理理念发生了很大变化。信息革命引发管理的优势已不在于技术的运用而在于组织设计和组织文化的营造,即通过组织结构的合理筹划和组织文化的培养,培育集体创造力,推动创新,促进组织内部以及组织与外部之间的联系,加强知识联网,加快知识流动。知识管理理论要求图书馆管理应在组织结构上进行变革,并以此来增强图书馆的竞争能力和应变能力。

其次,20 世纪 80 年代以来,一些图书馆开始小范围地尝试实行全面质量管理,20 世纪 90 年代后,全面质量管理在图书馆界迅速扩展开来。许多国家的图书馆都纷纷引进全面质量管理,并取得显著成效。对图书馆来说,全面质量管理在图书馆管理中的应用,打破了部门障碍,突破了金字塔形的组织结构。同时它提倡以用户为中心,十分适合图书馆在服务工作、业务流程中的准则。运用全面质量管理,可以促使图书馆工作不断改进,实现图书馆组织的战略目标。

(2)图书馆自身发展的需要

新技术在图书馆中的应用为图书馆进一步发展提供了极好的机遇,图书馆也因此有了更高的战略目标:成为社会信息资源的集散地和提供信息服务的中心,即社会信息系统中的一个枢纽。简单地说,作为一个社会机构,图书馆将更加重视信息服务的功能。同时，新的网络环境下，图书馆重心发生变化与转移，出现了工作重心从书本位向人本位转移；业务重心从图书馆的内部工作向图书馆服务转移；服务重心从一般服务向参考咨询服务转移的现象，社会要求图书馆提供深层次的信息增值服务和个性化的信息知识服务。尤其是在网络环境下，图书馆的大部分工作都需要借助现代信息技术来完成。服务的对象已不仅仅是到图书馆进行阅读活动的读者了，同时还包括了利用图书馆网络信息服务的虚拟读者；不但为用户提供印刷型文献，还要更多地为用户提供数字化信息；不但为用户提供本馆的馆藏文献，还要为用户提供网上资源。随着科学发展高度综合化和细分化，使得人为划分的学科知识越来越呈现出交叉和渗透。如何在宏观和微观上把握和建设图书馆的信息资源，成为摆在新时期图书馆馆员面前一项既熟悉又陌生的任务。传统图书馆的组织结构显然不利于该战略目标的实现，图书馆的组织结构必须重构。

三、新环境下的图书馆组织结构变革

不可否认，职能部门化的组织结构曾经推动图书馆事业的发展，既保证了馆长的统一指挥，又能发挥职能部门的专业管理作用，促进了图书馆人才的专业化发展。但是在新技术环境下，社会对图书馆的需求呈现多元化、专业化、综合化特点，传统的职能部门化的组织结构已不再适应图书馆的发展目标了。当前，讨论最多的是扁平化的组织结构和矩阵式的组织结构在图书馆中的应用，以及图书馆组织的再造。

1. 扁平化的组织结构

所谓组织扁平化，是指以管理信息的运行作为主轴和中心结构，将原来的管理层次缩减或压缩，把中间管理幅度加宽，职能加以扩展，允许内部组合多样化。扁平化组织结构的目的在于调动各层级管理人员、作业人员的主动性和创造性，对环境反应敏捷，使决策迅速。扁平化组织结构的特点是：组织结构层次少；信息获取、传递和运用都十分方便快捷；中间层管理幅度大，可以进行信息传递；决策权向组织机构下层移动，扩大了员工共同参与组织工作的机会。

信息技术的应用实现了图书馆工作流程的自动化，它可以集成许多等级部门的功能，从而缩短了信息流转的周期。对于管理者而言，信息技术的应用，一方面在很大程度上提高了管理控制幅度；另一方面削减了中间管理层的决策作用。与此同时，金字塔式的等级制组织结构的弊端也日益显露。传统图书馆的等级管理结构将变得不仅无法使工作人员满意，还存在功能性方面的障碍。图书馆应当寻求一种平衡机制，充分考虑各种任务的提出、宣传和实施，并通过提高个人的责任感，以达到它的战略目标。扁平化组织结构的产生，将提高图书馆对周围环境的反应能力与应对变化的效率。

2. 矩阵式组织结构

矩阵式组织结构是借用数学中“矩阵”概念进行图书馆组织的一种方式。它是在直线式组织形式和直线职能式组织形式的垂直管理基础上，强化图书馆组织的横向领导关系，使纵向的指挥与横向的领导相结合，注重计划与目标的结合，部门与项目的结合，从而形成纵横交错的组织管理构架。可以说，矩阵式图书馆组织结构是由图书馆管理的两套系统所组成，一套是建立图书馆管理的职能管理系统，一套是图书馆活动中各项任务之间项目管理系统，它打破了图书馆组织中统一指挥的传统原则与方式，具有职权的平衡对等性，在新技术条件下的图书馆管理活动中能够协调和平衡任务与部门之间的关系，适应图书馆组织目标和信息资源与服务活动的多重要求，是一种较为理想的图书馆组织结构形式。但是，这种图书馆组织结构形式若不注重职责权限的划分，就容易引起管理上的混乱，形成多头领导的局面。矩阵式最大的特点在于其具有双重命令系统，小组成员既要接受职能部门管理者的直接领导，又要服从临时项目小组负责人的指挥。

相对于传统的纯职能部门化的组织结构而言，矩阵式结构具有以下优点：

第一，各职能部门的设计更能适应新技术的发展，针对社会的需求，体现以用户为中心的思想。在原有职能部门的基础上，解决了一般组织形式横向关系脆弱的弊病，使新的职能部门能够将工作重点放在向用户提供优质的信息服务上。

第二，它有利于不同职能部门之间的协调和信息沟通，加强部门间的横向联系。在临时项目小组中，来自不同部门的成员在完成项目的同时进行全方位交流，集中各种专业知识和技能，迅速完成任务。这种方式提高了管理组织的灵活性，增加小组成员对各个部门的了解和配合。这样，可以改变传统金字塔形图书馆组织结构中部门沟通闭塞的缺点，加强部门之间的联系与协作。

第三，它能较好地解决组织结构相对稳定和管理任务相对多变之间的矛盾。新技术的发展与应用同时也给图书馆带来了相当大的冲击。图书馆需要相对稳定的组织结构，以保证常规业务顺利开展。临时项目小组的成立就有利于应付突发事件。

当然，矩阵式组织结构也存在不足，纵向系统和横向系统同时存在，如果不注意职责权限上的划分，容易引起指挥上的混乱，造成多头领导的局面。

3. 图书馆组织的再造

近年来,科技发展引发经济全球化浪潮,市场竞争日趋复杂,导致企业外部环境急剧变化,企业内部原有的以亚当·斯密“分工理论”为基础的部门结构和业务流程很难适应新变化。因此,1990 年,美国管理学家米切尔·汉默和詹姆斯·钱皮提出了“再生工程”的观点,强调应用现代科技,彻底地重新设计作业流程,以便对用以衡量企业绩效的关键指标,如成本、质量、服务和速度做大幅度改善。再生工程不同于一般改革,不是改组,也不是规模缩减等组织改革措施。而是从深层次开始进行的全新的再设计,即重新思考工作流程,将人力分配与业务流程彻底翻新。在机构改造中,以求对成本、品质服务和速度等影响绩效的重大因素做大幅度的革新,从而最终提供企业的整体竞争力。国内外一些企业通过再生工程迅速取得了骄人的业绩。

再生工程是企业改造的理论,从管理方面来讲,图书馆界也可以运用这一理论,结合实际工作,进行组织的再造。从再生工程的理论来看,我们必须重新审视图书馆的作业流程,将大量的信息技术运用到作业流程中去,改变传统图书馆原有的层次结构与分工方式,正确处理图书馆技术服务与外包作业的关系,简化用户服务的相关流程等。以用户需求、流程为导向,建立以人为本的图书馆组织再造工程。

第四章　图书馆领导

在图书馆管理过程中，领导是重要的管理工作，是联结计划、组织与控制等工作的纽带，是实现组织目标的关键。从宏观上讲，图书馆领导包括三个层面：国家层面对图书馆事业的领导、图书馆设置机构对图书馆的领导以及馆长对图书馆的领导。从微观上讲，图书馆领导包括领导者、被领导者、群体目标和客观环境，这四个要素之间的良性互动就构成了微观层面上的领导活动。因此，宏观上的图书馆领导活动的范式、领导者自身以及领导活动的客观环境必定是图书馆领导所涉及的核心内容。在图书馆新的发展环境下，一个图书馆的领导者应该具备哪些素质和什么样的领导理念？图书馆领导范式将会或应该做出什么样的调整？本章将从领导环境的变化、图书馆领导的素质及理念、图书馆领导范式转变方面阐释图书馆在新的发展环境和使命下的图书馆领导者及领导活动。

第一节　图书馆领导环境

一、图书馆领导环境概述

图书馆领导环境是制约和推动图书馆领导活动发展的各种自然要素和社会要素的总和。图书馆的领导活动应与图书馆领导环境相适应，才能促进图书馆工作的健康发展。具体包括：

一是制度环境。目前，我国图书馆的制度环境是社会主义制度下事业单位的模式。图书经费来源于国家财政的全额拨款，人员编制相对稳定。图书馆的组织构架采用馆长负责制这一传统的领导体制模式，领导学中称之为直线式结构，其优点是图书馆内部人员关系一目了然，馆长、部主任、馆员职责分明，工作效率较高。其不利因素是人员流动率低，竞争机制较弱，图书馆馆员长期从事同样的智力和体力劳动，易有倦怠情绪。图书馆收入稳定，晋升机制相对固定，导致员工缺乏多做工作的激情和动力。

二是人文环境。图书馆的人文环境是图书馆的人与文化、环境相互作用产生的,其状况的优劣程度直接影响图书馆工作的效率。好的图书馆人文环境包括重品位、讲格调、健康向上的人群构成,坦诚、默契、融洽的人际软环境,以及建筑结构典雅、装饰色调清雅、书刊内容高雅组成的硬环境。

三是物质环境。图书馆领导者所能支配的物质资源的多少,直接影响领导活动的效能。物质包括经费、人力资源的调配、员工的工资待遇等。高效的制度环境和良好的人文环境需要强大的物质条件作为后盾。

四是社会环境。图书馆领导的社会环境包括图书馆行业社会发展空间的大小和社会认知程度的高低以及社会整体文化水平高低和管理实践的发展。从某种意义上讲,以上四个图书馆领导环境要素需要在社会环境的基础上才能对图书馆领导者和领导活动产生直接影响。

在这四个领导环境要素中,社会环境要素是决定图书馆领导者和领导活动的首要因素,它决定着制度环境、人文环境和物质环境的具体表现。但这种决定意义并不是在其改变的第一时间能够显现的,而是在社会环境要素变化发展到一定程度后才会在某一方面或几个方面呈现。

二、图书馆领导环境变化

一方面,由于在影响图书馆领导者和领导活动的四个环境要素中社会环境起根本性决定作用;另一方面,在国内外图书馆事业的实践过程中,研究者发现社会环境对图书馆管理实践的影响更为直观。因此,图书馆领导环境变化主要指社会环境变化。首先我们来看两则实例:

一是美国图书馆馆长遭遇人才危机:馆长人群面临老龄化问题。在 1994 年,研究图书馆协会的馆长年龄在 45~69 岁之间的超过 82%。与 1990 年相比,年龄达到或超过 55 岁的比例从 25.5%上升到 43%,年龄在 60~64 岁之间的人口增长了一倍。另外,一大批具备馆长资格的年轻人才对图书馆没有兴趣。具有专业图书馆学资格成为大型学术研究图书馆馆长的人群数量很少,加上其中一大批有资格的馆员对成为图书馆馆长并没有多大兴趣,使得接替馆长职位成为问题。据调查,仅馆长职位,在 1971 年到 1972 年曾经有 7 个空缺,而在 2000 年 1 月到 2001 年 9 月,ARL 的馆长有 25 人离开职位。

二是 2008 年 6 月澳大利亚新南威尔士州州立图书馆理事会任命一名曾在 IBM 和 Kodak 担任过高级管理职务的非图书馆专业人员为新一届州立图书馆馆员和首席执行官。同样在美国,任命图书馆高层管理人员并不一定要以图书馆专业知识、文化理念、传统愿景为唯一判断要素。

从这两则实例可以看出:图书馆领导者和领导活动正面临因环境变化而带来的巨大挑战。这包括:领导者群体自身由于职业理念变化引发的任职危机以及外部管理环境对图书馆领导者寄予的新标准。新的网络化、全球化和知识化环境正是推动图书馆领导发生变化的大背景。具体表现如下:

一是包括战争、自然灾害、社会运动、医疗和其他卫生保健方面的困境以及大规模经济和技术转变等在内的宏观社会环境变化促使图书馆领导环境日益危机化。即图书馆领导环境更多地体现为危机,图书馆领导开始涉及更多的危机意识和危机管理,确保图书馆在社会动荡发展中保有发展空间。

二是以技术变化为主导的图书馆生存方式和生存空间的变化。技术的发展使图书馆的资源成为印刷和电子型的混合体,同时也影响和支配着图书馆传递信息和提供服务的方式。博客、维基、RSS、Web2.0 和机构知识库等以技术为基础的内容服务也逐渐为更多的图书馆采用。

三是以全球化为背景的图书馆竞争与合作模式的转换。全球化已成为被推崇的规范,仅努力维持现状,而不是向全球同行学习或者施展影响的图书馆注定会面临失败。如何在不同地区、不同类型和不同发展模式的图书馆之间建立广泛而适宜的联系也已经成为图书馆领导的重要内容。

四是对以经费为主体的物质资源的分配和利用方式的变化使得图书馆领导的具体环境变得更为复杂,图书馆领导者需要在不断转移和变化的资源间保持服务和内容的一致性。面对捆绑式的电子资源和不断出现的印刷和电子资源的价格模式,僵化的经费使用方式已经不再适用。读者不断期望图书馆提供更高质量、更准确和更及时的服务,从而要求图书馆对经费的分配做出更合理的解释,以证明图书馆存在的价值。

五是以管理制度为主的图书馆组织和运作模式开始受到挑战。传统的事业单位模式和直线式领导结构使得图书馆愈发不能适应社会环境变化,网络化和全球化带来的用户需求变化使得图书馆管理制度的弊端日益显现。图书馆的存在目的和所提供的服务决定了其公共服务和公共部门的性质和地位,传统的事业单位模式和领导思维必须发生变化。

第二节　图书馆领导者素质

一、图书馆领导者素质概述

什么才能代表图书馆馆员所需的创新管理和领导素质？就此已有大量的定义。作为组织发展、领导与变化领域长期被公认的权威，沃伦·本尼斯 在《领导者该做什么？》一书中指出，成功的领导者所具备的一些重要的素质包括：引导性的愿景；热情以及将热情恰当传达出去，给人希望和鼓舞的能力；表里如一、自知、公正和成熟的人格；值得信赖，充满好奇心，愿意学习新事物，并敢于承担风险等。

然而，另一位领导和组织管理的权威彼得·德鲁克，却质疑成功的领导者是否具备某种特质。他从与众多的领袖相处的经验中发现，他们有着相互矛盾的特征、人格或风格，所谓的领袖个性、领袖风格和领袖特质是根本不存在的。

那么，图书馆领导是否有一定的风格呢？未来的图书馆领导必须改变思维方式，需要具备全球视野，更加灵活，与国际人士共同工作和结成联盟，更善于接受他们不知或不理解的事物；面对不确定的未来，仍能充满信心地工作，重新检讨自己的价值观，善于聆听，保持头脑开放，能跳出常规来思考问题，想常人之所不能想。

从学术研究的角度出发，图书馆领导者所应具备的素质并没有得到广泛的研究和充分的共识。其主要原因是“图书馆领导素质”这一命题是随着时代环境的变化而不断调整其指向和内容的。人们对不同地区、不同图书馆类型、不同图书馆管理模式以及不同的社会需求环境下的图书馆领导素质的认知和要求也是不同的。究竟该如何界定图书馆领导者素质的评价标准？不同背景下的图书馆领导者素质具有哪些共性？本章着重阐述这些内容。

二、图书馆领导者素质的内涵

图书馆领导者素质是一个具有多变量的研究对象。因此，简单的理论分析和演绎并不能完整呈现其现实性和多变性。另外，图书馆领导者的素质也会在不断的实践锻炼和针对性学习中得以提升和完善。针对此，由美国西蒙大学图书馆与信息科学研究生院的教授彼得·赫农等人组成的研究小组采用实证方法对文献内容分析得出的馆长素质指标进行验证和补充，最终得出对未来馆长影响比较重要的素质有105项，分为管理、领导、计划、关系处理能力、个人基本特征、个人领导特征和通用知识七个方面。

一是管理素质。包括 15 项:①对服务具有强烈的责任心;②管理结果具有指导性;③有效地与馆员交流;④代表权威;⑤能够建立创造性的工作环境;⑥愿意做出决定性决策;⑦鼓励职工提高专业能力;⑧管理财务资源(或经费预算);⑨处理经费增长和捐赠等关系;⑩建立更先进更优化的流程和服务;⑪发展多种资金来源(捐赠、合同、收费服务等);⑫能够面对不同类型的职工;⑬确保计划实施是必要的和有效的;⑭建立小组工作流程;⑮解决冲突。

二是领导素质。包括 16 项:①建立图书馆的共同愿景;②善于管理变革;③能够在政治环境中发挥作用;④在校园内建立图书馆形象;⑤积极倡导馆员在高等教育中的作用;⑥能够以创造性的方法解决问题;⑦在战略方向实施过程中能够影响舆论导向;⑧积极领导和参与银行社团工作并努力合作;⑨具有合作精神;⑩具有创业精神;⑪提出对大学有重要影响的问题,在合适机会组织更广泛的讨论和活动;⑫具有高效的网络工作能力;⑬保证图书馆集中精力完成任务;⑭改变图书馆的文化环境;⑮建立和发展与校园内、外小组的合作关系;⑯建立共同决策环境。

三是计划素质。在制订计划方面的素质有 5 项:①建立优先发展项目;②制订信息技术与服务的日常活动周期;③根据不同赞助者的需要制订反馈方案;④创建和实现读者对图书馆价值的评价系统;⑤创建培养馆员责任心的环境。

四是关系处理能力。关系处理能力方面的素质有 14 项:①可信任(忠实,负责,始终如一);②公正公平;③自信;④可理解;⑤对人尊重;⑥能够在团队中有效工作;⑦有良好的语言表达能力;⑧具有远见卓识;⑨善于外交;⑩思想开放;⑪是一个好的听众;⑫能够协商;⑬有幽默感;⑭具有良好的人际关系。

五是个人基本特征。个人特征方面的素质有 16 项:①能够公正地进行一系列价值评估;②能够处理压力;③能够同时处理多种任务;④能够适应模糊性问题;⑤对工作和业务有责任心;⑥对个人优势和劣势有清醒的自我意识;⑦诚实;⑧积极热心;⑨有弹性;⑩有智慧;⑪善于分析和解决问题;⑫有多种工作经验;⑬具有激励能力,能够激发馆员潜能;⑭具有直觉能力;⑮有解决问题的宽厚的知识;⑯能够提出恰当的问题。

六是个人领导特征。领导方面的素质有 16 项:①具有转变馆员观念的能力;②具备良好的判断力;③指导图书馆发展方向;④鼓励互相信任;⑤勇于创新;⑥有敏捷的组织能力;⑦具有说服能力;⑧具备科学的冒险精神;⑨乐观;⑩明白一个人不可能知道所有答案,听取他人意见;⑪热情;⑫敢于向下级授权并积极促进;⑬善于从失败中学习；⑭具有积极主动性；⑮具有团队建设能力；⑯有责任解释决策。

七是通用知识领域。馆长应具备的基础知识方面的素质包括23项：①学术交流；②了解图书馆职责的复杂环境；③具有财政管理知识；④建立计划（包括远程存储和多功能建设等）；⑤数字图书馆知识；⑥制订计划（战略，长期）；⑦高等教育发展趋势；⑧信息技术；⑨文献资源的管理与建设（诸如文献存储格式、保存和获取等）；⑩对结果的评估；⑪用户期望/信息需求；⑫智力成果所有权；⑬管理知识；⑭经费增长；⑮图书馆理论交流；⑯公共关系；⑰服务质量评定；⑱所属机构的目标（教育、研究和服务等）；⑲信息发布与传递系统；⑳出版业；㉑资源共享；㉒情报理论；㉓教学理论。

在以上七大类图书馆领导素质中，有核心素质和一般素质之分，也有恒定素质和变化素质之分。在具体的图书馆领导素质确认和学习过程中，应该把握好轻重缓急、环境需求以及形势许可，使图书馆领导素质能够在具体管理工作中发挥应有的作用。

三、图书馆领导者素质的关键

图书馆馆长作为图书馆的领导者和管理者必须具有远见卓识和先进的领导理念，才能营造出一个创造性的工作环境。这就要求图书馆馆长们一方面要善于驾驭自己工作的全局，调动和协调方方面面的力量，依靠“团队”实现图书馆内部的各种具体管理，谋求单位的更大发展；另一方面图书馆馆长更要增强全局意识，将图书馆工作置于更广阔的环境之中，保持对外界各种情况的敏锐洞察力，及时获取馆外信息，抓住机遇，带领图书馆走在正确的工作轨道上，更好地引领图书馆快速发展。

同时，当代中国的各类型图书馆绝大多数属于公益性事业单位，其内部设置也是一些专业性较强的技术岗位。与推向市场的企业相比，经济杠杆和人事杠杆在图书馆组织管理中的作用相对比较薄弱，这就对图书馆领导者提出了更高的要求。

在此背景下，图书馆领导者除了具备以上七种领导素质之外，更应该具备坚定不移的核心价值观。价值观是领导行为的内在推动力，是决定领导期望、态度和行为的心理基础。核心价值观代表一系列的基本信念和人对周围事物的是非、善恶和重要性的评判。人们对各种事物在心中有轻重主次之分，这种轻重主次的排列和标准，构成了个人的价值体系。在同一客观条件下，不同价值观的领导必然会对事物有不同的看法，从而产生不同的行为和结果。无论过去还是现在，我们有着许多卓越的图书馆领军人物，他们为推动中国图书馆事业的日益发展奉献了智慧和情感，竭心尽力。

在不断变化的图书馆生存环境中，图书馆领导者必须完善自己的价值体系，只有树立以事业至上、奉献为上、群体为高的，以人为本的，科学的，走在时代前列的核心价值观，不断磨炼自己的素质和品格，提升自己的领导能力，努力地从思想上、理念上和行为上与卓越的图书馆领导的价值观和行为准则接轨，领导者才会有事业的春天，我们的图书馆才会有灵魂、有精神，才会在竞争日益激烈的信息化社会赢得蓬勃生机和应有的地位。

第三节　图书馆领导范式

一、图书馆领导范式转变的背景

1. 新公共管理活动

进入 20 世纪 70 年代以后，西方国家开始重新认识和定位政府在社会生活中的作用，实施了以“重塑政府”“良好治理”等为主要内容的行政改革，被认为是公共行政从传统官僚体制向新公共管理范式的重大转变。各国公共行政改革的实质性内容惊人相似，即调整政府的职能范围和运行机制，在政府与市场两种方式的结合上，寻求能够更加有效提升公民普遍福利及国家综合竞争力的制度安排和创新性组织，并围绕着这样一个主题，不断地探索新的制度与行为规则，不断地完善并整合政府与社会、政府与公民之间的权利和利益结构，使包括政府在内的公共部门更富生机与效率、对公众更具责任感，更能适应不确定、快速发展的外部环境的冲击与挑战。在医疗、公共安全、教育、市政基础设施等诸多公共事务领域，发达国家普遍调整政府在提供这些公共物品中的传统定位，积极寻求政府和私人机构、非政府组织、社群、公民的合作，新的“治理”而非“统治”模式正在成为主导性的公共管理和公共服务机制。

2. 图书馆界的治理变革趋向

我国近几十年来的经济体制改革、政府职能转变、政府机构改革、人事体制改革等一系列重大变革举措直接或间接推动了治理机制在图书馆事务中的应用和扩展：起草制定《中华人民共和国图书馆法》、完善图书馆法律体系，作为当前图书馆事业和机构发展的一件重大事情被摆上议事日程；政府允许私人和私人机构以多种形式设置举办和扶持图书馆；图书馆开始设置各种吸收民意的顾问机构；国家科技图书文献中心实行理事会制；出现了众多利益驱动下的馆际协商机制；实行事业机构法人登记制度，确立图书馆的自主地位；实行聘任制和各种形式的竞争上岗；图书馆界引入业务外包和市场化经营机制；图书馆馆员职业和行为道德自律。

从西方国家尤其是美国的情况看，治理而不是统治在图书馆事务中得到广泛和深入的应用，其最为显著的特点表现在：包括图书馆立法在内的法律规范、法治精神、司法体制，明确界定了各种利益主体在图书馆事务中的权利、义务，将政府对图书馆的“统治”纳入法治轨道，通过法治有效协调利益冲突和规范利益相关者的活动；存在大量代表图书馆利益的非政府组织（例如图书馆之友、图书馆协会等），对外能够有效影响立法、政府决策和政策制定，对内规范和约束图书馆的活动；公共图书馆普遍设置图书馆理事会，有效吸收民意和平衡利益冲突；实施包括委托管理、业务外包在内的公私合作和政府间合作，并使之成为一种规范、稳定、持续的制度安排；通过公民投票设置图书馆特区；存在大量基于共同利益和服从市场规律的图书馆联盟组织。

二、新图书馆领导范式——治理

传统政府统治范式下的图书馆领导活动的突出特征是存在以政府或准政府机构为核心的管理体系、等级制权力分布格局，以及自上而下的权力运行方向。图书馆长期以来主要处于政府的直接统辖范围内，传统的官僚制公共行政在图书馆界体现得比较充分，统治机制在图书馆事务中的表现如下：①政府和准政府的公共机构控制或直接管理绝大多数的图书馆资源；②政府主导甚至垄断对图书馆事务的重大决策；③通过自上而下垂直一体化的权力等级结构实施国家对图书馆事务的管理；④政府或者准政府的公共机构倾向于单向监管型的管理体制；⑤政府或者主管部门直接任命馆长；⑥图书馆被列为政府或准政府机构，人员享受公务员或者准公务员的待遇；⑦图书馆缺乏自主地位；⑧主管机构通过行政命令控制和监督图书馆的运作。

统治机制长期以来在管理图书馆活动中占据主导地位，尽管其合法性和在一定范围内的有效性毋庸置疑，但是这并不意味着它能够独自承担管理图书馆的重任，并对效率和公平做出令人满意的反应。事实上，统治作为管理图书馆的主导机制在过去几百年里发挥作用的同时，人们也日益意识到图书馆自身定位的重要性。

环境改变迫使其领导范式必须同步变革。

一般来讲,治理相对于统治具有一定的优越性和包容性,它能够在政府统治失败的时候和地方有效承担维持秩序和促进发展的重任。而且,治理没有排斥政府和准政府的公共机构作用,而是重新定义了传统意义上政府统治的地位和作用,强调政府和准政府的公共机构应该与各种非政府组织、私人机构、公民团体和个人合作,并且这种合作是建立在共同目标基础上的一种稳定的制度安排。

治理的突出特征是没有一个管理核心,权力分布在包括政府、公共和私人机构、公民团体和个人等在内的多个主体(多中心权力配置结构),强调共同目标基础上的参与、协商与合作。治理在图书馆事务中的表现如下:①非政府组织和个人提供图书馆服务。例如一些地方的居民不是在政府经营的图书馆满足其阅读和获取知识的基本需要,而是从书店或者租书店。这些“草根图书馆”是治理而不是政府统治在图书馆事务上发挥作用的一个明证。②设置各种吸收和平衡民意或利益主体诉求的机构和规则,例如设置图书馆理事会、图书馆顾问委员会,实行听证或者咨议制度。③政府机构、非政府组织、私人机构根据市场机制(而不是行政指令)自由订立具有法律约束力的契约,共同提供图书馆服务,例如政府或机构间订立契约提供公共服务,委托私人机构管理图书馆或者业务外包。④图书馆或者图书馆利益相关者基于共同利益自主组建各种协商机制,就共同关心的问题展开联合行动。⑤组成代表图书馆的利益集团(例如国际图书馆协会联合会),参与和影响政府有关图书馆的政策制定和决策并实施自我管理。⑥不拥有正式授权或头衔的机构或个人在特定领域里发挥重要的影响。⑦图书馆馆员行业自律。

三、图书馆领导范式转变的目标

一是全面实现图书馆的核心价值。经过长期发展和不懈努力,图书馆从业人员所从事的职业已获得了独立的社会地位,而且,图书馆职业已经形成其独特的核心价值。蒋永福认为这种核心价值具体包括:平等服务,知识和信息的自由获取,维护民主政治,社会包容(尊重文化差异和文化多元,关爱弱势人群),保存和传播文化,尊重读者隐私,尊重知识产权等。图书馆职业的核心价值也就是图书馆职业的核心目标。图书馆领导范式向治理转变的一切手段、方法和策略,都是为了更好地实现图书馆的核心价值。

二是统筹兼顾地实现利益相关者的共同利益,这种共同利益最终表现为保障用户利用图书馆获取知识和信息的自由权利——图书馆权利。也就是说,图书馆治理的目标是为了更好地保障图书馆权利。图书馆由统治转变为治理,就是为了协调和调动所有图书馆利益相关者的共同利益诉求,形成覆盖全社会的、普遍均等的公共图书馆服务网络体系,进而保障社会公众利用图书馆获取知识和信息的自由权利。

三是实现资源利用最大化,保证每个图书馆效能的最大限度发挥。为此,每个图书馆都要采取参与管理、民主管理、科学决策、明确建设主体的责任、延伸和扩展服务网络、合作共享资源等多种治理手段,保证资源利用最大化,保证用户需求的最大满足。

四是使图书馆服务作为公共文化服务体系的重要组成部分发挥其应有的作用,为更好地实现公民的文化权利、为每个人的全面自由发展、为提升国家和民族的文化实力、为提高全民族的文化自觉和文化素养水平,做出自己应有的贡献。

四、图书馆领导范式转变的原则

1. 政府主导原则

图书馆领导范式转变之所以要坚持政府主导原则,理由有两个:其一,根据公共物品理论,图书馆尤其是公共图书馆具有公共性质,不具有市场供给的性质,如果政府不提供公共图书馆服务,很大一部分民众就得不到他们普遍需要的公共图书馆服务,由此民众就会失去利用图书馆来获取知识和信息的机会和权利,国家和政府也会因此而不能达到通过提供图书馆服务来培养有知识素养的公民的目的,由此国家和政府的民主政治以及知识福利、信息福利、文化福利等惠民政策就会出现相应的缺失。因此图书馆服务只能在政府主导的前提下才能普遍提供。其二,图书馆尤其是公共图书馆是消费性、公益性公共物品,图书馆本身不具有自我生存的物质能力,必须得到政府为主的公共力量的支持才能生存和发展。图书馆由于具有保障民众获取知识和信息的自由权利的功能价值,因而具有获得以政府为主的公共力量支持的资格。政府作为民众利益的代表者,有责任支持民众需要的图书馆服务。这里所说的政府的支持,主要是指政府在政策、立法和经费方面的支持。

2. 社会参与原则

尽管政府在图书馆建设方面占有主导地位,但政府并没有大包大揽的必要,更不应该有垄断图书馆服务的特权。图书馆领导是治理而非统治强调的是政府与社会的合作、互动,而不是政府单方面的独唱。对公共物品的供给方式来说,主要有三种模式:政府供给——威权型供给,市场供给——商业型供给,非营利组织供给——自愿型供给。对提供图书馆服务来说,政府首先要组织好威权型供给,同时还要鼓励和支持社会上的自然人、社团法人等非营利组织或个人参与提供图书馆服务。自愿型供给的精髓在于以自愿求公益。一个人为公共目标所做贡献的成本高于他个人从中获得的收益,这是一种付出行为。研究表明,纯公益人在牺牲了物质资源的同时,获得了另外一份价值。正是在公益价值理念的支配下,那些不以营利为目的,具有自愿性的非营利部门,在公共服务的治理中发挥着越来越重要的作用。所以,在图书馆治理结构中,非营利组织等社会力量的参与,将对优化图书馆治理结构、弥补政府责任或力量缺位(政府失灵)、满足用户的个性化需要等,具有重要意义。总之,在图书馆治理过程中,重视社会力量参与、避免过分依赖政府,是必须加以坚持的重要原则。

3. 治理主体多元、多层原则

在图书馆领导范式转变过程中,科学设置治理主体是一个至关重要的问题。图书馆治理非常重视图书馆治理主体的多元、多层互补与协调,而反对垄断性的一元主体格局。因为一元主体,容易造成能力不足、长官意志、信息不对称、责任不到位、监督缺位等弊端。图书馆治理主体的多元、多层,就是指所有者主体、建设主体、管理主体、实施主体的多元或多层,由此促成治理单元和治理机制的多样化。这是优化图书馆治理结构的必然要求。由于个人、家族、协会、机构、地方政府都可以成为图书馆建设主体,那么在同一个建设主体(如地方政府)下,设置首长、图书馆委员会、馆长、分馆馆长构成的管理链条,则体现了管理主体的多层原则、多元原则,有利于调动社会各方力量设置并提供图书馆服务,尤其有利于民间组织或个人设置并提供图书馆服务,形成覆盖全社会的、星罗棋布的图书馆服务网络体系;多层原则,有利于规范管理行为,尤其是有利于避免集权管理,从而形成民主管理模式。

以上论述的社会参与原则和治理主体多元、多层原则,其理论依据源于治理的主要特征:不再是监督,而是合同包工;不再是中央集权,而是权力分散;不再是由国家进行再分配,而是国家只负责管理;不再是行政部门的管理,而是根据市场原则的管理;不再是由国家指导,而是由国家和私营部门合作。

4. 民主决策原则

民主决策与专断决策、长官意志相对立。民主决策的基本要求是:共同协商而不独断专行；遵循议事程序而不省略或跨越程序（程序民主）；公开透明而不暗箱操作；采纳多数，尊重少数（少数服从多数，同时尊重和保护少数人的权利）。无论是管理活动，还是治理活动，都需要决策，而且都要求民主决策。民主既是一种程序，又是一种制度。管理活动中的民主决策，特别强调尊重民意、响应需求、公开透明、依法办事、平等协商、协调合作，特别反对政府的直接干预和行政命令式的强制性管理作风。可以说，没有民主，就没有治理；没有民主决策机制，就不会有成功的治理。

图书馆治理中的民主决策，至少要做到以下几点：第一，图书馆尤其是公共图书馆的设置与否，要依从民意；第二，管理机构的设置以及管理者的选举产生，要符合相关政策或法律规定；第三，重大事项的决策，如大额经费支出、重要人员任用、收费项目的确定、重要规章制度的制定等，必须征求民意；第四，积极适应和响应不断变化发展的服务需求，且要保证需求表达渠道的畅通；第五，所有决策及其实施过程，都要公开透明。

五、图书馆领导范式转变的措施

图书馆领导范式转变需要以下措施。在管理方面，图书馆要完善法人治理结构。从外部管理来说，可以成立图书馆委员会或咨询委员会，对于图书馆专业领域的重大项目和决策，应先咨询，后决策，以提高管理水平和决策的科学性；在图书馆内部管理上，应使工作人员保持社会人的身份，有利于人才的交流和成长，也有利于创造性地开展工作，同时也便于管理。在监督方面，除了文化行政部门外，要建立图书馆事业、图书馆服务的社会听证制度、信息公开制度，以便更多的社会团体、民间组织特别是广大公民关心、支持和监督图书馆事业的发展。

除了这些措施之外，最关键的是建立完善的公共图书馆治理机制，如果没有一套相应的治理机制有效地发挥作用，治理原则就无法落实，治理结构再好也无济于事。因此，建立合理、高效的治理机制对于实现公共图书馆的良好治理十分关键。根据现阶段的情况和治理的原则，主要应建立和完善以下几种机制：

（1）问责机制。所谓问责机制，就是建立一套相应的法规制度，使政府主管部门及图书馆的高层管理者和其他被赋予权力的主体有义务向特定主体解释说明其行为，为其行为负责，对治理主体的要求做出回应。

（2）参与机制。既然治理主体是多元的，那么，就需要建立一套相应的制度，使政府以外的各种主体以多种形式、通过不同渠道广泛参与图书馆治理。政府之外的主体还应包括公众、专家、企业、民间组织以及媒体等，他们参与的方式有投票、信访、质询、参加听证会、在媒体上发表意见、提供信息和咨询建议、单独或与政府部门或其他主体合作，共同管理公共事务或提供公共服务。

(3)公开机制。大量实践证明，通过将行使权力、参与公共事务管理的有关主体的信息和行为公之于众，可以增加其透明度，这是一个成本低廉、操作简单、效果极佳的改善治理的良方。一些公共管理中长期难以解决的问题，通过公开有关信息很快便可见成效。

(4)监督评估机制。监督评估机制对于改善图书馆治理十分重要。这一机制包括对特定的组织和个人行使权力、参与图书馆管理和提供服务的过程、结果进行监督与评估的相关主体，规范化的监督评估途径和方式，以及一整套监督评估制度。

(5)沟通协调机制。在社会高度分化的今天，良好的治理的一个重要基础是相关各方达成共识。而要达成共识，必须依赖于良好的沟通与协调。一方面，参与治理的各个主体之间需要进行沟通协调；另一方面，治理主体与各利益相关方之间也要进行有效、充分的沟通协调。

第五章　图书馆控制

图书馆控制就是使图书馆每一项工作都按预定计划、预定次序和预定原则进行。控制的目的在于指出错误,从而改正错误,并避免错误的再度发生。管理中的控制是重要的。法约尔曾经指出,控制必须施之于一切人和事务。即使有完善的计划、有效的组织和领导,也不能保证组织的目标一定能自动实现,仍需要进行强有力的控制与监督。对于图书馆而言,传统的控制内容包括人员控制、财务控制、作业控制、信息控制和绩效控制。但这种控制模式是基于理性的"经济人"观点,侧重于定量、明确化的目标。随着图书馆管理中人本理念的增强以及知识管理方法、人力资源管理方法的逐渐增加,图书馆控制的方法和内容更加与组织结构、文化观念、员工多样化需求结合,控制模式更加宽松和人性化。本章着重阐述图书馆控制内容以及模式的变化。

第一节　图书馆控制概述

一、图书馆控制的含义

图书馆控制是指对图书馆各项管理活动在执行过程中的行为监督和约束。每个图书馆都会有各种管理制度和管理方法,来确保组织内所有人员按照预定措施实现图书馆的方针目标。在控制体系中,管理者除了制定图书馆的管理制度、确保各项政令的执行外,还必须重视各层级执行信息的反馈,对执行过程中数据进行收集、整理、分析,并依此作为有效控制图书馆的依据,这就是控制过程。

控制在图书馆的管理体制中占据核心地位,甚至比组织结构更加重要。如果缺乏科学合理的控制体系,组织结构的有效运行就无从谈起,控制过细,下一层级的单元缺乏效率和反应能力,缺乏激励机制;失去控制,下一层级的单元各行其是,偏离上一层级的战略意图,甚至挥霍图书馆来之不易的有限资源和转移利益,或者出现不必要的内部单元之间的竞争。因此,控制在很大程度上是处理集权与分权的关系,在下一层级的权力、利益和责任之间找到一个平衡点,使下一层级单元既能够快速反应、自主创新,同时又能符合图书馆的总体目标,不损害其整体利益。

二、图书馆控制的重要性

通过控制,既可检验各项工作是否按预定计划进行,以及计划的正确性和合理性,又可调整行动或计划,使两者协调一致,从而确保图书馆有效运行。控制的重要性对于组织来讲就是加大对组织为实现预定目标而进行的管理过程的管控力度。

第一,防范风险。现代社会是一个充满竞争的社会,图书馆更是面临着各种因服务、公共突发事件而引发的危机和挑战。对风险的管理是现代管理中最重要的方面。风险影响着图书馆生存和发展的能力,也影响其在提供同类服务或产品的机构中的竞争力及在社会用户中的声誉和形象。因此,图书馆管理者必须密切关注各层级的风险以及可能会出现的危机,并加以控制,才能保证其健康发展。

第二,确保图书馆战略目标的实现。目标的设定是管理过程的一个重要部分,虽然它不是图书馆控制的组成要素,但却是图书馆控制的要件。控制不是某个事件或某种状况,而是图书馆运营服务过程的一部分,使运营服务过程发挥其应有的功能,保证图书馆战略目标的实现。

第三,监督管理执行过程。图书馆的领导模式和管理体制一般都强调管理职能的执行,而对其效果以及执行人的职责权限却少有监督。在图书馆控制中,监督的职能得到加强,包括图书馆设置机构的权限、图书馆管理者的权限、图书馆馆员的权限以及图书馆其他利益相关者的权限,都应得到明确的界定和监督。

三、图书馆控制的内容

一般来讲,图书馆控制的内容主要涉及人员、财务、作业、信息和图书馆的总体绩效等五个方面。图书馆肩负着保存资源和为用户提供通向人类知识宝库通道的使命,为用户提供所需信息资源,并不断更新以满足用户对信息的需求,为用户提供空间促进信息被用户利用。由此看出,相对于企业和其他营利性组织而言,图书馆具备能动性、公益性,不单纯包括管理理论中理性的控制内容,而应该根据图书馆使命的不断调整,确定其控制的重点。目前来讲,除去一般性控制内容,图书馆管理者需要在以下几个方面加强力度。

其一,馆藏资源的控制。馆藏资源作为图书馆增值和提供服务的基础条件,是图书馆的重要组成部分。图书馆资源的边界由馆藏资源内容限定,其功能也是由其所拥有的馆藏资源的数量和质量所决定的。因此,馆藏资源的特征发生变化必然会对图书馆工作产生影响。同时,图书馆馆藏资源的获得形式也因资源本身的形式发生巨大变化,包括购买、内部分配、租借、网络获取以及合作获取。图书馆管理者需要对馆藏资源进行严格、细致的控制,包括馆藏资源利用、获取的各种影响因素的协调以及用户的反馈。

其二,馆员的控制。图书馆是通过建设馆藏资源、使馆藏资源增值以及帮助用户开发和利用馆藏资源来为用户提供不断更新的信息和知识。馆员在图书馆各种服务和业务工作中占有核心地位,馆员的职业素养和服务能力决定着图书馆运营服务质量的优劣。因此,馆员控制的有效与否至关重要。随着图书馆事业的不断发展,以及馆员的人员构成、能力水平、自我认知的改变,图书馆对馆员的控制日益复杂并重要。

第二节　图书馆控制模式

一、控制模式的转变

管理发展史表明,图书馆管理是由一个理性的科学管理,即物本主义的"硬"管理,向非理性的文化管理,即人本主义的"软"管理转变的过程。进入21世纪,我国著名管理学家成思危先生指出,如果20世纪是由经验管理进化为科学管理的世纪,那么21世纪是由科学管理进化为文化管理的世纪。在此背景下,不同管理模式下的控制模式也是不一样的。有学者将组织控制分为官僚控制、人性化控制和文化控制三类,三者的控制方式和路径各不相同,如表5-1所示。

表5-1　组织控制方式的比较

控制方式	特征
官僚控制	控制奖励——注重生产力提高
人性化控制	满意的工作或工作团队注重生产力提高
文化控制	文化表面层——热爱组织以及组织目标生产力提高

官僚控制主要是通过规章制度、工作程序、严格的监督、绩效评价和奖励来对

组织成员从外部进行控制。人性化的控制方式主要通过提供令组织成员满意的工作任务或者让他们参与令人愉悦的工作来满足员工需要以加强内部控制。文化控制是将事实上的强制同从强迫措施下所感知的自由整合起来,使文化成为一种最强有力的控制方式。社会科学观认为,文化管理试图内化管理控制,被称为“内化的控制方式”。批判家威尔莫特认为文化管理方式是试图“克隆思想”或者“设计组织成员的灵魂”,从而鼓励组织成员将其内化组织期望的价值观和行为准则。

传统管理理论以分工理论和部门制为基础,其管理职能以分工和“管”为职能,采用以技术驱动的刚性管理模式。为了实现组织目标并使组织作为统一整体面对外界,管理层必须寻找一些控制并减少组织成员行为变数的方式,其中一种方式就是用文化控制组织成员的行为。文化管理主张用机器来放大人的智能,并以智能机器为管理手段,把人的自然智能和机器的人工智力两者的潜力都充分发挥出来,从而实现使各种管理现代化手段与人的聪明才智巧妙结合。

二、图书馆管理中的文化控制

1. 文化控制与文化建设的区别

文化控制依托于强大的组织文化,具有组织文化的导向、自律、凝聚、激励等一般功能。但文化控制与组织文化建设有着显而易见的区别。

一是实施主体不同。文化控制的直接主体是组织文化,客体是人;而组织文化建设的主体是人,客体是组织文化。可以说,实现文化控制是图书馆文化建设的意义所在。

二是功能不同。图书馆文化控制倾向于发挥图书馆文化建设的对内功能。文化建设对内需要行使塑造组织愿景、凝聚群体共识、规范和激励员工行为等功能,对外则要传播和维护图书馆形象,提高图书馆的知名度。从这个角度看,图书馆文化建设涵盖的范围更广,功能更全面。

三是实施层面和实施目的不同。强大的图书馆文化具备以下两个特点:成员的一致性和这种一致性的力度。成员的一致性指员工对图书馆文化的认可程度;一致性的力度指员工贯彻图书馆文化的程度,主要通过员工的行为方式来体现。只有组织成员对某一问题或观念形成一致认识,并且这种一致认识能被充分重视和理解时,才能形成强大的文化。图书馆文化分为三个层面:表层的物质文化、中层的制度文化和深层的价值观念。表层的物质文化和中层的制度文化建设往往仅能反映组织成员的一致性,唯有统一的价值观念才能体现组织成员一致性的力度。

文化控制强调的则是成员一致性的力度,力求用图书馆核心价值观实现员工的自我管理和控制。许多图书馆在建设组织文化的过程中过于追求一致性而忽略了一致性的力度,图书馆文化建设仅停留在表层的物质文化(如服装、口号)层面,仅能部分承担组织文化建设的对外功能,图书馆建设组织文化的目的还比较狭隘。

四是实施方法不同。文化控制除了采用组织文化建设常用的宣传、培训沟通等方法外,还会利用任命深刻认同组织文化的管理者来传播组织的核心价值观念。一个积极拥护组织价值观的主管能被期望采取符合组织文化的行动。由于文化控制强调组织传统的一贯性,所以文化控制更强调组织成员来源的相似性和可靠性。因此在文化控制作为首要控制手段的图书馆里,在选拔新成员时倾向于选择与现有成员有相似背景的员工,这将大大降低文化方面的培训成本,而一般的图书馆更重视新进员工的业务素质和工作能力。

2. 图书馆文化控制的方法

(1)通过资深馆员转移和传播图书馆文化。图书馆的管理者会对图书馆文化产生重要影响。管理者的言行会引导下属的行为。如果管理人员说话可靠,并在表达方面前后一致,该团队的成员就会对“什么重要”形成一致的期望。当这个一致意见也受到奖励时,明确的准则就形成了。因此,图书馆可以在分馆成立之初或者发展过程中,大量外派资深馆员。这些外派馆员往往在总馆工作多年,已经接受了图书馆的价值观文化。

(2)对新馆员的文化要求和培养。由于文化控制强调组织传统的一贯性,所以文化控制更强调组织成员来源的相似性和可靠性。比如在选拔新馆员时倾向于选择与现有馆员有相似背景的员工,以此降低文化方面的培训成本。

(3)跨文化培训。跨文化培训是为了加强馆员对不同文化传统的反应和适应能力,促进不同文化背景个体间的沟通与理解,促使馆员对图书馆新文化的认同。其内容包括对双方现有文化差异的认识、对新图书馆文化的了解、馆员的文化敏感性训练、对跨文化沟通障碍及冲突的处理、跨地区环境的模拟等。通过相关知识的学习使馆员增加对图书馆服务模式和现行决策的理解,促进他们对新图书馆文化的认同。跨文化培训应采取多样化培训形式,如专题讲座、座谈会、演讲比赛、各种文化仪式等,同时应将常规培训与环境的潜移默化相结合,将近期培训与远期培训相结合。

(4)加强交流与沟通。除了正式沟通外,此处强调非正式沟通对实施文化控制的重要作用。图书馆应多利用会议、培训、聚会等形式,为各部门提供相互交流的机会，或是利用临时任务小组或永久性团队等增强各部门之间的相互了解与接触。

(5)建立相应的组织和规章制度。文化控制的实施离不开正式控制手段的协助。制度化是创建“执行文化”、将文化理念转化为馆员自觉行为的关键。所谓制度化就是把图书馆倡导的价值观转化为具有操作性的管理制度的过程，将价值观转化为制度。首先，图书馆价值观是管理制度创新的直接依据；其次，管理制度是审视价值观合理性的尺度。价值观与管理制度是一个问题的两个方面，价值观只有转化为管理制度才具有生命力，同时，任何管理制度都是在某种具体价值观指导下制定的，因而都有文化的内含。馆员首先接受、认知图书馆的制度，然后产生情感，积极的情感产生积极的行动，积极的行动使制度管控变为文化自律。如果制度能够被馆员普遍认同，那么，制度就内化为馆员的传统或文化。

三、图书馆管理中的自我控制

1. 自我控制的内涵

自我控制假设员工是愿意负责的，是愿意在工作中发挥自己聪明才智和创造性的；组织控制的对象是“人”，应“控制”的必须是行为的动机，而不应当是行为本身。自我控制是目标管理的核心。目标管理的主旨是用“自我控制的管理”代替“压制性的管理”，使员工能够控制他们自己的行为和成绩。也就是说员工的自我控制能力的强弱是影响目标管理能否顺利推行的一个关键因素。

自我控制建立在麦格雷戈的 Y 理论基础上，假设人愿意承担责任，愿意做出贡献，愿意有所成就，人们在执行任务中能够自我指导和自我控制。组织中的成员通过参与共同制定目标来促使目标实现，同时由于组织成员共同参与制定目标，可以实现自我控制。不可否认，Y 理论有一定的科学性。但人是复杂的，现实中符合 Y 理论假设的人们，其愿意承担责任的程度是不同的，有的强一些，有的相对弱一些，也就意味着员工的自我控制能力有强弱之分。另外，对相当部分的员工而言，经济人的假设仍然适用，他们总是想尽可能地减少自己的工作和责任。这就是说，在目标管理过程中，依靠下属的自我控制存在一定的局限性。因此，组织在推行目标管理过程中，要确保目标得以实现，必须采取有效的措施以加强员工的自我控制。

2. 图书馆馆员自我控制的措施

(1)要体现组织目标和个人目标的统一。馆员是实现图书馆发展目标的载体,同时他们也有个人目标的追求。只有组织的目标与个人的目标达到完美契合时,才能在馆员的内心产生巨大的推动力和自我约束力。实践中,有些图书馆确定的目标体系只是对组织任务目标的简单分解,而没有考虑馆员个人利益,因此传统的任务管理,不可能激发馆员的行为动力和自我约束力,馆员只会敷衍地完成任务。

(2)强化员工参与管理。自我控制一般都与目标管理紧密结合。目标的制定者也是目标的实现者,即由上下级一起共同确定目标。参与设置目标可以提高目标接受性。目标设置理论认为在某些情况下,参与式的目标设置能带来更高绩效。参与的一个主要优势在于提高了目标本身作为工作努力方向的可接受性。图书馆实施参与管理,能够发挥馆员的聪明才智,实现自我价值,也是满足其受人尊重、信任的高层次需要。同时,在参与目标制定的过程中,可以使馆员了解图书馆的远景规划和发展目标,了解个人在组织目标实现中的价值所在,了解组织目标实现对个人目标实现的意义,使馆员产生强烈的使命感和责任感,加强个人与组织的一体化。

参与管理要注意引导,要反复把图书馆当前的目标传达给馆员,使参与具有明确的方向性。在实践中,要根据馆员的文化程度和经验,采取不同的方式参与管理。对文化程度较低、经验不足的馆员采取控制型参与管理,主要由馆员提出工作中的问题和建议,经过筛选后,由上级协助下属确定解决方案并组织实施。对文化程度较高,又有参与管理经验的馆员采取授权型参与管理。主要是由其提出问题并制订具体实施方案,在得到上级认可后,被授予相应的权力,以馆员为主完成。

(3)加强图书馆组织文化建设。组织文化是指组织在长期的生存和发展中所形成的,为本组织所特有的,且为组织多数成员共同遵循的价值标准、基本信念和行为规范的总和及其在组织活动中的反映,体现了组织及其成员的价值准则、行为规范、共同信念和凝聚力。其实质是以人为中心,以文化为引导,激发组织成员进行的自觉行为。图书馆组织文化的构建,应使组织的使命、目标贯彻到馆员作中,使之形成组织共同的价值观、组织精神和行为方式。这种扎根于馆员之中的组织精神和价值取向,能够从思想观念和心理上增强馆员的共同理想和信念,激励、规范其自主行为。同时要构建一种上下共同关注目标的文化氛围,使图书馆各个层级都关心如何设定目标,采取什么策略达到目标,并积极参与到沟通、反馈、评价的过程中。

(4)加强馆员培训,提高馆员素质。根据控制的原因不同,控制可以分为间接控制和直接控制。间接控制就是指在出现偏差后,通过分析偏差产生的原因,然后采取措施予以纠正。这种控制方式,会造成较大损失而且也会增加控制成本。直接控制是通过提高管理者及其下属的素质来进行控制工作,管理者及其下属的素质越高,出现的差错就越少,他能觉察到正在形成的问题,并能及时采取纠正措施。培训馆员应从思想和技能两方面开展。思想上加强对馆员的职业道德、全局观念、协作意识的培训,可以加强其责任意识和整体意识,提高其对组织目标和个人目标关系的理解,了解个人目标的价值所在及其在整个组织中的目标位置和意义,可以激发其责任感。开展相关的业务技能培训可以提高馆员的业务能力,减少出现偏差的概率。

(5)根据目标灵活授权。授权就是上级不仅给予下属人员明确的目标和责任,而且还授予他们完成任务所需要的权限。实行授权,便于下属根据目标要求,自主决策、调配资源,利于目标实现。更关键的是,授权表明上级对下属的信任,下属会有被重视的感觉,可以使下属自觉承担自己的目标任务,积极地进行自我管理,从而自觉地达到各自的分目标。

在授权工作中,要注意两个方面:一是授权应根据目标执行者的目标责任性质与范围来确定其权限的范围和程度;二是上级应给予下级充分的信任,采取支持、协商、指导的方法,促使下级自主地行使权限,积极地进行自我管理。

(6)给予下属指导与支援。馆员在业务过程中,为实现个人分目标,会产生本位主义,以个人的分目标为核心,忽视图书馆目标的整体性,进而影响整体目标的达成效果。为此,图书馆在目标执行过程中,应加强对各部门的指导,帮助它们确定合理的目标,帮助不同岗位上的馆员正确理解目标的内涵以及目标的整体性,以避免目标执行中整体目标受损或目标移位。

图书馆馆员能力的差异是客观存在的,因此目标具有整体性和相关性。为避免由于个别馆员目标没有很好地实现而影响整体目标实现,其上级主管必须加强对下属的指导,特别是要将能力较差的下属作为指导控制的关键。同时由于目标的相互关联性,下属目标的达成经常需要其他部门的配合,这时上级就应协助其进行横向协调,以帮助下属顺利达到目标。

(7)加强目标测评。为了能够控制自己的行为,馆员不仅需要知道自己的目标是什么,而且必须能够根据目标衡量自己的能力和成就。因此,在自我控制实施过程中,必须制定明晰、简单、合理且易于理解的目标衡量标准。根据标准对馆员的目标执行情况进行测评,通过测评可以及时发现目标执行过程中存在的偏差,以促进目标实现。

在实践中,图书馆应明确目标测评的目的不是作为奖惩的依据,而是通过核查馆员的目标完成情况,发现不足并采取措施改进,以促进目标的实现。因此在测评组织方式上应坚持以馆员自我评估为主,图书馆组织评估为辅。上级要鼓励并指导下属进行自我评估。组织评估结果要及时反馈给被评估者,并做好评估后的沟通工作。

在沟通过程中,图书馆领导对达到目标的下属要进行肯定和鼓励,对目标执行中存在的问题,要同馆员一起探讨原因及解决办法。这样才能不断提高馆员的能力,挖掘其潜力,发挥其积极性,促进目标的实现。

四、图书馆控制的提升

图书馆馆长和馆员都要以预期达到的目标为依据,一方面,进行自我控制,同时通过对完成任务过程的控制来完成组织目标;另一方面,图书馆控制的内容和模式也发生了变化,单一的控制手段和内容不能保证其在日益激烈的知识信息服务行业里占有优势地位。因此图书馆需要从以下几方面提升控制效率。

1. 图书馆的控制环境

加强和完善图书馆控制,首先应注意图书馆控制环境的建设。控制环境是指组织对建立、加强或削弱其制定的管理程序以及对其效率产生影响的各种因素。它是一种氛围,影响组织成员的控制意识,影响组织内部各成员实施控制的自觉性。控制不是处罚,而是预防,控制环境直接影响组织各项控制制度的贯彻和执行,以及组织业务目标及战略目标的实现。

2. 图书馆领导者的素质

图书馆领导者的素质在图书馆业务运营和管理中起重要作用。领导者的素质直接影响到图书馆的整体服务行为,进而影响图书馆控制的效率和效果。

3. 管理者的职业操守和价值观

图书馆制定的任何制度都不可能超越设立这些制度的人,图书馆内部控制的有效性同样也无法超越那些创造、管理与监督制度的人的职业操守及价值观。职业操守及价值观是构成控制环境的一个基本要素。因此,图书馆领导者及各层管理者除了自身起表率作用以外,还要引导全体馆员树立正确的职业价值观。

4. 图书馆组织文化

图书馆组织文化是图书馆整体逐步形成的具有本馆特征的基本信念、价值观念、道德规范、规章制度、生活方式、人文环境以及与此相适应的思维方式和行为方式的总和。图书馆组织文化始终以一种不可抗拒的方式影响着图书馆的发展。它既可以促进图书馆的发展、阻止其衰败,也可以推进图书馆陷入困境。

5. 组织结构与权责分派体系

构建组织结构的一个重要方面在于界定关键区域的权、责以及建立适当的沟通渠道和控制渠道。

6. 信息系统

良好的信息和沟通系统可以使图书馆及时掌握图书馆业务营运的状况和组织中发生的事情。一般而言,图书馆的信息系统还包括财务信息系统和管理信息系统。图书馆的财务信息系统以会计为主,提供有关财务方面的信息,而管理信息系统提供非财务的信息。

7. 行为控制习惯

组织的控制体系是确保组织指令得以实现的保障,旨在确保组织健康。控制应涉及组织各个环节与各种职能部门。一般而言,控制体系包括三个要素:制度、程序和监控。制度规定应该做什么,程序规定怎么做,监控规定什么不能做。控制体系重点是要分析了解组织关键点,针对关键点行为进行控制。因此,图书馆在制定控制体系时,要寻找关键控制点。一般而言,图书馆关键控制点包括:馆藏资源建设(利用率、成本收益)、馆员、服务能力等。

8. 内部监督

在图书馆控制的监督过程中,有两项职能发挥着重要作用。一是内部审计。其作用不仅在于监督图书馆的内部控制是否被执行,还应该帮助图书馆营造“软控制”环境。二是控制自我。目前控制的一个新趋势是实行“控制自我评估”,意指每个组织不定期或定期地对自己的内部控制系统进行评估,评估内部控制的有效性及其实施的效率效果,以期更好地达到控制的有效性。图书馆也应该逐步设计“控制自我评估”,目的是使馆员了解哪里存在缺陷以及可能产生的不良后果,然后及时反映情况或采取行动改进这种状况,而不是坐等图书馆领导来管理。

第六章 图书馆伦理

第一节 图书馆伦理的概念

一、伦理的含义

在中国,“伦”“理”二字早在公元前 8 世纪前后的《尚书》《诗经》《易经》等著作中已分别出现。“伦”有类、辈分、顺序、秩序等含义,可以被引申为不同辈分之间应有的关系。“理”则具有分别、条理、道理、治理等意义。大约西汉初年,人们开始广泛使用“伦理”一词,以概括人与人之间的道德原则和规范。

一些权威工具书对伦理做了解释。《现代汉语词典》(第 7 版)认为:伦理是“指人与人相处的各种道德准则”。《辞海》认为:伦理是“处理人们相互关系所应遵循的道理和准则”,“现通常作为‘道德’的同义词使用”。从上述定义不难看出,伦理与道德没有实质性的区别。

二、图书馆伦理的概念与特点

所谓图书馆伦理,是指图书馆馆员在图书馆活动的全过程中处理图书馆内外部利益关系的善恶价值取向,以及在行为上应遵循的伦理原则和道德规范的总和。

图书馆伦理属于一种特殊的职业伦理。它具有下述特点:

1. 适用范围的特殊性

图书馆伦理作为一定职业范围内道德调整的特殊方式,只适用于从事图书馆工作的人。由于社会上各行各业都有自己的特定职业责任和工作对象,因此,对从事各种职业活动的人,往往有不同的职业道德要求。一般来说,每种职业道德只能约束从事本职业的人,对于不属于本职业的人,或者本职业人员在职业以外的行为,往往起不到调节和约束的作用。图书馆伦理也是如此,它只能规范图书馆工作者的从业行为,对其他行业的职员以及图书馆工作者在本职工作以外的行为不具约束力。

2. 内容的稳定性

图书馆伦理的具体规范和具体义务不是人们主观愿望的产物，而是社会分工和劳动分工的结果。图书馆伦理总是与各种图书馆活动及其职业要求相结合，具有较强的职业性，所以往往能形成比较稳定的职业习惯和职业心理。比如，保护每一个图书馆用户与信息查找、接收、咨询、外借、传递有关的隐私权，是图书馆馆员应尽的义务，这一伦理要求通行于世界各国图书馆界。

3. 内容的继承性

图书馆伦理内容的继承性是指图书馆界对古今中外优良职业道德传统的直接继承，并在图书馆行业内部世代相传。任何一种思想体系和社会意识都是以古今中外的成果为基础。图书馆伦理也不例外。

图书馆伦理的可承接资源主要包括四个方面：①图书馆职业道德中的一些优良传统和图书馆界一些先进人物身上所体现出来的优良职业品质；②世界各国或地区图书馆协会所实行的伦理准则；③中国传统文化和传统道德所褒扬的一些道德品质和行为习惯，如忠勇、中和、忠恕、廉耻、勤俭、自强不息、谦敬、节制、牺牲精神等；④与信息的生产、储存、整序和传递密切相关的行业所奉行的职业道德规范，如规范科研人员、教师、新闻工作者、档案管理员、编辑等从业者的伦理规范就具有显著的借鉴意义和参考价值，这是因为图书馆具有中介性、社会性、科学性、教育性和服务性等属性，上述几类从业者的工作性质与图书馆馆员的工作性质在一定程度上具有交叉性、渗透性或相似性。当然，图书馆伦理对上述伦理资源的继承并不是全盘接受，而是根据图书馆实践活动的需要对它们进行裁剪、嫁接或改造，从而锻造出真正富有图书馆特色的伦理。

4. 职业义务责任和形象的鲜明性

相较于一般社会或阶级伦理，图书馆伦理着重反映和表达图书馆行业的特殊利益和要求，明显体现图书馆行业特殊的职业责任和职业义务，以及职业行为上的特殊道德准则。从图书馆伦理形成和发展的历史过程来看，图书馆伦理并不是在一般意义的社会实践的基础上形成的，而是在特定的图书馆实践基础上形成的，因而它往往表现为图书馆行业特有的道德习惯和道德传统，表现为从事图书馆行业的人们所特有的道德心理和道德品质，形成特定的道德风貌和职业形象。从理论上讲，一个阅历较深的人，只要通过观察他人的言谈举止，便可大致判断出其是否从事图书馆事业或曾经从事过图书馆事业业。

第二节　图书馆伦理的内容

图书馆活动的范围比较广泛,图书馆活动涉及的重叠交叉的利益关系比较复杂,图书馆活动中有多层次的管理工作和业务工作,这些都客观地要求图书馆伦理规范是复杂的、多层面的。

一、图书馆管理者与领导者关系中的伦理准则

1. 图书馆管理者与领导者关系的基本特征

图书馆管理者与领导者之间的关系包含三个基本特征:第一,两者是一个共生体。管理者与领导者是图书馆中的两种重要角色,都具有一定的人员和事务的责任覆盖面,两种角色共生于一个图书馆系统中,相辅相成完成共同的工作目标,两种角色的功能作用有许多相似之处。相对而言,管理者一般处于图书馆中层,多指各部门主任,他们具有自己的管理覆盖面,其主要职能是根据上级领导者的指示精神和决策来协调自己所辖范围的工作事务,制订有关的工作实施计划。而领导者一般处于图书馆的高层(或相对管理者而言的较高层),多指馆长、副馆长或馆长助理,他们具有比管理者更宽的管理覆盖面,其主要职能侧重于决定整个图书馆的发展方向,决策重大问题,拟定较为长远的宏观规划,指导、协调和检查管理者的工作情况。管理者与领导者的角色是相对的,是一个角色的共生体,即不仅两者是图书馆内必不可少、共生共济、相辅相成的两种角色,而且这两种角色往往共生于一个人身上。在一定范围内,他是领导者;在另一范围内,他成了管理者。第二,两者是一个利益共同体。这表现在两者的组织目标是一致的,两者的个人切身利益是休戚相关、荣辱与共的。第三,两者是冲突共协体。两者必须同舟共济,同时又各有自己的利益归属,有自己的责任负荷。两者就在冲突矛盾的解决协调中完成各自的使命和任务。

2. 部门主任与馆长(含副馆长或馆长助理,下文统称馆长)相处时应遵循的伦理准则

第一,重视与馆长保持和谐友好的关系,但必须以搞好工作为出发点。这是一个非常重要的管理道德问题。其管理道德的体现是动机的指向,应该是从真诚、纯正、高尚的动机出发保持和发展和谐友好的关系。

第二,尊重馆长但必须有效影响馆长,对馆长负责。一是工作任务的完成;二是对馆长缺点、失误的提醒和纠正。当然要注意时间、场合、方法并注意对馆长的尊重和威信的维护。

第三,既要立足本部门充分争取馆长提供更多的支持,又要纵观全局,理解馆长的困难,必要时以高尚的风格牺牲本部门利益,以保全图书馆总体利益。

第四,敢于负责任,积极取得馆长的指导和理解。

第五,在馆领导之间存在和出现矛盾冲突时,应当遵循管理规则而不感情用事,更不能乘机谋利。

3. 馆长(含副馆长或馆长助理)与部门主任相处时应遵循的伦理准则

第一,以身作则,严于律己,使图书馆规章制度对自己和对下级同等有效。

第二,诚恳、平等地对待部门主任,密切联系馆员,不以权势压人,不以领导者自居,虚心听取下级的批评意见。

第三,既要及时果断地决策,又要提高决策的民主化和透明度,以保证决策的科学性。这是图书馆馆长必须遵循的一条通则和基本的管理道德要求。它既是衡量一个馆长能力的重要指标,又是调动馆员积极性、保证图书馆社会效益和经济效益实现的主要措施,同时也是重视人的价值、克服官僚武断作风的管理道德要求的最好体现。

第四,正确处理功纪分配,重视部门主任在成绩取得过程中的作用。这个问题的处理是否得当,影响甚大。作为馆长必须时刻牢记成绩的取得来自上上下下的共同努力,没有部门主任的共同贯彻执行,再好的决策意图也是纸上谈兵。馆长应当让部门主任共同分享成果和荣誉。只有这样,才能持续、长久地调动部门主任的积极性。

第五,以高尚的动机对部门主任进行感情投资,以健康的方式对部门主任实施行为激励,提高图书馆管理群体的内聚力,调动部门主任的工作积极性。

第六,正确处理成功促进的问题,将部门主任的成功与发展视作一种领导成就。当部门主任有很好的发展前途(或趋势)时,应予以积极支持、帮助和鼓励,不应当害怕其超过自己,而采取压制、排挤的做法。对部门主任的成功是扶助还是压制,是衡量馆长是否具有高尚的管理道德的试金石。

二、图书馆管理者与被管理者关系中的道德要求

图书馆管理者与被管理者之间的关系,一般是指图书馆各部门主任与其下属

馆员之间的关系。

1. 图书馆部门主任与馆员相处时应遵循的伦理准则

一是信任。心理学研究表明,人类普遍具有获得信任的心理需要。信任是一种最高的奖赏,它会使人感到心情舒畅,也是人与人之间建立情感联系的基础。若部门主任善于运用信任这一情感因素的激励作用,就能激发馆员确立进取、有所作为的精神状态,使他们产生高度负责和自我控制的责任心理,在强大的心理驱动力作用下,产生蓬勃向上的工作热情。在一个图书馆中,馆员的信任感可以由部门主任通过自己积极的行为表现出来。当布置任务给馆员的时候,要充分信任其能力;当馆员的言行正确而有意义时,要给予关注和采纳;当馆员言行不太合适或犯错的时候,不是对他们进行惩罚,而是给予善意的批评和提供改正错误的机会与发展个人特性的机会。部门主任的这类行为是形成图书馆内部信任关系的基石。馆员置身于信任关系之中,具有思想的自由、发展的自由,通常对图书馆就会有实质性贡献。这种信任感是一种强大的情感力量,是人性价值的一种重要体现。

二是尊重。尊重馆员,即对馆员的价值、才能予以充分肯定。任何人都有自尊心,都希望得到别人的尊重和理解,在组织中,当然会希望自己的才能得到管理者和同事的肯定,工作成绩得到组织的确认。尊重需要的满足,可以使人产生积极的情感和亢奋的力量。心理学研究表明,一个具有很强的自尊心的人,就会对工作具有强烈的责任感。所以部门主任若能尊重馆员的价值和主体地位,尊重馆员的感情、兴趣、爱好及其劳动成果等,就必然能够赢得馆员的大力支持。遵循尊重原则,是管理者与被管理者之间情感相通、建立亲近感、缩短心理距离的关键。成功的管理者都意识到了这一点。玛丽·凯·阿什在谈到自己的管理经验时说:"每当我看见某个人,我就要想象对方身上带着一个看不见的信号:让我感到自己重要!我立刻回应这个信号,结果每次都有意想不到的效果。"国际商用机器公司的哲学信条中最重要的一条就是"我们尊重个人"。尽管这些经验之谈来自企业管理界,但它们对图书馆管理活动仍不乏借鉴意义。

三是关心。关心能培养管理者与被管理者之间的亲近感。关心就是重视和爱护,就是将人或事常放在心上。人总是为实现自己的需求而行动,并且是在为集体做贡献的过程中满足自己的需求的。关心人就是要了解人的需求,并帮助人们满足自己的需求。图书馆部门主任如果关心馆员,热爱馆员,馆员就会关心、热爱自己的组织——图书馆,就会产生归属感,就会心情舒畅地投入工作,提高工作效率。

2. 馆员与部门主任相处时应遵循的伦理准则

第一，忠于职守，钻研技术。忠于职守是馆员热爱本职、热心工作的先决条件，也是其职业道德的首要要求。只有热爱本职，忠于职守，才能勤奋工作，钻研技术，推动图书馆的发展。

第二，勤恳劳动，高度负责。馆员有了勤恳劳动、高度负责的工作态度，就能自觉提高劳动质量，不会出现出工不出力、消极怠工、比低不比高的懒散的劳动作风；就能做到能者多劳，有一分热，发一分光，提高劳动效率，为图书馆的发展作出更大的贡献。

第三，按劳取酬，讲究奉献。按劳取酬是社会主义时期的分配原则。劳动量的多少是取酬多少的尺度。多劳多得，不劳不得。按劳取酬并不是不要奉献。按劳取酬是指用什么标准分配的问题；奉献是个人与群体、个人与社会的关系问题。两者既有一致性，又有不同点。劳动本身就是奉献，按劳取酬越多，说明对社会奉献越大，两者是统一的。然而，由于图书馆是一种公益性服务机构，比较清贫，因而许多优秀馆员一辈子默默无闻地工作，对图书馆奉献很大，但并未取得等价值的报酬。这些馆员往往只知耕耘，不计报酬，他们具有高尚的职业道德情操。这是图书馆应提倡的道德境界，有了这种境界，就不会斤斤计较，就不会只想索取、不思付出。

第四，顾全大局，服从安排。馆员所从事的工作往往是局部的。正确处理好局部与全局的关系，顾全大局，做到局部服从全局、眼前服从长远、个人服从集体，这是馆员应具备的群体道德意识。

三、图书馆领导者之间、管理者之间关系的道德要求

图书馆领导者之间的关系是指图书馆决策层中各成员之间的相互关系，具体而言，是指馆长、副馆长或馆长助理之间的关系；图书馆管理者之间的关系，是指图书馆各部门主任之间的关系。他们之间的关系是否和谐、融洽，决定着整个图书馆的效率。现代图书馆管理要求领导班子成员必须团结一致，同心协力，任劳任怨，忠于职守，顾全大局，全力以赴推动图书馆的发展。

1. 馆长与副馆长或馆长助理相处时应遵循的伦理准则

第一，信任副馆长或馆长助理的工作决心和能力。馆长不能大小事情一律由自己操办，应信任副手或助手，放手让其大胆工作，施展其才能。

第二,关心副馆长或馆长助理的抱负、价值观及生活福利。这种关心主要体现在工作上。当副手或助手工作遇到困难时,馆长应提供必要可靠信息与之商讨对策;当副手或助手与他人关系出现矛盾时,馆长应做好协调、说服工作,调解好相互关系,解决冲突;当副手或助手在工作中犯错误时,馆长应勇于承担必要的责任,多作自我批评以减轻他们的心理压力,同时诚恳帮助犯错误者总结经验教训,纠正错误,改进工作,而不是全盘否定,一棍子打死。

第三,以身作则,为人表率。这是馆长首先必须具备的道德素质。只有以身作则,为人表率,才能树立一把手的威信,才能形成整个领导班子的凝聚力,才能同舟共济,才能影响整个图书馆的员工,形成优良的传统,使图书馆能够在汹涌澎湃的信息资源网络化大潮和市场经济大潮中稳固地生存和持续地发展下去。

2. 副馆长或馆长助理之间、部门主任之间相处的道德要求

由于副馆长或馆长助理、部门主任分别处于相同的管理层次中,分别承担着本层次的责任和追求本层次的目标,副馆长或馆长助理之间、部门主任之间皆是平等的同事关系,因此,这两类人应遵循的道德要求是相似的。

第一,团结。团结作为一种管理品德,是指副馆长或馆长助理、部门主任为了实现图书馆的理想或完成图书馆的任务所应具备的合作精神。团结作为一种美德,包括两方面的内容:一方面,团结是有原则地团结,不是无原则地附和,团结离不开正常的批评。纪律是实现团结、达成团结的外在约束。作为图书馆领导者或管理者,要具备团结的品德,就是要在领导集体中光明磊落,不计个人得失,善于开展批评与自我批评,善于协调同事之间的关系,自觉遵守图书馆纪律。

第二,宽恕。对人宽恕、对己严格、成人之美、与人为善,是中华民族自古倡导的传统美德之一。

第三,诚信。图书馆副馆长或馆长助理相处、部门主任之间相处,仅重视外在礼仪远远不够,更重要的是心底要坦诚,为人处世要以信义为本,而不是争名夺利、相互猜疑、钩心斗角、相互推卸责任。这样才能形成具有吸引力的富于创新能力的图书馆指挥中枢和管理中枢。

第四,廉洁。“廉”字的本意是便宜或经济,引申为不贪非分之利;“洁”的意思是纯净无污,清白干净。在中国传统道德中,“廉洁”被视为“政之本”“化之本”“人生大纲”而为历代思想家们所注重。廉洁作为图书馆领导者的一种必备品德,就是要求他们洁身自好,不损公肥私,不贪污受贿,不同流合污,不接受任何非分的好处,为人正派,办事公道,做到两袖清风,一尘不染。只有“德”高,才能“望”重。

第五,勤政。勤政作为一种美德,有着多方面多层次的内涵,其中最主要的内容就是领导者的业务素质和敬业态度,具体地说,就是副馆长或馆长助理、部门主任在图书馆管理活动中忠于职守,认真负责,执行规则,坚持不懈,尽职尽责,敬业进取。勤政品德首先体现为高度的责任心,即积极努力地完成其职责范围内的工作,并能做到认真负责,一丝不苟。图书馆领导必须有对群众负责的精神,要体察馆情,倾听馆员和读者的呼声,维护群众利益有始有终。其次,勤政品德体现为积极进取,即努力追求、创造最大化的管理工作效率和业绩。再次,勤政品德还体现为务实精神,即在工作中不弄虚作假、不做官样文章、不搞形式主义,而是以强烈的事业心和责任感,脚踏实地,真抓实干,为馆员、读者和图书馆做实事和好事。最后,勤政品德体现为敬业意识,即对本职工作业务纯熟,精益求精,不断改进,它是实现图书馆管理最高效益的价值追求。特别是在信息社会,图书馆管理活动的技术含量越来越高,这就对领导者的业务水平、技术素质、工作能力提出了更高的要求。因此,勤业敬业就显得更为重要。事实上,勤政是对图书馆每一位领导者和管理者的伦理要求。陈腐思想观念,是妨碍培养勤政美德的大敌。尤其是在大中型图书馆,副馆长、部门主任的岗位较多,同僚之间更易滋生忌妒心理,因此,要想让勤政美德在图书馆决策层和管理层中形成一股风尚,绝不是一件轻而易举的事。

四、馆员与读者关系中的道德要求

1. 馆员与读者相处时应遵循的伦理准则

第一,读者第一。读者是目的,图书馆的一切活动最终都是为了读者。如果一个图书馆失去了读者,那么该图书馆也就失去了存在的根基。因此,馆员应将精力集中在服务于读者、奉献于读者、倾情于读者上,一切围绕读者开展重馆德、守馆誉、铸馆魂的活动。这里引用美国一家公司对顾客的定义:“什么是顾客——顾客永远是最重要的人;顾客不依靠我们……而是我们依靠顾客;顾客不是我们工作的障碍……而是我们工作的目的;我们不是通过为他服务而给他恩惠……而是他给我们为其服务的机会而给予我们恩惠;顾客不是我们要与之争辩和斗智的人,从未有人会取得同顾客争辩的胜利;顾客是把他的需求带给我们的人,我们的工作是很好地对待顾客,使他和我们都得到益处。”我们认为,该公司对顾客的定义颇富启发意义,它恰如其分地描述了顾客在商家眼中的地位,这与读者在图书馆系统中的地位十分相似,因而该定义完全可以适用于图书馆读者。

第二,服务至上。服务至上包括四层含义:首先是亲情服务;其次是微笑服务;

再次是贴心服务;最后是文明服务。

第三,勤奋学习。有些科学家预言:21世纪是人的全面发展和全面学习的世纪,人类80%~90%的时间将用于学习,学习将成为一种生活方式。由于图书馆读者的信息需求在不断地变化,馆员的知识在不断地老化,图书馆的技术应用水平在不断地提高,因此,馆员只有不断学习,才能不断提高自身素质,才能适应竞争中的工作环境和社会信息环境的变化,才能为读者提供优质服务。馆员在图书馆活动中不仅要把勤奋学习作为提高竞争能力的要素,而且要把勤奋学习作为行为的准则。

第四,开拓创新。纵观人类的进步、社会的发展和科学技术水平的提高,都依赖于人们不断地进行创新。图书馆工作也不能没有创新。馆员在职业活动中要敢于破除陈旧的观念,要变怕当"出头鸟"为"敢为天下先",要变小市民、小作坊、小儿科式的小生产意识为开大思路、想大问题、动大手笔、做大文章、搞大服务。要改革不适应读者需要的旧的管理方法和工作方法,勇于做其他图书馆没有做过的事,走前人没有走过的路,善于开创图书馆工作的新局面。

2. 读者与馆员打交道时应遵循的伦理准则

严格来说,读者在图书馆活动中应遵守的伦理准则不属于图书馆职业伦理的范畴,因为读者不是图书馆的职员。但是,由于读者是图书馆系统的组成要素,读者在图书馆活动中占有举足轻重的地位,因此我们认为,分析图书馆活动中的读者伦理亦具有重要意义。

第一,尊重馆员。图书馆馆员从事的是公益性服务工作,基本上是为人作嫁衣,很多馆员为图书馆事业奉献了毕生精力却默默无闻。正因为如此,一些读者瞧不起图书馆工作者,认为馆员所从事的工作无足轻重,谁都能胜任。其实不然。图书馆不仅具有服务性,而且还具有中介性、科学性、教育性和社会性。关于图书馆的社会属性,许多图书馆政策均已有明确规定。

第二,遵守馆纪。读者是图书馆系统的组成要素之一,当然应接受图书馆纪律的约束。譬如:按时归还图书;爱惜书刊,不得撕毁、涂污、窃取书刊;不得在馆内大声喧哗;讲究卫生,不得在书库或阅览室内随地吐痰、乱扔果皮纸屑、抽烟;不得在馆内谈情说爱;不说粗话脏话;不损坏公共设备和设施,如电脑、打印机、复印机、音像设备等;入馆时衣冠整洁;在书库找书时,随时使用代书板;等等。

第三,积极参与。图书馆管理水平的高低直接关系着读者服务工作的质量,自然也关系着读者的切身利益。读者作为图书馆系统的有机构成要素和服务对象,长期享受图书馆的服务,或多或少、或深或浅会对图书馆的管理水平存有切身体会。读者应主动、热心地将自己的意见、评价或设想及时传递给馆员或图书馆领导,以便他们不断改进工作,提高服务质量。也就是说,读者要积极参与图书馆建设,要为图书馆的发展献计献策,这样对图书馆和自身均有利,而且自己是最终的、最大的受益者。

3. 馆员与馆员之间应遵循的伦理准则

第一,相互尊重,注意细节。馆员与馆员之间互相尊重,并注意约束自己的行为细节,是图书馆工作中不可缺少的礼仪礼节。同事之间每天第一次相遇要互相打招呼问好,和同事说话应轻柔、简洁明快,不要干扰他人工作,不得影响工作气氛。进入工作场所要注意站相、坐姿,不要斜倚或坐在别人的办公桌上。

第二,互相协调,相互支持。馆员之间工作各有分工,但同时又需要相互配合和协作。基本的要求是:同心协力、克己奉公。同事之间需要共同完成的任务部分要注意预先商定,配合中要守信,不得轻许诺言或失信。真诚主动地帮助他人和互相帮助不仅可提高工作效率,也是增进友谊和信任的主要途径。

第三,诚恳相待。馆员之间相处的重要原则是"己所不欲,勿施于人",这样才能为建立良好的同事友谊奠定深厚的基础。馆员之间相处的另一条原则是"言必信,行必果",做一个有能力和可以信赖的人。

五、国内外图书馆伦理准则

至今,世界上许多国家和地区的图书馆行业组织都颁布了约束图书馆或信息机构从业者的伦理准则,有的国家制订的伦理准则很详细,有的国家或地区制订的伦理准则相对粗略。但总的来看,世界各国或地区所制订的图书馆伦理准则主要涉及下列内容:①主张知识自由流通,反对各种形式的文献内容审查制度;②承认和尊重知识产权;③保护用户在搜寻、获取资料和咨询过程中所牵涉的隐私权;④当馆员个人利益与用户、同事或图书馆组织的利益发生冲突时,不以牺牲后者来保全前者;⑤不断提高馆员的专业知识水平和职业技能;⑥维护信息的存取自由;⑦积极地、主动地、无歧视地为所有用户提供最好的服务;⑧竭力维护图书馆和图书馆职业的声誉;⑨从本专业的角度参与社会的教育、科学和文化生活;⑩与同行和其他相关行业的从业者开展合作,对他们示以忠诚。

2002 年 11 月 15 日,中国图书馆学会六届四次理事会通过了《中国图书馆馆员职业道德准则(试行)》。其主要内容如下:①确立职业观念,履行社会职责;②适应时代需求,勇于开拓创新;③真诚服务读者,文明热情便捷;④维护读者权益,保守读者秘密;⑤尊重知识产权,促进信息传播;⑥爱护文献资源,规范职业行为;⑦努力钻研业务,提高专业素养;⑧发扬团队精神,树立职业形象;⑨实践馆际合作,推进资源共享;⑩拓展社会协作,共建社会文明。

第三节　图书馆伦理的管理功能

图书馆伦理的管理功能就是在图书馆管理活动中,通过一定的伦理规范来调整图书馆馆员之间的关系,协调图书馆馆员之间的行为,从而使他们所从事的图书馆活动更好地达到图书馆管理的目的,实现图书馆的利益。图书馆伦理犹如一个调节器,在社会原则与个体原则相互作用的基础上发挥着自己的调节职能和方向(世界观)职能,不断控制和调整着图书馆馆员的思想感情和行为,保证着图书馆活动的有序运转。所以,在一个图书馆管理的运行中,伦理起着相当大的作用。

一、图书馆伦理的管理凝聚功能

詹姆斯·M.布坎南从人与人之间的相互关系出发,研究了组成人类社会的纽带和能使这种纽带破裂的机制和态度,充分说明了伦理在人类社会生活中的管理作用和功能。他认为,人类社会任何一种形态均可看作是三种抽象的人际关系模式或成分,即伦理共同体、伦理个体和伦理无政府的不同比重的混合体。伦理共同体表现为群体中的个人成员不以孤立的个体自居,而把自己看为集体中的一分子。伦理个体表现为社会成员在社会交往中以道德对等为准则,但这样做并不是出于对人群或集体的共同忠诚感。任何社会都是伦理共同体、伦理个体的某种形式或程度的结合,而第三种模式即伦理无政府因素的增加就会使社会凝聚力相应减少。这三种因素结合在一起的实际比例,决定了一个社会可观察到的“有秩序状态”,从而决定了社会政权的强制程度。对政府的需要程度以及政府在管理上的困难程度,都直接受这三种因素结合在一起的比例的影响。

我们认为,布坎南关于伦理共同体、伦理个体和伦理无政府的分析同样可以用来说明图书馆的生命力问题。一个图书馆必须具有凝聚力,才能生存和发展。图书馆中共同的道德感可以通过人与人之间的传递和感染,在潜移默化中建立起一种友好的人际关系、集体氛围,改善个人与个人、个人与图书馆、图书馆与社会的相互关系;共同的伦理规范和道德感还可使图书馆馆员的思想情感和行为协调一致,形成一种强大的向心力,把他们凝聚在一个图书馆中。

二、图书馆伦理的管理导向功能

众所周知,伦理活动是以调整“现有”和“应有”的关系为己任的。“应有”作为客观的“应当”关系,转化为人们的风俗习惯,积淀为人们的心理结构,以潜移默化的方式影响着人们的价值追求和活动目的,引导着人们从现有发展到应有,在事实中实现价值。“应当”表现为秩序、公理、要求、关系和意识,是联系社会生活、维持社会存在的必要纽带。“应当”作为一种关系、一种客观的精神力量,对图书馆馆员来说,不仅具有某种强制规范性,而且具有效用性和方向性。一方面,伦理应当表现为对图书馆馆员个体行为的社会规范和约束功能,具体表现为以下三种形式:①人类整体对图书馆馆员个体行为的约束、调节,这既包括历史中积淀下来的传统、风俗、信仰、信念的约束,又包括个体生活于其中的图书馆具体行为规范的约束;②图书馆馆员个体之间行为的调节和约束;③图书馆馆员个体出于良心、信念对自己行为的自觉约束和调节。另一方面,伦理应当常以要求、理想的形式出现,为图书馆馆员的行为指明方向,具有社会导向功能。伦理理想以过去的伦理认识成果为基础,形成一个充满人的意志、情感和愿望的伦理实践“蓝图”。它推动和鼓舞图书馆馆员满怀信心、目标坚定地去进行将其变为现实的实践活动。

图书馆馆员的伦理理想应是图书馆事业的兴旺发达,因为只有图书馆事业的兴旺发达才能保证图书馆社会职能的完美履行,即整序社会文献信息流、传递文献信息、开发智力资源与进行社会教育、搜集和保存人类文化遗产、满足社会成员文化欣赏娱乐消遣的需要。对伦理理想的坚定信念,将使图书馆馆员在任何艰难险阻面前目标始终如一。伦理理想作为一种精神力量,具有强大的凝聚力;伦理理想作为图书馆馆员所追求的目标,具有定向作用,使图书馆馆员把自己的行为都集中到促进图书馆既定目标的实现上来,从而产生一种巨大的精神推动力;伦理理想作为一种组织规范,对图书馆馆员的行为进行评价,符合这种规范的行为会受到赞扬,违背这种规范的行为会受到指责和制止,从而调节图书馆馆员的活动。

伦理理想具有动员、组织、鼓舞图书馆馆员的作用和调节其活动的规范作用,因而它也就具有管理手段的功能。图书馆伦理的这种管理导向功能的运作机制具体表现在三个方面:第一,通过图书馆伦理的价值取向来实现导向功能;第二,通过图书馆伦理原则的根本思想与未来指向来实现导向功能;第三,通过图书馆伦理规范的规定性来实现导向功能。

三、图书馆伦理的管理操作功能

任何一种社会伦理都有其自身的伦理规范体系。规范就是“约定俗成或明文规定的标准”；规范就是“标准法式”。规范是标准，而标准本身具有极强的操作性。图书馆伦理在调整图书馆馆员之间的关系时，一方面起着准则的作用，即调节人们行为的准则；另一方面起着规定性的作用，即规定人们哪些可以做，哪些不可以做，哪些应该做，哪些不应该做。图书馆伦理规范的这些作用与生产过程的操作规程、科学研究的技术路线、法律条文等有着类同的可操作性。应当说，这是信息工作者（含图书馆工作者）应遵循的一条伦理规范或准则，但它同时还蕴涵着下列具体规定性：①仅为了搜集而使用个人数据；②将下列数据作为隐私：阅读资料的记录，借书记录，书目咨询记录，以及任何可能会暴露用户身份的数据；③不公布个人隐私，遵守安全要求，确保这些数据不被中途截取；④保证存储于纸上或电脑上的记录不进入易被其他用户存取或阅读的场所；⑤采取一切预防措施，确保只有信息机构中的合法授权者才能对计算机记录进行操作和存取；⑥保证涉及用户阅读习惯或书目兴趣的数据仅因履行正常职能才被搜集，保证仅为研究或统计目的才使用这些数据；⑦不将甲用户所承担的工作告诉给乙用户；⑧将旨在侵犯用户隐私权的任何信息需求都视为不恰当的、滥用的需求；⑨如果迫于某种压力而需要提供隐私信息，只有事先得到用户的书面许可后，信息工作者才可以这么做。显然，该伦理规范及其所蕴涵的具体规定性具有明确的操作性。事实上，任何一种伦理规范都具有操作性功能，即使超前的理想的伦理规范也同样具有某种程度的可操作性。

四、图书馆伦理的管理激励功能

人们的行为总要受一定的思想道德观念支配，并受到心理因素的强烈影响。一定的伦理道德总是体现特定群体的共同利益、习俗和传统，因而伦理就成为组织中人们衡量行为的标准。如果某一成员违背了组织的伦理规定，就会受到舆论的谴责，被群起而攻之；反之，如果某一成员模范地遵守组织的伦理规范，就会得到大家的同声称赞。这种通过善恶评价所造成的社会舆论和良心意识，一方面，它能使人们形成明确的善恶评价标准，对人们的行为具有巨大的导向作用，它使每个成员都承受一种无形的导向力和约束力，使人们知道自己应该做什么和不应该做什么，自觉地使自己的行为向组织共同的伦理准则调节和靠拢。这种道德力量不仅能够支配和决定每个成员的行为方向,而且能引导整个组织向着预定的目标前进。另一方面,它能使组织成员培育一种扬善抑恶的情感,形成对一定理想和信念的坚定信心,以及为实现这种目标的强大道德责任感和克服困难的顽强意志,从而激发出极大的工作热情和开拓进取的积极性、创造性。

同理,道德的力量使图书馆馆员认识到自己在图书馆中所处的地位和责任,强烈地感受到自己的职业和工作的社会意义,从而真正以主人翁的态度做好自己的岗位工作。这种道德力量是图书馆最可贵的财富,是推动图书馆发展的强大精神力量,是图书馆提高管理效益、实现既定目标的取之不尽、用之不竭的力量源泉。

第四节　图书馆伦理建设

一、构建图书馆的伦理价值体系

一般来说,图书馆的伦理价值体系大致包含两个部分:表明伦理价值取向的伦理框架和体现在行为规范之中的伦理准则。

1. 图书馆伦理框架

图书馆的信誉是建立在一些实质性的理想和责任之上的,这些理想和责任表现了图书馆的伦理价值取向,构成了有信誉的图书馆的伦理框架,它指引着图书馆的方向,指导着图书馆的计划、组织、领导、控制和评估。具体说来,它由以下两方面理想和责任构成:

(1)目的方面的理想

目的方面的理想主要确认图书馆的追求是什么,包括它的最终使命以及完成这一使命需要哪些战略目标。它的最终使命规定了图书馆之所以应当生存发展下去的根本理由和价值,它的战略目标则规定了实现其使命的根本途径。

(2)手段方面的原则

手段方面的原则主要明确图书馆应当怎么做,它有哪些权利与义务,它所要坚持的行为原则是什么。与此相关,在这方面还要说明图书馆有哪些主要的参与者,他们各自有哪些正当的权利和合理的要求,以便在图书馆的权利、义务和行为原则中明确体现出各种利益相关者的权益。一般来说,这种说明至少应当包括图书馆对读者、馆员、投资者和社会的责任。

以上两个方面相互关联,便形成了一个完整的伦理框架。显然,它能帮助图书馆管理人员勾勒出什么是负责任的图书馆行为,由此可以指导图书馆管理人员的各种行为和决策。

为了使这个伦理框架能真正起到上述指导作用,不至于成为一种要求过高而实行不了的公共形象工程,在制定这一伦理框架时应当注意以下几个问题:①图书馆领导自身要十分重视图书馆伦理建设,亲自组织图书馆伦理战略的实施,而决不能将此事看作是不得不去应付的表面文章。②伦理框架的内容要切合实际,具有可行性。这就需要考虑图书馆内外的各种具体情况,目标要合理可行而不能订得太高,要循序渐进而不能指望一蹴而就,因此要不断根据图书馆内外情况的变化定期修订。③制定伦理框架时应当发动所有那些将要运用这个框架的人一起来参与,这不仅能克服高层领导不完全了解下情的问题,使框架更为切实可行,而且能激发参与人的积极性,使框架能够更好地得到贯彻。

2. 图书馆伦理准则

图书馆的伦理价值体系除了伦理框架之外,还有伦理准则,它一般体现在图书馆颁布的伦理政策和奖惩制度之中。两者的关系是,伦理准则是将伦理框架适用于各种图书馆活动方面之后得到的各种具体规定,是伦理框架的具体化或体现;伦理框架是由一些较为抽象的原则构成的,在许多场合并不能直接用来规范具体的图书馆活动,因此需要具体化,变成一些较为明确的规定,称之为伦理准则或行为规范,其中也包括各种奖惩制度,它们共同构成了图书馆的伦理准则。

图书馆的伦理准则并没有统一的模式,它是根据图书馆的伦理战略和具体需要制定出来的,不同的伦理战略和不同的具体需要会导致不同的伦理准则。所以,现实中存在着各种各样的图书馆伦理准则。

图书馆的伦理准则虽然是一些较为枯燥的具体规定,却不是可有可无的东西,在某种意义上,它们比图书馆的伦理框架更为重要。第一,伦理准则一般较为详细,可操作性强,因此更容易掌握,从而能有效地规范图书馆馆员的行为,调节利益冲突,并能帮助专业人员或馆员应对自己所面临的具体问题;第二,伦理准则能使图书馆馆员从道德角度来评价图书馆的各种目标、做法和行动,以保证图书馆达到准则的要求,从而有助于发展出合乎道德的图书馆精神;第三,制订准则这一举动本身就可促使员工去思考他们自己的职责以及他们对图书馆、其他馆员、读者和社会整体所负有的责任,有助于激发他们的道德责任心;第四,伦理准则有助于向各级新成员灌输责任感,让他们感到需要从道德角度考虑自己的行为,以及培养德行,有助于形成图书馆的道德传统;第五,当员工被要求做违反道德之事时,伦理准则可作为他们拒绝执行的根据，从而有助于防止自上而下的不道德行为；第六，伦理准则可用来向读者和公众保证图书馆遵从道德原则，并向社会提供衡量图书馆行为的具体标准，让社会帮助监督执行从而有助于图书馆的道德行为和声誉。

正如前文所述，目前世界上许多国家的图书馆行业组织制订了伦理准则。但是，由于这些伦理准则并未对其约束对象进一步细分，而实际上图书馆工作者是分层次、分岗位、分职责的，再加上不同图书馆的具体情况千差万别，因此每一个图书馆都应制订富有本馆特色的伦理准则。当然，若本国图书馆行业组织已制订有相关伦理准则，图书馆在制订本馆伦理准则时就不能违背其基本精神。

二、落实图书馆的伦理价值体系

明确了图书馆的伦理价值体系之后，接下来的工作是贯彻落实它。对于图书馆的伦理建设来说，明确图书馆的伦理价值体系固然重要，但相对来说，伦理价值体系的落实更加重要。为了落实图书馆的伦理价值体系，应当做好以下六个方面的工作：

1. 明确建设基点

图书馆伦理建设的基点应是：以为读者服务为核心，以集体主义为原则。《中共中央关于加强社会主义精神文明建设若干重要问题的决议》指出："社会主义道德建设要以为人民服务为核心，以集体主义为原则。"图书馆伦理建设是社会主义道德建设的重要组成部分，自然不能违背这一总的建设方针。

为读者服务的具体含义包括：①一切从读者的利益出发；②一切向读者负责；③调动并珍惜读者的参与意识；④关心、爱护和帮助读者；⑤提倡尊重读者、关心读者，为读者多做好事。

集体主义是我国的道德原则，是社会主义以公有制为主体的经济基础的要求。集体主义有三个方面的内涵：①强调图书馆利益与馆员利益的有机统一，图书馆利益要代表馆员的长远利益和根本利益，馆员利益要在维护和促进图书馆利益的基础上得以实现和发展；②图书馆利益并不是馆员利益的简单相加，而是馆员利益最集中、最权威、最现实、最直接的代表，它作为馆员利益的道德价值目标，应当起到引导馆员实现自己利益的基本道德方向的作用，使馆员利益追求不至于偏离它所隶属的图书馆的道德奋斗目标，保证馆员利益成为正当的个人需求；③当馆员利益与图书馆利益发生矛盾而不可兼得的时候，馆员要以图书馆利益为重，为了图书馆利益，在必要的时候不惜牺牲个人利益。

2. 加强组织协调

要落实任何一项任务,首先就要进行组织上的协调,落实图书馆的伦理价值体系也不例外。组织协调主要包含两方面的工作:一是要在图书馆各部门之间进行协调,统一步调;二是要建立专门的机构,有专人负责。关于第一方面的工作,就是要调整其他各项管理工作的目标和任务,使它们不与图书馆价值体系的落实发生矛盾或冲突,而要使之协调一致。例如,图书馆的各个管理部门如果缺乏信息沟通,就会使各个管理部门做出相互矛盾或冲突的决策或行动,使得一般的员工不知所措,妨碍负责任的决策和行动。因此,为了协调图书馆的价值体系与其他各项管理工作的目标和任务,图书馆领导必须注意组织结构和系统的设计,将有利于道德行为的各种条件植入图书馆管理系统之中,保证员工有充分的机会、能力和动机去负责任地行动。就此而言,要特别注意下面这些系统要与图书馆伦理价值体系一致:领导和指挥系统、员工的雇佣和提升制度、对员工的评估和报酬系统、图书馆计划与目标的制定、预算和资源配置、读者服务系统、信息交流系统以及监督和控制系统。关于第二个方面的工作,可以在图书馆管理高层内设立专门的图书馆伦理(或责任)委员会(或办公室),也可以设立临时的由图书馆各职能部门主管组成的图书馆伦理委员会,并由某个高层领导(书记、馆长或副馆长)负责,统一协调处理这方面的事务。

3. 开展教育培训

从获得知识的来源讲,人的知识分为直接知识和间接知识。直接知识是人们通过直接参与实践而获得的知识,间接知识则是人们通过教育学习而得来的。图书馆馆员职业道德的形成也一样。一方面,图书馆馆员从丰富的图书馆实践中,通过自身的体悟形成自身的品德;另一方面,也可以通过外在的教育培训,领悟、掌握图书馆馆员的行为规范,形成自身的品德。

教育培训的必要性在于,图书馆伦理观念不可能在图书馆馆员的意识中自发产生,其首要渠道是来自外部的教育与灌输。通过教育培训可以使图书馆馆员掌握必要的图书馆职业道德知识。尽管一个人知道应当怎么做未必一定去做,但不知道应当怎么做就更谈不上对与错。图书馆职业道德知识虽然不等于图书馆馆员的职业品德,但却是图书馆馆员职业品德形成的必要条件。图书馆馆员不可能在不自觉的情况下形成高尚的图书馆职业伦理。高尚的图书馆职业伦理是在自觉自愿自知的基础上形成的,盲目和无知与高尚的图书馆职业伦理无缘。

图书馆伦理教育的目的是通过教育使图书馆馆员具有良好的道德品质。道德品质包含道德意识和道德习惯，而道德意识又包含道德认识、道德情感、道德意志和道德信念。道德意识的四个方面加上道德习惯构成了图书馆伦理教育的五大任务。道德认识、道德情感、道德意志、道德信念和道德习惯相互影响、相互作用，形成一个有机整体。其中，道德认识是前提，道德情感和道德意志是两个必要条件，道德信念是核心，道德习惯则是图书馆伦理教育的归宿。图书馆馆员道德习惯的形成，化解了个性与道德的冲突，使两者融为一体，形成品德。人在开始做某个选择或行为时，负担很重、很费力，这是因为这时要求较强的神经控制，一旦形成习惯，神经控制将被习惯所取代，就会很省力。可见，图书馆伦理教育的最终目的就是要让图书馆馆员将对自身的伦理要求化为非强制性的"自然"习惯。

4. 提高自律能力

道德自律是指个人根据一定的道德标准、道德规律和内心信念构成自己行为的评价和约束力量，是对其道德行为的自觉认识和自觉选择。道德自律能力表现在两个方面：一是自我约束能力；二是自我纠正能力。能否做到道德自律，关键在于树立正确高尚的道德价值观念。自律的过程实际上就是道德修养的过程、自我教育的过程，是依据一定的道德原则和规范在道德认识、道德情感、道德意志、道德信念和道德行为习惯等方面进行的自我改造、陶冶、锻炼和培养的功夫和达到的境界。自律以知为起点，以信念为中介，以情感为连接点，以意志为杠杆，最后实现从知到行的转化。

当然，道德自律是不能自然形成的，必须以他律为基础和前提条件才能实现。所谓道德他律，是指一个人在外在压力下不得不按照一定的社会道德原则和规范行事。他律和自律之间是辩证统一的关系：他律是自律的基础和条件，自律是他律的内部机制；没有他律，自律不能形成；没有自律，他律也不能得以实现。

5. 突出榜样示范

图书馆的伦理价值系统是抽象的，它要通过图书馆的各种行为规范体现出来，并最终通过图书馆的日常活动来体现。要使图书馆的伦理价值系统真正发挥作用，在图书馆馆员的日常决策和行动中体现出来，必须进行强有力的领导。而领导工作的要点之一是树立榜样或范例，即图书馆领导要以身作则，通过自身的行为和对各种事务的决策为图书馆制订的伦理框架和行为规范做注释。

榜样或范例的树立是图书馆伦理建设中的一件大事。员工对图书馆伦理框架和图书馆行为规范的理解和掌握，最终要通过领导所树立的榜样或范例来实现。榜样所传达的信息远比任何伦理陈述要清楚，榜样对员工行为的指导要比任何说教有说服力。

6. 实施道德评价

道德评价，是指在道德活动中，人们根据一定社会或阶级的道德规范体系，通过社会舆论、内心信念、传统习惯等方式，对本人、他人或集体的行为所做出的是非善恶的价值判断。道德评价是一定社会用以规范人们行为、协调人际关系和维护社会秩序的重要方式，是实现道德职能、发挥道德作用、进行道德建设的内在机制。

道德评价作为重要的道德实践活动，对图书馆道德风气的形成和图书馆馆员道德品质的培养具有十分重要的作用，这主要表现在：

(1)道德评价是图书馆伦理原则和道德规范发生作用的“杠杆”

图书馆伦理作为调整图书馆馆员的行为规范的总称，它在图书馆活动中的调节、激励和教育作用主要是依靠道德评价来实现的。图书馆的道德原则规范只是向图书馆馆员提出了价值目标和行为准则，这些目标和准则在未深入人们内心世界、被图书馆馆员认可以前尚属于他律，要使道德原则和规范变成行为者的内在信念，实现从他律向自律的转化，就必须通过道德评价。从某种意义上讲，道德评价正是道德原则和规范在发生作用，将道德由他律转化为自律的杠杆。图书馆的道德原则和规范被人们所接受的程度及其发挥作用的大小，直接取决于人们道德评价的自觉性和能力，以及道德评价的深度和广度。道德评价的过程，就是人们接受一定道德要求的过程。因此可以说，没有道德评价，就没有图书馆伦理作用的发挥。

(2)道德评价是裁决图书馆馆员行为与品质的“道德法庭”

与法律裁决不同，道德评价对行为善恶的评判主要是通过社会舆论和内心信念来实现的，它既没有专门的执行机构，也没有专门的执行人员。当某种行为符合一定的图书馆道德原则和规范要求时，行为者就会受到社会舆论的赞扬，内心感到愉快和满足，其行为不仅被广为传播，而且被广泛效仿。相反，当某种行为违背图书馆管理的道德原则和规范时，行为者就会受到舆论的谴责，内心感到不安和自责，从而使其行为受到约束和控制。因此，道德评价对图书馆馆员的行为和品质起着重要的裁决作用。只有通过道德裁决，才能有效地激发图书馆馆员的道德良心和道德义务，增强图书馆馆员道德修养的自觉性，从而更好地实现图书馆伦理从应有向实有转化。

(3)道德评价是培养图书馆馆员道德品质的重要手段

在现实图书馆活动时,正是通过道德评价,图书馆馆员才懂得什么是应该做的,什么是不应该做的,从而肯定善行、坚持善行,否定恶行、消除恶行。因而,道德评价既具有激励图书馆馆员、鼓励图书馆馆员多行善事的功能,又具有规劝图书馆馆员、使图书馆馆员自觉抵制各种不道德的行为和思想、划清善恶界限的作用。同时,道德评价还能深入人们的内心,引起内心自省,唤起图书馆馆员的道德责任心和荣誉感,从而使他们自觉调整自己的行为,逐渐在分清善恶是非的基础上,培养高尚的道德品质,形成高尚的人格。因此,道德评价又是图书馆馆员道德品质形成的不可或缺的重要条件,是图书馆馆员从道德观念向道德行为转化的重要环节。

(4)道德评价是营造良好图书馆氛围的有力工具

道德评价是通过扬善抑恶的功能反作用于图书馆馆员群体,为图书馆馆员群体树立道德典范和道德榜样,促使图书馆馆员对善的行为产生道德上的向心力,自觉养成良好的道德行为习惯,而对恶的行为及其不良后果则进行批评和谴责,使图书馆正气得到传扬,歪风邪气得以抵制,从而净化图书馆风气,保证图书馆良好的道德环境。因此,道德评价是改造图书馆氛围、提高图书馆道德水平、形成良好图书馆风尚的有力武器。

第七章 图书馆政策

第一节 图书馆政策的内涵

一、什么是政策

图书馆政策是政策的一个分支。因此,要想理解图书馆政策的含义,先得明确政策的概念。

我们拟从广义和狭义两种角度给政策下定义。从广义来说,政策是国家机关、党(团、工会)组织、社会团体或其他组织在特定的环境下为实现或服务于特定的政治、经济或文化目标,所制定的行为规范、指南或行动计划,其表现形式有法律、法规、规章、行动计划、命令、决定、公告、通告、通知、批复、意见等。从狭义来说,政策是国家机关、党(团、工会)组织、社会团体或其他组织在特定环境下为实现或服务于特定的政治、经济或文化目标,未启动立法程序所制定的行为规范、准则或行动计划,其表现形式包括无立法权的国家机关所制定的规范性文件、有立法权的国家机关所制定的不属于法的范畴的规范性文件、社会团体和企事业组织的章程和规定等规范内部纪律的文件、党(团、工会)组织的文件以及各种行动计划等。

显然,广义的政策与狭义的政策主要区别在于其是否包括法律、法规(含行政法规和地方性法规)和规章(含国务院部门规章和地方人民政府规章)。狭义的政策将"纯粹的法"(即法律、法规和规章)排除在外,有利于划清政策与法的界限。

二、图书馆政策的含义

根据上文对政策的定义,我们可以这样来界定图书馆政策:图书馆政策是国家机关、党(团、工会)组织、图书馆、国内外图书馆行业组织及其相关组织,为调控和引导图书馆系统的运行和发展,按照一定的程序所制定的不属于法的范畴的行为规范、准则或行动计划。

我们可以从以下四个方面来把握图书馆政策的内涵:

第一,政策制定者。政策制定者也称为政策制定主体,任何政策的制定都须由特定的主体来完成。图书馆政策的制定主体主要包括国家机关、党(团、工会)组织、图书馆、国内外图书馆行业组织及其相关组织五种类型。国家机关分为权力机关、行政机关和司法机关;党(团、工会)组织在我国主要是指中共中央(含中宣部)、共青团中央和中华全国总工会;图书馆是指各个具体的传统图书馆、数字图书馆与复合图书馆;国内外图书馆行业组织是指各级各类图书馆协会、学会和联盟,如国际图联、美国图书馆协会、中国图书馆学会、全球在线计算机图书馆中心、中国高等教育文献保障系统等;图书馆行业的相关组织如联合国教科文组织、国际出版者协会等。

第二,政策目标取向。一定的图书馆政策总是要在一定的历史时期实现一定的目标,具有明确的方向。图书馆政策不是无意识或偶然的行为,而是旨在约束或控制特定时期图书馆系统的运行状态和发展轨迹。

第三,政策属性。图书馆政策总是表现为行为规范、行为准则、政治行为、活动过程、权威性决定的输出、权威性的价值分配、行动计划等。

第四,政策作用范围。图书馆政策总是在一定的历史时期内、在某一特定环境下发生作用,也就是说,任何图书馆政策都有自己的作用时域和作用空域。

第二节　图书馆政策的类型

一、图书馆政策的类型

图书馆政策的内容是极其复杂和丰富多彩的。因此,对图书馆政策进行多层次、多角度的观察和类型学研究,有助于更深入地揭示图书馆政策的内容构成及其各自具有的特殊性质和功能,从而有利于政策主体针对各不相同的政策问题做出正确的决策。人们几乎可以从任一角度、根据任一标准对图书馆政策的内容进行类型划分。但是,划分图书馆政策类型的目的是更充分地揭示图书馆政策的本质和发展规律,因此,真正有意义的图书馆政策类型划分有以下几种:

根据政策制定主体不同,我们可将图书馆政策划分为国家机关制定的图书馆政策、党(团、工会)组织制定的图书馆政策、图书馆制定的图书馆政策和国内外图书馆行业组织及其相关组织制定的图书馆政策。

根据政策的影响范围不同,可将图书馆政策划分为国际图书馆政策、国家图书馆政策、地方图书馆政策和馆域图书馆政策。

根据政策客体不同,可将图书馆政策划分为图书馆组织政策、图书馆文献资源政策、图书馆读者服务政策、图书馆人事政策、图书馆经费政策、图书馆建筑政策与图书馆现代化政策等。

根据一项政策谋求达到的目标数量多少,可将图书馆政策划分为单目标图书馆政策和多目标图书馆政策。图书馆政策主体在谋求一个政策问题的解决时,在一个特定的阶段只确定一个要实现的目标,这种政策就是单目标图书馆政策;图书馆政策主体在谋求一个政策问题解决时,在一个特定的阶段确定多个同时要实现的目标,这种政策就是多目标图书馆政策。

根据政策主体在制定一项政策时有无现成的规范和原则遵循,可将图书馆政策划分为程序性图书馆政策和非程序性图书馆政策。程序性图书馆政策也叫例行图书馆政策、常规图书馆政策、重复性图书馆政策,是指在大政方针确定之后政策主体在既有的规范和原则的指导下制定的政策;非程序性图书馆政策是指政策主体为解决全新的、复杂的或者突发的政策问题,在无现成的规范和原则可遵循的情况下制定的图书馆政策。

以同一项政策的始创或调整为标准,可将图书馆政策划分为初始图书馆政策和反馈图书馆政策。图书馆政策主体在着手开展某项工作或解决某个问题时所制定的最初的并具有总体性的政策,就是初始图书馆政策;图书馆政策主体在初始政策执行的过程中,根据反馈信息对现行政策进行修正和调整,就是反馈图书馆政策。

根据政策结果的可预测程度,也就是以假设的政策结果与实际的政策结果相吻合的程度为标准,可将图书馆政策划分为确定型图书馆政策和不确定型图书馆政策。如果假设的政策结果与实际的政策结果完全吻合,那就是确定型图书馆政策;如果难以预测二者吻合的概率,那就是不确定型图书馆政策。

以政策主体所希望的人们行为选择的范围为标准,可将图书馆政策划分为鼓励性图书馆政策和限制性图书馆政策。鼓励性图书馆政策是指以奖励手段(精神奖励和物质奖励)扩大人们行为选择的范围,激励人们向政策主体希望的方向努力的图书馆政策;限制性图书馆政策是指以惩罚或者声称要进行惩罚的手段限制人们行为选择的范围,制止政策主体不希望的行为发生的图书馆政策。

以政策主体行为为标准,可将图书馆政策划分为积极型图书馆政策和消极型图书馆政策。图书馆政策主体通过采取一定的行为以达到所希望的目标，这样的政策就是积极型图书馆政策；图书馆政策主体通过采取行为而达到所希望的目标的政策就是消极型图书馆政策。

以政策协调社会生活的方式为标准，可将图书馆政策划分为分配性图书馆政策、限制性图书馆政策和再分配性图书馆政策。分配性图书馆政策是指政策主体围绕着利益的个别分配而做的决策，如国家投资北京图书馆建新馆舍；限制性图书馆政策是指会给某一社会群体带来利益而同时给其他社会群体造成损失的图书馆政策，再分配性图书馆政策是指政策主体制定的信息福利政策，如文化主管部门要求大中城市公共图书馆向处于偏远贫困地区的农村乡（镇、村）图书馆（室）捐献图书。

以政策是否改变客观对象为标准，可将图书馆政策划分为实体性图书馆政策和程序性图书馆政策。实体性图书馆政策与政策主体准备采取的行动有关，如经费的投入、人员的配备、用于建新馆舍的地皮的划拨等；程序性图书馆政策涉及由谁采取行动与怎样采取行动，如《深圳南山图书馆检索室计算机操作指南》《天津广播电视大学图书馆借阅证管理办法》（含办证、违规处罚、遗失补证和离校退证等程序规定）。

以政策效果为标准，可将图书馆政策划分为物质性（或实质性）图书馆政策与符号性（或象征性）图书馆政策。图书馆政策主体将有形资源或实质性权利提供给一些人，同时将真正不利的条件加于另一些人的图书馆政策，就是物质性图书馆政策，如某图书馆将许多重要的参考资料集中于一个阅览室，该阅览室只对本馆确定的重点读者开放而不对一般读者开放。图书馆政策主体分配的有利条件或不利条件很少对人们产生实际效果且不交付表面上承诺的东西的政策，就是符号性图书馆政策，如评选文明图书馆或先进图书馆的政策。实质性图书馆政策决定政策资源的配置和利益的分配，其结果是利益在政策对象中的不均衡分配；象征性图书馆政策通常不需要花费很多的财力与人力，也不能在政策对象中产生直接的利益分配。

二、图书馆政策的结构

图书馆政策的结构是指图书馆政策系统的构成要素在时空连续区上的排列、组合方式及各要素间相对稳定的互动方式，是图书馆政策系统构成要素的组织形式和秩序。

1. 图书馆政策结构的形式

(1)图书馆政策的塔形结构

同一图书馆政策系统内部各项不同形式、不同内容的政策在各个不同层次的分布方式和互动方式,表现为层次逐一升高的金字塔式结构。居于顶端的政策属于宏观政策,其内容通常是一些原则性规定,政策数量少,覆盖面广;居于中间层次的政策,是遵循居于顶端的政策针对某一较大的局部情况制定的政策,数量较多且内容较具体,具有可观性;更低层次的政策,数量更多且内容更具体,每项政策的覆盖面更小,更具有微观性。塔形结构是图书馆政策系统内部的纵向结构的基本表现形式。

(2)图书馆政策的链形结构

在同一图书馆政策系统内,各项不同形式、不同内容的政策像环环相扣的链条一样相互连接,它们之间的这种相对稳定的联系方式就是图书馆政策的链形结构。例如,"文献采访工作规章制度→文献标引、编目工作规章制度→藏书管理与保护工作规章制度→读者服务工作规章制度"就是这样一种政策链。按照始点环节和终点环节是否闭合,这种政策结构可分为开链形结构与环形结构。链形结构是图书馆政策横向结构的一种重要表现形式。

(3)图书馆政策的圈层结构

同一图书馆政策系统内某项政策与其他若干项政策之间的关系呈一个核心与外围层次的固定联系方式,这就是图书馆政策的圈层结构。在图书馆政策的圈层结构中,核心政策通过外围层次对整个政策结构具有控制性和支配性的作用,这种作用随着层次的增加可能逐渐减弱。圈层结构既可能是图书馆政策纵向结构的一种表现形式,又可能是其横向结构的一种表现形式。

(4)图书馆政策的网状结构

图书馆政策的网状结构是以同一政策系统内诸项政策的横向联系为特征的结构。在空间中展开的一组图书馆政策,依特定的方式直接或间接地发生相互联系,形成一个多序列、多层次、纵横交错的综合体,这组图书馆政策作为一个政策系统,其结构就是网状结构。例如,图书馆组织政策、图书馆人力资源政策、图书馆投资政策、图书馆藏书政策、图书馆现代化政策与图书馆用户政策之间往往既相对独立,又相互交错,形成一个立体网状结构。

(5)图书馆政策的矩阵结构

同一图书馆政策系统内诸项政策排列成一个阵列,呈现纵横并举共存的固定联系方式，其状类似矩阵，这就是图书馆政策的矩阵结构。

(6)图书馆政策的群落结构

同一图书馆政策系统内诸项政策形成若干群落，相互间具有间接的、不甚紧密的联系，这就是图书馆政策的群落结构。例如，我国的图书馆系统包括若干子系统，如公共图书馆系统、高校图书馆系统、科学院图书馆系统、企业图书馆系统、工会图书馆系统、军事图书馆系统、中等专业学校图书馆系统、中小学图书馆系统、儿童图书馆系统等。若将我国图书馆政策看作一个巨型系统，则在这个巨型系统内，一系列政策构成公共图书馆政策这一群落，一系列政策构成高校图书馆政策这一群落，一系列政策构成中等专业学校图书馆政策这一群落，一系列政策构成中小学图书馆政策这一群落，一系列政策构成科学院图书馆政策这一群落，一系列政策构成企业图书馆政策这一群落，一系列政策构成工会图书馆政策这一群落，一系列政策构成军事图书馆政策这一群落，一系列政策构成儿童图书馆政策这一群落，等等。在这些图书馆政策群落之间，各项政策的联系通常是间接的和不甚紧密的，但的确又以一定的方式产生相对固定的联系。

2. 合理的图书馆政策结构

图书馆政策虽然是一项一项地制定出来的，但一般来说不大可能在执行过程中一项一项单独地、孤立地产生政策效果。其实，每项图书馆政策都处于一定的政策系统内，以一定的方式与其他政策发生互动。因此，合理的政策结构，对于任何单项图书馆政策实现理想的政策目标、达到预期的政策效果，都具有重要的意义。

那么，什么是合理的图书馆政策结构呢？

(1)结构的有序化

结构的有序化是指：①在同一图书馆政策系统内部，不同层次、不同行业、不同功能的图书馆政策协调分布、相辅相成，有利于发挥图书馆政策的整体效果；②图书馆政策的数量、质量和政策间的互动方式能够随着外部环境的变化而及时地、相应地调整、发展、完善。

(2)有效的分级控制

在同一图书馆政策系统内部，任何一个较低层次的政策都是较高层次的政策的要素，而这一要素同时又是一个政策亚系统。高一层次的政策与低一层次的政策、统摄全局的政策与具有局部性的政策是统辖和被统辖或节制和被节制的关系。图书馆政策的这种分级控制越有效，就越能提高图书馆政策运行的效率。只有环环相扣、层层衔接，图书馆政策运行机制才能运转自如。

(3)严格的组合秩序

这是图书馆政策结构合理的重要条件。组合秩序若混乱或不合理,就会造成图书馆政策运行的混乱与资源浪费,从而影响政策效果。所谓严格的组合秩序,是指:①图书馆政策主体在制定和执行图书馆政策时,必须用系统论的视角而不是仅仅着眼于它的单项性,须着力于政策的配套运作,即对政策缺口采取有效措施予以及时修补,对政策间可能产生的冲突有可靠的预备解决方案;②图书馆政策主体须从政策系统的整体目标出发,统筹安排,严格管理,将各项政策协调好,保障各层次政策得以落实。

第三节　图书馆政策系统的构成与运行

一、图书馆政策系统的构成

图书馆政策系统是由图书馆政策主体、图书馆政策客体及其与图书馆政策环境相互作用而构成的社会系统。政策系统是图书馆政策运行的载体,是图书馆政策过程展开的基础。图书馆政策系统内部各因素的联系是否得当,直接影响到图书馆政策运行是否顺畅,并决定政策效果的好坏。

1. 图书馆政策主体

图书馆政策主体(政策活动者)一般可以界定为直接或间接地参与图书馆政策制定、执行、评估或监控的个人、团体或组织。具体而言,图书馆政策主体主要包括以下几类:

(1)立法机关。立法机关在西方指国会、议会、代表会议等国家权力机关,在我国则是指全国及地方各级人民代表大会及其常务委员会。

(2)行政机关。如国务院、国务院办公厅、国务院组成部门、国务院直属机构、地方各级人民政府及附属部门与机构。

(3)党(团、工会)组织。在我国,主要是指中共中央、中宣部、共青团、全国总工会等。

(4)利益团体。所谓利益团体,是基于某种共同价值、共同利益、共同态度或者是某种职(行)业而形成的正式或非正式团体、群体等社会组织。其目的在于建立、维持、增进共同利益和共同态度所蕴含的行为模式;其职责是履行利益聚合功能,将以保障或增进其成员的利益作为最高目标。例如,国际图联、中国图书馆学会、澳大利亚图书馆与情报协会、美国图书馆协会、加拿大图书馆协会、爱沙尼亚图书馆协会、以色列图书馆协会、牙买加图书馆协会、俄罗斯图书馆协会联合会、乌克兰图书馆协会以及各国各级各类读者协会等,均是直接或间接参与图书馆政策制定、执行、评估或监控的利益团体。

(5)图书馆馆员和读者。图书馆馆员和读者在图书馆政策制定中的地位不容忽视,这是因为每一项图书馆政策所要解决的政策问题都与他们的利益相关。若没有图书馆馆员和读者的支持,即使图书馆政策制定出来,贯彻执行仍相当困难。要保证图书馆政策有较高的支持度,就不能忽视政策制定中图书馆馆员和读者的有效介入。

(6)大众传媒。大众传媒是指用集体力量将等值等量的信息对广大社会群体进行大规模传播的各种工具及手段。一般包括报刊、影视、广播、书籍、音像制品、电话、电报、卫星转播及国际互联网等。大众传媒对图书馆政策制定的影响与作用具体体现在:大众传媒能及时反映社会所发生的图书馆政策问题;同时,其传播的信息是对图书馆政策信息和政策问题进行筛选和加工处理后再提供给公众的,它构建的“第二现实”影响受众对问题内容及其性质的认知和态度,进而影响着图书馆政策议程的建立。由于大众传播的直接性、迅速性和广泛性,它能为图书馆政策制定创造良好的公众支持环境,从而扩大图书馆政策诉求群体,提高图书馆政策问题的认知程度。大众传媒的“焦点效应”,可以形成强烈的政策舆论压力,促使决策系统接受来自公众的愿望和要求。大众传媒是连接政府与社会的桥梁和中介,可以扩大公众对图书馆政策制定的参与程度,使分散的公众公开表达自己的诉求,是实现图书馆决策科学化与民主化的重要载体。

2. 图书馆政策客体

图书馆政策客体是指图书馆政策所发生作用的对象,包括图书馆政策所要处理的社会问题(事)和所要发生作用的社会成员(人)两个方面。一般来说,图书馆政策所要处理的社会问题很多,如筹集办馆经费、提高馆藏利用率、提高工作人员素质、建设虚拟图书馆等。但是,图书馆政策所要发生作用的社会成员主要是指图书馆馆员和读者。图书馆馆员和读者不仅是图书馆政策主体的构成因素,而且是图书馆政策发生作用的对象,即政策客体。

3. 图书馆政策环境

图书馆政策环境是指影响图书馆政策产生、存在和发展的一切因素的总和。

图书馆政策环境包括自然环境和人文环境两大部分。自然环境主要指图书馆所在国家或地区的地理位置、面积大小与气候条件；人文环境主要包括政治状况、经济状况、文化状况、教育状况、法律状况、人口状况、科技状况等，其中尤以社会经济状况、制度或体制条件、政治文化以及全球化、市场化、信息化、网络化、知识化和社会化的国际环境为重点。自然环境是图书馆赖以生存的场所和正常运行的自然前提，对图书馆政策具有影响和作用；人文环境对图书馆政策有着更为直接、重要的影响。

二、图书馆政策系统的运行

图书馆政策系统是由信息、咨询、决断、执行和监控等子系统构成的一个有机大系统。图书馆政策系统的运行实质上就是图书馆政策主体、图书馆政策客体与图书馆政策环境相互作用的过程，它的实际运行则表现为图书馆政策制定、执行、评估、监控和终结等环节所组成的活动过程。

1. 图书馆政策主体、客体与环境的相互关系

(1)图书馆政策主体与图书馆政策客体的关系

图书馆政策主体与图书馆政策客体的关系是相互依存、相互影响的。一方面，图书馆政策客体的种类、性质、内容、规模不同，图书馆政策主体也就各有所异；随着历史条件的变化，图书馆政策客体在政策过程中的地位和作用发生变化，最终必然导致图书馆政策主体的职能也发生变化。另一方面，图书馆政策主体在图书馆政策客体面前并不是消极、被动、无所作为的，而是积极、主动，在整个政策过程中起主导作用的。

(2)图书馆政策主体与图书馆政策环境的关系

图书馆政策主体首先要实事求是地认识环境、把握环境，了解它的各种优势和弊端，并据此预测某项政策实施的可行性和政策运行过程中可能遇到的各种问题。这其中蕴藏的哲学含义是：图书馆政策主体在图书馆政策系统的运行过程中应当充分发挥自己的主观能动性和主体作用，但必须以尊重图书馆政策环境的实际情况为基本前提。否则，不仅图书馆政策在一开始制定时就是错误的，而且，即使政策方案是正确的，也会因在执行过程中受阻而无法达到政策目标，与预期的政策效果相差甚远，甚至背道而驰。

(3)图书馆政策客体与图书馆政策环境的关系

图书馆政策客体与图书馆政策环境二者是高度融合在一起并相互转化的。一

方面,图书馆政策客体受到来自图书馆政策主体及其制定的图书馆政策作用之后,显现取得的政策效果。这些政策效果即图书馆政策的预期目标,有些是有形的,有些是无形的,它们往往构成图书馆政策环境的一部分,重新回到图书馆政策系统中,并对图书馆政策系统的运行过程产生影响。譬如,实施图书馆人才培养政策后,一大批掌握了新知识、新技术和新方法的人回到图书馆,这必定成为其他图书馆政策(如图书馆组织政策、图书馆岗位竞聘政策、图书馆网络化政策、图书馆用户培训政策等)制定和运行过程中的环境因素。另一方面,图书馆政策环境也在一定的条件下成为图书馆政策客体。例如,图书馆事业管理体制是政策环境,当政府针对图书馆事业管理体制中的弊端采取一系列改革措施时,图书馆事业管理体制就成为政策客体。

2. 图书馆政策子系统的划分

现代化、科学化的图书馆政策系统是由信息、咨询(参谋)、决断、执行和监控等子系统构成的大系统。图书馆政策过程及其各项功能活动是由这些子系统共同完成的,这些子系统各有分工、相互独立,又密切配合、协同一致,促使图书馆政策大系统得以顺利运行。

信息子系统由掌握信息技术的专门人才组成,从事信息的收集、整理、存储和传递等活动,为图书馆政策提供信息资源。从某种意义上说,关于图书馆或图书馆事业的决策(简称图书馆决策)过程也就是信息的流动与转换过程,而信息原则是决策的基本原则,信息是图书馆政策制定、执行、评估和监控的依据,没有信息,这些活动就无法开展。

咨询子系统又称参谋子系统或智囊子系统,它是由现代政策研究组织(思想库)以及各种专家、学者组成的子系统。它集中专家们的集体智慧,运用科学的方法和技术,为图书馆决策提供方案和其他方面的咨询服务。

决断子系统也称中枢子系统,它由拥有决策权力的较高层领导组成。决断子系统既是图书馆决策活动的组织者,又是图书馆政策的最终决定者,领导图书馆决策活动的全过程,在整个图书馆决策系统中居于支配地位。决断子系统具有权威性和主导性两个特点。决断子系统在图书馆决策过程中的主要作用是:①提出有关的图书馆政策课题;②考虑图书馆政策目标的确立;③组织图书馆政策方案的设计;④负责图书馆政策的最终决定。

执行子系统是由图书馆政策执行组织及其人员构成的。它是图书馆政策系统的有机组成部分,其主要职责是将图书馆政策方案(理想)转变为政策效果(现实)。执行子系统具有现实性、综合性、具体性和灵活性的特点。现实性,是指执行子系统能够将图书馆政策方案转变为政策效益;综合性,是指图书馆政策执行是一个复杂的活动过程,牵涉到许多动态的因素,必须采取种种措施和行动;具体性,是指执行子系统必须将图书馆政策目标加以分解,使其具体化,把执行任务落实到具体的单位和个人;灵活性,是指执行子系统所遇到的是复杂多变的情况,新问题、新矛盾随时会发生,因此执行子系统必须具有灵活性。

监控子系统是整个图书馆政策系统的一个有机组成部分,它是体制内和体制外的有关部门、单位和个人所组成的一个子系统,相对独立于信息、咨询、决断、执行等子系统,其地位较为特殊。监控子系统在图书馆政策执行过程中的主要作用在于:①确立图书馆政策执行的准绳和规则,提供检查执行情况的依据;②监控图书馆政策执行情况;③反馈图书馆政策执行情况。

3. 图书馆政策系统运行的各个环节

图书馆政策主体、客体与环境以及图书馆政策系统的各个子系统之间相互联系和相互作用,使得图书馆政策系统呈现为一个动态的运行过程。图书馆政策系统的运行是由政策制定、政策执行、政策评价和政策调整四个环节组成的,这些环节构成了一个政策周期。

(1)图书馆政策制定

政策制定是图书馆政策过程的首要环节,是图书馆政策成败的基础。政策制定是政策决策者根据面临的问题,提出解决方案,并使其转化为政策规范的过程。

(2)图书馆政策执行

图书馆政策执行,狭义而言就是指某项图书馆政策、方案、决议等的具体贯彻、推行和实施。它不包括某些准备工作和善后工作,以及对执行的监督和反馈。广义的图书馆政策执行则是指执行者为贯彻、落实图书馆政策指令,以达到预期目标的全部活动和整个过程。它涉及方方面面、各个步骤和环节以及各要素与各环节之间的联系,从而使图书馆政策执行的全过程显现出鲜明的综合性、广泛性、动态性、现实性、具体性、层次性、灵活性以及执行与决策统一性等特点。可以说,图书馆政策执行是用图书馆政策解决社会问题(如社会文献信息流整序问题、知识信息传递问题、开发智力资源与进行社会教育问题、搜集和保存人类文化遗产问题、满足社会成员文化欣赏和娱乐消遣的需要问题等)的最直接环节和检验图书馆政策正确与否的重要途径,它不仅决定着图书馆政策目标能否实现及其实现的程度和范围,而且是完善、发展原有图书馆政策和制定新图书馆政策的重要依据。

(3)图书馆政策评价

图书馆政策评价是图书馆政策过程中介于政策执行和政策调整之间的重要环节。所谓图书馆政策评价,是指在图书馆政策执行之后,依据一定标准对政策效果、政策效益、政策效应所做的考察,进而对图书馆政策做出分析。在树立正确标准的前提下,对图书馆政策做出实事求是的评价,对于科学地总结和分析图书馆政策实践中的经验教训,使图书馆政策不断完善不断科学化,以及发挥图书馆政策的功能和作用,具有十分重要的意义。

(4)图书馆政策调整

政策调整是图书馆政策过程中不可缺少的环节,是图书馆政策制定者依据政策评价的结论反馈信息,对图书馆政策的内容和形式予以部分改变或全部改变的行为,实质上是图书馆政策的延续。图书馆政策调整可分为以下四种类型:①增扩型和缩减型政策调整;②合并型和分解型政策调整;③激进型和渐进型政策调整;④废止型和延续型政策调整。通过对图书馆政策相应地进行调整,及时纠正图书馆政策的失误或偏差,可以使图书馆政策更好地符合客观实际的需要,有利于尽快实现图书馆政策目标。

第四节　图书馆政策的定位

图书馆是一个系统,按其规模可划分为宏观系统和微观系统。图书馆宏观系统是指一个国家的图书馆事业整体,由全国各种不同类型和不同规模的图书馆组成,包括国家图书馆系统、公共图书馆系统、专业图书馆系统、高等院校图书馆系统、中小学校图书馆系统、儿童图书馆系统、军事图书馆系统、工会图书馆系统等。图书馆微观系统是指某个图书馆,它由信息组织子系统、信息传播子系统和条件保证子系统组成。系统论认为,任何一个系统都处于一定的环境中,并与环境发生着物质、能量和信息交换关系,脱离一定环境的系统是不存在的。图书馆系统自然不能例外。那么,什么是图书馆系统的环境?我们认为,图书馆系统的环境是指图书馆系统存在和发展的全部条件的总和。其中,与图书馆系统有关的外在条件的总和称为图书馆系统外环境,主要包括全球化、网络化、市场化、数字化、社会化与知识化六大社会发展趋势;与图书馆系统有关的内在条件的总和称为图书馆系统内环境,主要包括藏书、读者、馆员、经费、馆舍和物资设备、技术方法等。实践证明,无论是内环境还是外环境对图书馆系统的存在和发展都是十分重要的,换句话说,图书馆系统的存在和发展都受其内外环境制约。由于图书馆政策的目的在于调控和引导图书馆系统的运行和发展,因而决定图书馆系统运行和发展的上述环境因素也必然成为左右图书馆政策定位的因素。由于本书有关章节对图书馆系统的内环境已多有论述,故在此只分析影响图书馆政策定位的外环境。

一、市场化及其对图书馆政策的影响

20世纪末期世界出现的一个重大历史事件是占世界人口1/3的计划经济国家向市场经济的转轨(1996年世界银行发展报告就是以此作为主题的,题目是《转轨:从计划到市场》),这使得市场经济体制成为全球的压倒性经济体制。市场化的浪潮席卷整个世界,它以前所未有的强大的力量冲垮一切僵化过时的体制,整合、改造和重塑地球上的生产、经营、流通、消费等方式。图书馆系统的管理体制亦未能幸免。市场化的扩张给图书馆的发展带来了一系列问题,例如:图书馆能否进入市场?图书馆能否实行一馆两制或一馆多制?如何调适图书馆公益性服务与市场化运作之间的矛盾?委托管理和业务外包制度能否引入图书馆系统?怎样确定图书馆的核心业务与培育图书馆的核心竞争力?图书馆系统应如何应对世界贸易组织的挑战?

针对上述问题,图书馆政策主体只有兼顾市场经济的基本规定和图书馆系统自身的运行规律进行分析,才能得出贴近事实的结论,才能制定出合理的调控政策,从而较大限度地促进图书馆系统自身的发展。可喜的是,国内外已出台了一部分相关图书馆政策,尽管这些政策文本或条文尚未囊括市场化影响图书馆系统的所有领域,但它们仍可在一定程度上和一定范围内发挥各自的导向、控制或协调功能。譬如,世界贸易组织是市场化的产物,而图书馆是公益性服务机构,似乎与以自由贸易为主体的世界贸易组织无关。其实不然。世界贸易组织监管着许多控制国际贸易的条约,其中对图书馆和情报部门最具影响的条约是《GATS(服务贸易总协定)》和《TRIPS(与贸易有关的知识产权协议)》。CATS协定有使一个国家的经济全面地向外国竞争者开放的潜在能力,包括诸如图书馆这样的公共服务部门。外国竞争者可以在任何成员国开设公司,与公共服务部门进行竞争。在这种情况下,外国公司可以挑战政府对公共服务部门的支持,要求国民待遇。也就是说,要求获得当地政府给予本国公共服务机构的同等水平的补贴。trips协议具有直接或间接影响国家版权政策和法律制定的潜在力量,人们很难确定世界贸易组织是否会在提交到其面前的知识产权辩论中考虑公众利益和内容拥有者权利之间的平衡。鉴于此,在2001年8月于美国波士顿召开的国际图联年会上,IFLA专门公布了一份《国际图联关于世界贸易组织对图书馆影响的声明》。声明指出:国际图联敦促各成员熟悉世界贸易组织以及各自国内贸易政策的酝酿过程,尽可能强调图书馆的利益及其相关问题;国际图联鼓励其成员在本国GATS的贸易谈判中提高对图书馆价值的认识和关注;在支持世界贸易组织成员促进和培育民族文化的同时,国际图联反对设置任何障碍阻挡由图书馆正常收集和传播的那些合法生产的信息和文化内容在国际自由交流;国际图联同时反对对印刷品及数字内容产品的进口征收关税或其他税收。

二、网络化及其对图书馆政策的影响

今天,网络化大潮以其令人难以想象的速度席卷全球。它每年以几何级数迅猛增长,正在对人类的生存与发展产生重大影响,使我们所处的世界产生深刻的革命性变化。网络化信息资源的爆炸性增长及其所提供的信息服务工具和手段,正对图书馆行业产生巨大冲击。随着电子多媒体知识库和网络的创建,实体图书馆和信息中心正在萎缩。人们绕过图书馆和图书馆馆员,利用先进的知识检索工具去查找他们自己所需要的信息。也就是说,网络化使图书馆行业面临严峻的挑战。这种挑战主要表现在两个方面:

1. 网络用户急速增长

中国互联网络信息中心历年来所发布的次统计报告充分反映出这一趋势。互联网刚在我国兴起的头几年,我国网民数量增长非常迅猛;后来,随着互联网的普及,我国网民人数的绝对值越来越大,但相对值(环比增长率)基本上趋于平稳。

2. 网络化环境下用户信息需求发生变异

在网络化环境下,用户对图书馆的知识信息服务需求具有以下特点:①知识信息需求的全方位与综合化;②知识信息需求的开放化与社会化;③知识信息需求的电子化与网络化;④知识信息需求的集成化与高效化。具体而言,用户将会向图书馆提出如下要求:①图书馆数据库网络化,能提供各种最新信息及回溯性资料;②不受时间限制,可随时得到所需资料;③对于各种信息需求,图书馆都能给予快速便捷的回答;④用户通过终端,得到的是经过图书馆鉴别、选择和加工的有价值的信息;⑤用户获取信息最好是免费的。在新的社会环境中,图书馆用户及其知识信息需求结构的变化,将决定现代图书馆知识信息服务的内容、模式与管理机制。

此外,图书馆自身的困境也令人担忧,如许多图书馆经费不足、高素质人才缺乏、管理体制落后等。面对上述挑战,许多图书馆纷纷采取应急之策,如建立图书馆网站、开展网上信息导航和虚拟参考咨询等服务,一些图书馆自觉或自发地组织协作网络。这些举措是对图书馆与网络化协同发展道路的有益探索,在一定程度上缓解了网络化带给图书馆的巨大压力。但是,要使图书馆在网络化环境中长期稳定、健康地发展,就离不开调控政策的引导和规范。这方面的调控政策已有不少范例。

例如,2002 年 8 月 23 日,在苏格兰的格拉斯哥召开的国际图联第 68 届大会上,《国际图联关于国际互联网的宣言》获一致通过。宣言指出,鉴于无碍存取信息对于自由、平等、全球理解与和平至关重要,因此国际图联提出以下四点立场:①知识自由是每个人在拥有、表达思想以及查询、接收信息时享有的权利,它是民主的基础,也是图书馆服务的核心;②不论媒体和疆界而自由地存取信息,是图书馆和情报行业的中心职责;③图书情报机构所提供的对国际互联网信息的无碍存取,有助于团体和个人获得自由、繁荣和发展;④应当清除信息流动的障碍,尤其是要消除那些导致不平等、贫穷和绝望的信息流动障碍。

又如,2002 年 4 月 17 日,《关于实施全国文化信息资源共享工程的通知》提出要把实施“共享工程”与加强基层文化建设、促进图书馆事业发展紧密结合起来。具体要求是:①实施“共享工程”要依托现有的文化设施网点,以各级公共图书馆为实施主体;②各地要把“共享工程”的实施纳入文化事业建设整体规划,在设备、人员、资金等方面统筹考虑,给予保障;③各级公共图书馆要加强文献信息资源建设和自动化、网络化建设,加强对专业技术人员的培养,为实施“共享工程”打好基础。

再如,2016 年 1 月 20 日修订的,教育部印发的《普通高等学校图书馆规程》第 18 条规定:高等学校图书馆应根据学校的网络条件,积极开展网上预约、催还和续借服务,网上馆际互借和文献传递服务,网上电子公告、电子论坛和意见箱服务,网上信息资源导引服务,最新信息定题通告服务,网上协同信息咨询服务等网络服务。

四、社会化及其对图书馆政策的影响

在社会学中,“社会化”是一个有着特定内涵的专门术语。社会化,是指个体在与社会的互动过程中逐渐养成独特的个性和人格,从生物人转变成社会人,并通过社会文化的内化和角色知识的学习，逐渐适应社会生活的过程。不过，我们这里所说的“社会化”是特指信息社会化，即将信息及蕴藏在信息背后的信息意识、信息价值、信息机理、信息方法和信息语言通过一定的渠道渗透到社会之中，为广大公众所理解和接受，并内化为自觉的社会生活规范的过程。信息社会化建立在科学技术飞速发展、生产力水平极大提高、信息以及信息需求急剧增长的社会基础之上，表现了社会对信息的关注程度不断提高和信息的社会功能日趋增强的趋势。它具体表现在信息活动的迅速发展与日益普及、信息过程的社会化、信息职能的社会化三个方面。

图书馆是社会信息交流网的重要组成部分，是社会知识、信息、文化的记忆装置和扩散装置。受信息社会化的影响，图书馆的社会职能也在发生相应的变化，其中传递文献信息的职能、开发智力资源和进行社会教育的职能、满足社会成员文化欣赏娱乐消遣的职能正是信息社会化、具象化和职能化的典型表现。广大城市社区、乡村、组织和个人对图书馆信息资源的存取水平正在成为衡量图书馆价值的标尺，自然也是图书馆政策的指示器。这一点已在一些图书馆政策中得到体现。

《联合国教科文组织公共图书馆宣言》指出，公共图书馆应“保证市民获取各种社区信息”；“为地方企业、社团和利益群体提供充足的信息服务”；“支持并参与各年龄群体的扫盲活动和计划，在必要时发起此类学文化活动”；“使社区每一个人都能确实得到图书馆服务”。1997年推出的《全国知识工程实施方案》总体目标是：①形成全社会爱书、读书、利用图书馆的良好风尚，提高全民族的思想道德素质和科学文化素质；②完善图书馆布点及设施建设，使图书馆的网点遍及城乡各地；③把知识送到农村去，提高广大农民的素质，为科教兴农贡献力量；④提高各级各类型图书馆的服务质量、服务水平和服务能力，发挥图书馆在两个文明建设中的作用。1998年11月26日印发的《关于进一步加强农村文化建设的意见的通知》指出：“要进一步推动‘万村书库’建设，动员社会力量，帮助农村建立图书室”；“要进一步加强农村图书馆(室)建设，大力发展流动性的汽车图书馆，在农村开设书刊流动服务点，发动社会各界捐书助农。”2002年4月15日，下发的《关于做好基层文化教育资源共享工作的通知》指出：“……图书馆……等群众文化设施要坚持公益性原则，面向基层，免费或低费向青少年学生开放，并增加开放时间。”《普通高等学校图书馆规程》(2016年)第21条规定：“有条件的高等学校图书馆应尽可能向社会读者和社区读者开放。”

五、数字化及其对图书馆政策的影响

以计算机技术和因特网技术为代表的现代信息技术正在使人类进入一个前所未有的数字化时代。尼葛洛庞帝在他的《数字化生存》一书中明确指出:“计算不再只和计算机有关,它决定我们的生存。”“数字化”这一概念已成为当今社会出现频率最高的词汇之一。数字化革命,正在彻底改变人类的生存和发展方式,人类的生存成为一种崭新形式的数字化生存。人类唯一栖息的星球——地球正在被数字化。数字地球、数字国家、数字城市、数字家庭等,都在演绎和预示着人类生存方式的新革命。虽然目前还不是每一个人都能体悟到这种数字化生存方式的存在及其革命性意义,但数字化时代已向我们悄悄走来,势不可挡。数字化生存的观念和思绪正在占据着我们思维空间的每一个角落。数字化之网正在捕捉现存的每一个事物。

图书馆是对信息进行搜集、加工、整理、存储、选择、控制、转化并提供给一定社会读者使用的信息系统和社会装置,与数字化有着天然的联系,因为数字化的对象就是以文字、图像、声音等为表现形式的信息。数字化对图书馆的影响主要波及图书馆的运动形式和藏书建设两个方面,数字图书馆、数字馆藏等概念的出现充分体现了这种影响。就图书馆政策而言,数字化既影响图书馆政策文本或条款的制定,又影响图书馆政策实践。

1. 数字化在图书馆政策制定中的体现

针对数字化的影响,国际图联专门制定了相应的调控政策。

2000 年 8 月,国际图联执委会批准了《国际图联关于数字化环境下的版权之立场》,明确提出了 12 条原则,其主要内容有:①为了确保在电子格式和印刷格式中授权使用的一致性,在《伯尔尼公约》通过以及 WIPO 认可的前提下,国家版权法中有关版权的例外及相关权利应根据需要做适当修改。②在偶尔使用版权作品中产生的暂时或技术性的复制应排除在复制权之外。③对于数字化模式下并未引起费用或寻求许可的作品,所有的图书馆用户应可以:浏览公开提供的版权作品;个人可当场或远程地阅读、听取或观看公开出售的版权作品;复制或图书馆和信息专业人员代为复制用于个人、教育或研究使用的数字化作品的适当部分。④向那些以调查研究等为正当目的的用户提供受保护作品的数字化版本的行为,应被视为版权法认可的行为。⑤图书馆出借公开出版的物理载体形式的数字化资料(如 CD-ROM),不受法规的限制。⑥契约性条款,例如在协议的许可范围之内,不能不考虑图书馆和信息机构工作人员对电子资源的合理外借。⑦法规应允许图书馆和档案保存机构为达到保存和保管的目的,将受版权法保护的作品转变为数字化形式。⑧法规还应包括电子媒体的呈缴制度。

2002 年 6 月 27 日,国际图联与国际出版者协会指导小组在巴黎会议上通过了《永久保存世界记忆:关于保护和保存数字信息的联合声明》。声明提出 7 点原则和建议:①日益增量的电子信息具有持久的文化和文献意义,其重要性丝毫不亚于以传统形式出版的信息;②保证这类信息的长期可获得性是必要的,现在必须马上采取行动来促成这种可能性;③IFLA 和 IPA 将努力使数字信息的长期保护和保存问题在国际范围内纳入关键的议事日程;④IFLA 和 IPA 将鼓励有关数字信息保护与保存的行业标准、系统和研究的开发和贯彻,包括参与支撑这样的活动的投资机会;⑤虽然一般来说只要经济上可行,出版者就能够确保他们的出版物短期保存,但图书馆仍然是通过与出版者适当配合承担长期保存职责的最佳场所;⑥由于国家图书馆有义务获得和保存本国的出版物遗产,而且多数国家图书馆都在尝试对数字进行采集,因此,这些图书馆应该与其他重要的图书馆和组织一道,共同肩负起长期保存数字出版物的职责;⑦一个出版者或图书馆工作小组将进一步就数字信息保存的技术、经济和政策问题采取联合行动,包括在适当的情势下与正在调查研究这些问题的其他组织建立合作机制。

我国也制定了一些应对数字化挑战的图书馆政策。

2000 年 7 月,中国数字图书馆工程建设联席会议办公室颁布了《中国数字图书馆工程建设一期规划》(2000—2005),其主要内容涉及中国数字图书馆工程建设的指导思想、建设目标、建设原则、建设内容、实施步骤、运作方式和预期效果。2001 年 5 月 18 日颁布的《国民经济和社会发展第十个五年计划科技教育发展专项规划(科技发展规划)》指出:“加快有关……数字图书馆建设关键技术研究。”2001 年 6 月 18 日颁布的《国民经济和社会发展第十个五年计划科技教育发展重点专项规划(教育发展规划)》指出:“要加强校园网和数字图书馆建设。”2016 年教育部颁发的《普通高等学校图书馆规程(修订)》第 11 条规定:“高等学校图书馆应根据学校教学、科学研究的需要,根据馆藏特色及地区或系统文献保障体系建设的分工,开展特色数字资源建设和网络虚拟资源建设,整合实体资源与虚拟资源,形成网上统一的馆藏体系。”第 23 条规定:“高等学校图书馆应积极采用现代化技术手段,严格遵循相关的国际国内标准,加强自动化、网络化、数字化建设,并随着新技术的应用调整作业流程,改变管理办法。”

2. 数字化对图书馆政策实践的影响

世界各国都在加紧建设数字化图书馆,如由美、英、法、日、德、加、意、俄八国国家图书馆参与的“G8 全球数字图书馆联盟”、美国国会图书馆的“美国记忆”项目、UNESCO 的“世界记忆”计划等,都是国际数字化图书馆建设的一些标志性工程。欧洲策划了一个欧洲图书馆计划,它是欧洲委员会的一个有关信息社会技术的研究项目,总投资 1200 万欧元,由大英图书馆牵头,芬兰、德国、意大利、荷兰、葡萄牙、斯洛文尼亚、瑞士等国家图书馆和欧洲国家图书馆等参与。这 30 个月的研究项目利用虚拟图书馆技术来发展泛欧信息服务。

中国数字图书馆的研究与开发始于 20 世纪 90 年代中期。1996 年 9 月,由原国家教委立项,清华大学、上海交通大学和华南理工大学共同承担的“数字图书馆关键技术”项目启动。同年 10 月,该项目在上海交通大学立项,启动“电子图书馆雏形”科研项目。1997 年 7 月,国家实施“中国试验型数字式图书馆项目”,项目实施期限为 1997 年 7 月至 1999 年 12 月。1998 年 7 月,国家图书馆正式提出立项申请,实施“中国数字图书馆工程”。同年 8 月 25 日成立中国数字图书馆工程筹备领导小组。1999 年 3 月,国家图书馆文献数字化中心成立。4 月 14 日,国务院批准成立中国数字图书馆有限责任公司。2000 年 4 月,召开了中国数字图书馆工程建设联席会议,同时还成立了中国数字图书馆工程建设咨询、指导机构——中国数字图书馆工程建设专家顾问委员会。2001 年 3 月 24 日,中国数字图书馆工程资源建设指导委员会在国家图书馆正式宣布成立。2001 年 11 月 27 日,原国家发展计划委员会(现为国家发展和改革委员会)《印发国家计委关于审批国家图书馆二期工程暨国家数字图书馆基础工程项目建议书的请示的通知》(计社会〔2001〕2482 号),标志着国家图书馆二期工程暨中国数字图书馆工程项目正式立项。2002 年 1 月 13 日,中国数字图书馆工程法律法规指导委员会在“中国数字图书馆工程知识产权论坛”上宣布成立。2002 年 5 月 26 日,中国数字图书馆工程标准规范指导委员会在“中国数字图书馆标准规范论坛”上宣布成立。目前,已制订完成《中国数字图书馆工程建设一期规划》及《中国数字图书馆工程一期规划实施方案》;在数字资源建设方面,以图书文献机构的丰富馆藏为依托,并结合其他文化机构的资源,累积建设了总量近 10TB 的数字资源,内容涉及文学、艺术、法律、科技、教育、旅游等各类信息,并依托国家图书馆馆藏进行了古籍的数字化加工工作;在技术研发方面,开发完成了数字资源加工系统、数字图书馆应用系统、数字图书馆区域服务系统和文献数字化工业化生产加工系统;在知识产权解决方面进行了有益的探索,并组织开发了版权管理系统;积极参与数字图书馆标准规范的研制工作,制订完成了《中文元数据方案》等。

六、知识化及其对图书馆政策的影响

我们正处在知识经济时代,知识经济的特点之一就是社会的知识化。所谓知识化,是指对象掌握和运用一定质量标准的知识的能动过程。也可以这样说,对象获取并利用一定量的非陈旧知识的过程,就是知识化。知识化表现在以下四个方面:①社会主体知识化;②社会财富知识化;③社会运行知识化;④社会体制知识化。追求知识、获取知识、更新知识、创造知识、应用知识是现代人所应具备的基本素质,也是知识经济发展的内在要求。

目前,我国正在实施知识创新系统工程。国家知识创新系统主要包括科学知识创新系统、技术知识创新系统、知识传播系统和知识应用系统四个子系统。其中,知识传播系统是由教育系统、培训系统、信息服务系统、知识和信息基础设施等构成的网络系统,其主要功能是传播知识和信息服务。图书馆作为知识积累的重要设施、知识创新的思想宝库、知识应用的桥梁和纽带以及国民教育的重要阵地,无疑是国家知识创新系统的重要组成部分,并主要归属于知识传播系统。应当说,这是知识化带给图书馆的发展机遇。但是,知识化的大潮也涤荡着图书馆传统的管理思想、管理内容、管理系统和管理手段,这是图书馆所要面对的知识化带来的挑战。图书馆怎样做才能适时地抓住机遇、从容地迎接挑战?图书馆政策能够发挥无可替代的调控功能。

应当指出的是,现有的图书馆政策文本或条文并未直接点明图书馆与知识经济、图书馆与知识创新或图书馆与知识化之间的关系,这无疑是一种缺憾;但多数图书馆政策文本或条文的实质是保障图书馆更好地发挥知识传播职能,也就是说知识化对图书馆的影响已渗透进图书馆政策文本或条文的字里行间。譬如,1999年3月25日,国际图联执委会批准通过了由信息自由存取与自由表达委员会起草的《关于图书馆与知识自由的声明》。声明强调指出:①图书馆是获取信息及交流思想的场所,并应起到学习知识、启迪思想和发展文化的纽带作用;②图书馆应该为个人和组织提供终身学习、独立决策和文化发展的基本支持;③图书馆有责任保证和推动知识传播和智能活动;④图书馆将自由地获取、加工和传播信息,并抵制任何专制行为。又如:《普通高等学校图书馆规程(修订)》(2002年)规定高等学校图书馆必须完成下列三项任务:①做好流通阅览、资源传送和参考咨询工作,积极开发文献信息资源，开展文献信息服务；②开展信息素质教育，培养读者的信息意识和获取、利用文献信息的能力；③积极参与文献保障体系建设，实行资源共建、共知、共享，促进事业的整体化发展。

第八章 《图书馆法》

第一节 《图书馆法》的概念

什么是《图书馆法》？目前学术界对此尚无定论。国内已公开发表的代表性观点有下列十种：

第一种：《图书馆法》是调整图书馆工作活动中各种社会关系的法律规范的总称；

第二种：《图书馆法》是调整图书馆管理、使用和协作关系的法律规范的总和；

第三种：《图书馆法》是国家立法机关依据一定的法定程序制定的调整图书馆系统中产生的各种社会关系的法律规范的总和；

第四种：《图书馆法》是调整国家和图书馆关系、各图书馆与其他组织关系以及图书馆与读者关系的法律规范，是国家领导、组织和发展图书馆事业的重要工具；

第五种：《图书馆法》是调整图书馆事业管理、图书馆读者服务和图书馆内部活动中产生的工作关系的法律规范的总和；

第六种：《图书馆法》是国家制定的调整图书馆组建及其运行中发生的社会关系的法律规范的总和；

第七种：《图书馆法》是调整国家、图书馆与社会成员之间在社会文献信息资源和知识的收集、占有、保存、开发、传播、利用以及有关服务的提供、享用过程中所发生关系的法律规范，其形式必须是法律；

第八种：《图书馆法》是由国家认可的并由国家强制力保证实施的行为规范的总和，它调整着图书馆领域的各种社会关系；

第九种：《图书馆法》是调整国家与图书馆、图书馆与各级政府组织、图书馆与读者之间关系的法律规范，是发展图书馆事业的重要工具和手段；

第十种：《图书馆法》是指国家最高权力机关制定颁布的用来调整图书馆工作中产生的各种社会关系的法律规范的总和。

上述十种定义的共同点在于:①强调图书馆法是法律规范;②指明了图书馆法的调整对象是图书馆领域的各种社会关系。这两个方面应予以肯定。但是,每一种定义的内容均有不足之处:第一种定义所用的概念"图书馆工作活动"不精炼,不符合语法规则;第二种定义将"图书馆管理关系""图书馆使用关系"与"图书馆协作关系"并列作为图书馆法的调整对象,不符合概念划分的规则,因为"图书馆使用"和"图书馆协作"本身就是"图书馆管理"的对象;第三种定义将图书馆法的制定主体限定为"国家立法机关",过于狭隘,因为一部分国家行政机关也有立法权;第四种定义排除了图书馆内部的各种关系;第五种定义没有明确区分"图书馆读者服务"与"图书馆内部活动",因为图书馆读者服务通常就是图书馆内部活动的组成部分;第六种定义排除了国家认可的法律规范;第七种定义认为图书馆法的形式必须是"法律",给人以模棱两可之感,因为"法律"有三种含义,即法、宪法性法律与普通法律;第八种定义将国家制定的法律规范排除在外,只承认国家认可的法律规范,实际上是"捡了芝麻,丢了西瓜";第九种定义很难区分"国家与图书馆"和"图书馆与各级政府组织"之间的差别;第十种定义将图书馆法的制定主体限定为"国家最高权力机关",即全国人民代表大会和全国人大常委会,既与图书馆法的立法实践不符,又与《中华人民共和国立法法》关于立法主体的规定相悖。

由此可见,目前关于《图书馆法》的定义还很不成熟。我们认为,《图书馆法》是法的一种类型,对图书馆法的界定应该参照法的定义。《中国大百科全书·法学》(1984 年版)对法的界定是:"国家按照统治阶级的利益和意志制定或认可、并由国家强制力保证其实施的行为规范的总和"。《辞海》(1999 年缩印版)对法的界定是:"国家制定或认可,并以国家强制力保证其实施的行为规范的总和。"鉴于此,我们可以给图书馆法下一个定义:《图书馆法》是指由国家机关制定或认可、以国家强制力保证其实施、调整图书馆活动中的各种社会关系并平衡相关活动主体利益的行为规范系统。

该定义包含以下几个要素:

①《图书馆法》的制定主体是国家机关,既包括国家立法机关,也包括国家行政机关。就我国而言,具体是指下列机关:a. 全国人民代表大会及其常务委员会;b. 国务院;c. 省、自治区、直辖市的人民代表大会及其常务委员会;d. 较大的市(即省、自治区的人民政府所在地的市,经济特区所在地的市和经国务院批准的较大的市)的人民代表大会及其常务委员会;e. 民族自治地方的人民代表大会;f. 国务院各部、委员会、中国人民银行、审计署和具有行政管理职能的直属机构;g. 省、自治

区、直辖市和较大的市的人民政府。

②国家创制《图书馆法》的形式有两种，即制定和认可。

③《图书馆法》是有国家强制力保障的规范，这是图书馆法与图书馆伦理和图书馆政策的重要区别。

④《图书馆法》的调整对象是图书馆活动中的各种社会关系，主要包括图书馆主管部门与图书馆之间的关系、图书馆与读者之间的关系、图书馆内部上下左右之间的关系、图书馆与图书馆之间的关系以及图书馆与其他社会组织之间的关系。

⑤《图书馆法》调整图书馆活动中存在的各种社会关系的实质是平衡图书馆活动中各相关主体的利益，即平衡图书馆主管部门、图书馆、图书馆内设机构、馆员、读者、其他社会组织(如出版社、新华书店)的利益。

⑥《图书馆法》不等于单一的法律规范，而是若干法律规范的总和，即法律规范系统。

第二节　《图书馆法》的属性与作用

一、《图书馆法》的属性

《图书馆法》的属性，就是指《图书馆法》在整个法律体系中的归属。

对《图书馆法》属性问题的研究，相关研究者共提出了下列 7 种观点：①民法说。其认为《图书馆法》涉及调整平等主体的财产和人身关系，应当属于广义的民法范畴。②社会法说。理由是：从调整对象看，《图书馆法》具有社会法的公法与私法交融的属性；从立法宗旨看，《图书馆法》与社会法维护社会弱势群体利益宗旨相一致；从立法原则看，《图书馆法》符合社会法的公益原则；从法律责任看，《图书馆法》符合社会法律责任体系的复合性特征。③科教法说或科教文卫法说。④经济法说。其认为图书馆与读者类似商家与消费者的关系，故《图书馆法》属于经济法范畴。⑤双重属性说。其认为《图书馆法》调整双重法律关系，既调整平等主体之间的人身关系和财产关系，又调整不平等主体之间的法律关系，《图书馆法》兼具民法与行政法的性质；同时，图书馆主要从事教育活动，因而《图书馆法》亦具有教育法和文化法的性质。⑥多重属性说。其认为从保证图书馆这一法律主体的合法权益的角度来说，《图书馆法》属于实体法；从规范图书馆实践这一复杂过程的角度来说，《图书馆法》属于程序法；从界定国家、图书馆和读者平等主体之间的关系角度来说,《图书馆法》属于广义上的民法;从界定国家、图书馆和读者中不平等主体之间的关系角度来说,《图书馆法》属于行政法;从图书馆所从事的是人类精神文化工作的角度来说,《图书馆法》属于文化法。⑦独立规范说。其认为既然图书馆调整对象多样,不能被其他任何一个法律部门完全包容和囊括,那么它是一部专指性很强的法律,是以宪法为指导、以相关法律为参考的相对独立的法律规范。

我们认为,确定《图书馆法》属性的依据有两个:一是《图书馆法》所调整的社会关系;二是《图书馆法》的调整方法。《图书馆法》调整的社会关系包括图书馆主管部门与图书馆之间的关系、图书馆与读者之间的关系、图书馆内部的关系、图书馆与图书馆之间的关系以及图书馆与其他社会组织之间的关系等。《图书馆法》的调整方法蕴涵下列五种因素:①法律关系主体的地位和性质,即法律关系主体之间是否存在隶属关系;②法律事实的选择,即法律关系主体之间产生权利和义务的主要根据是事件还是行为;③确定权利和义务的方式、方法,即权利和义务的确定是由双方协商还是直接由法律规定或者国家机关命令确定;④权利和义务的确定性程度及权利主体的自主性程度,即法律是否允许法律关系主体双方对相互之间权利和义务的内容作一定程度的变更;⑤保障权利得以实现的手段和途径,即当发生违反法律规范要求的行为时,国家所施加制裁的种类及施加制裁的程序。五种因素之间存在紧密的联系,它们的有机统一构成《图书馆法》的调整方法。

根据上述标准,我们认为《图书馆法》应该属于行政法范畴。理由如下:①在《图书馆法》所调整的社会关系中,图书馆主管部门与图书馆之间的关系是主要矛盾,因为图书馆馆舍的兴建、图书馆经费的下拨、图书馆编制的确定等关系到图书馆兴衰存亡的大事均取决于这对矛盾的发展变化,图书馆与读者之间的关系、图书馆内部上下左右之间的关系、图书馆与图书馆之间的关系以及图书馆与其他社会组织之间的关系等矛盾的存在和发展也受这对矛盾制约。②所谓隶属关系,是指主体相互之间所存在的管理和被管理、命令和被命令及领导和被领导的关系。在《图书馆法》所调整的诸种社会关系中,大多具有隶属性。图书馆主管部门与图书馆之间、图书馆内部具有隶属关系,即使是图书馆与读者的关系也具有隶属性。尽管读者不是图书馆的成员,但读者是图书馆系统的构成要素,任何读者都必须接受图书馆的管理。③图书馆法律关系主体之间产生权利和义务的主要根据是行为,如拨款行为、改变图书馆建筑周边环境的行为、人员调动行为、借阅行为等。④图书馆法律关系主体之间的权利和义务主要由法律规定或国家机关命令确定,而不是由双方协商。例如，主管部门给图书馆拨多少经费并不取决于图书馆是否高兴，图书馆对外借图书的超期罚款也不取决于读者是否满意。⑤图书馆法律关系主体之间权利和义务的确定性程度较高，权利主体的自主性程度较低。⑥当发生违反图书馆法的行为时，犯法者所遭受的制裁通常是行政制裁。

《图书馆法》所具备的上述几个特点完全符合行政法的要件，因此我们说《图书馆法》属于行政法范畴。

二、《图书馆法》的作用

《图书馆法》的作用，亦称《图书馆法》的功能，泛指《图书馆法》对个人以及社会发生影响的体现。一般来说，一切社会的法都具有规范作用和社会作用之分。法的规范作用是指法对人的行为或社会关系发生影响的手段和方式，主要包括指引作用、评价作用、预测作用、教育作用和强制作用；法的社会作用是从法的本质和目的这一角度出发来分析的，是指维护有利于特定人群的社会关系和社会秩序。《图书馆法》作为法的一种类型，自然也在不同程度上具备上述功能。

具体而言，《图书馆法》的作用表现在以下几个方面：

1. 保证图书馆事业正确的发展方向

作为上层建筑的图书馆事业，必然要受到一定社会意识形态的制约。有了《图书馆法》，就可以运用法律手段来保证图书馆事业发展的社会主义方向，使图书馆的一切工作都围绕国家的路线方针运行，从而保证图书馆事业服务于社会主义市场经济，服务于科教兴国的战略目标，促进社会生产力的发展，巩固和发展社会主义精神文明建设。例如，《北京市图书馆条例》(2002)第 3 条规定："举办图书馆应当坚持为人民服务、为社会主义服务的方向，积累和传播有益于提高民族素质、有益于经济发展和社会进步的科学文化知识，丰富人民群众的精神生活。"

2. 保障图书馆事业发展的物质条件

《图书馆法》中通常都有关于经费、馆舍等方面的规定，这就能够从法律上保证图书馆事业发展的物质基础。

3. 规定行为主体的权利和义务，保证图书馆系统有序运行

《图书馆法》通过规定图书馆活动主体的权利与义务，如图书馆主管部门的权利与义务、图书馆的权利与义务、图书馆用户的权利与义务等，对与图书馆有关的各种资源进行权威性分配，从而保证图书馆系统有序运行。

4. 使图书馆在信息社会处于强势

经济的发展,科学、教育、文化事业的繁荣,刺激了社会对信息的需求,信息已成为与物质、能源并列的三大社会支柱之一。信息作为一种资源,在社会生产和人类生活中正发挥着日益重要的作用。在信息社会,图书馆作为收集、整理、传播文献信息的中介机构,其社会职能、藏书结构、技术方法、服务方式等都将发生变革。在这种背景下,需要借助法律手段,才能适当调整国家与图书馆、图书馆之间、图书馆与用户、图书馆与社会及图书馆内部的各种关系;需要借助于法律手段,才能加强国家对图书馆事业的宏观管理,明确图书馆在信息社会中的地位和作用,使其在今后信息产业的竞争中处于强势。

第三节 《图书馆法》的立法原则

《图书馆法》的立法原则是国家机关据以制定《图书馆法》的准绳,是贯彻整个图书馆立法活动过程始终的行为准则,它是图书馆立法指导思想的规范化和具体化,是立法指导思想的体现形式和落实的保证,它反映国家机关在把立法指导思想与图书馆实践相结合的过程中的倾向和注重的立场。

2015 年 3 月 15 日,第十二届全国人民代表大会第三次会议通过全国人民代表大会关于修改《中华人民共和国立法法》的决定,分为“总则”“法律”“行政法规”“地方性法规、自治条例和单行条例、规章”“适用与备案审查”“附则”等 6 章,共计 105 条。根据《立法法》的规定,并借鉴学术界的研究成果,我们认为,当代中国图书馆立法应遵循以下基本原则:

一、合宪性和法制统一

图书馆立法活动要遵守宪法,要维护法制统一,这是维护和保障图书馆立法合法性的重要原则。

宪法在一个国家的法律体系中占有主导地位,起核心作用,是一个国家法制的基础,它具有最高的法律地位和效力,它是一个治理国家的总章程。宪法规定一个国家的政治制度、经济制度和社会制度的根本原则,规定公民的基本权利和义务,规定国家机关组织和活动的基本原则,是其他一切法律、法规存在的基础和依据。可以认为,在一个国家中,没有宪制就没有法制。因此,图书馆立法活动必须遵守宪法,以宪法为立法的最高依据和标准。

法制统一原则是现代社会法治国家共同提倡和遵守的一个重要原则。法制统一原则的内涵通常包括以下几个方面：首先，合宪性，就是说，一切图书馆法律、法规、规范性法律文件以及非规范性法律文件的制定，必须符合宪法的规定或者不违背宪法的规定。凡是违背宪法者，不能具有法律效力。其次，在所有图书馆法律渊源中，下位法的制定必须有宪法或上位法作为依据，下位法不得同上位法抵触，凡是下位法违背上位法的均属违法立法，该下位法不能具有法律效力。再次，在不同类图书馆法律渊源中（如图书馆法律和图书馆行政法规之间）、在同一类图书馆法律渊源中（如图书馆部门规章之间）以及同一个法律文件中，规范性法律文件不得相互抵触。最后，图书馆法与其他法律部门的规范性法律文件之间不得冲突、抵触或重复，应该相互协调和补充。

二、群众路线和专门机关工作相结合、民主制与集中制相结合

图书馆立法工作坚持群众路线和专门机关工作相结合、民主制与集中制相结合的原则，是使图书馆立法具有群众基础和保证立法质量的一项重要原则。

群众路线，就是一切为了群众，一切依靠群众，从群众中来，到群众中去。它是把马克思主义关于人民群众是历史的创造者的原理系统地运用在中国共产党的全部活动中，形成党在一切工作中的路线，这是中国共产党进行长期革命活动过程中形成的无比宝贵的历史经验，也是我国社会主义立法经验的总结。

坚持民主与集中相结合的民主集中制原则，是保证图书馆立法正确、科学的一项重要原则。

三、理想与现实兼顾

人们通常都会认为，正义是法追求的首要目标，只有正义的法才会获得人们的信仰，背离了正义的法都不是真正的法。由于人类理性为法设定了正义的理想，所以许多法学家认为法应当是人类理性的产物。但是，深入考察所有法律制度，就会发现许多法律制度恰恰不是理性的产物，而是人类经验的积累，一种秩序的形成往往是人们世世代代持续不断地博弈、试错、选择、淘汰的结果，而立法在很大程度上只是对这种久已形成的社会秩序的文字记载和书面确认。许多法学家指出，人类理性并不具有为整个社会全面设计法律制度的能力。这种情况意味着，在立法过程中，立法者凭借其理性追求正义理想的空间并不十分广阔。

法的生命力根植于社会现实的土壤之中，法必须与社会现实保持最大限度的

亲和力才能最大限度地发挥它自身的效能,因而,立法者的创造性似乎只有在社会现实允许的范围内才有施展的余地。在图书馆立法过程中,立法者经常面临着的情形是理想与现实的错位,正义的理想(如保障人权、保障各民族和各种族人民自由获取情报权和得到精神上的发展等)经常遭到严峻社会现实(如图书馆馆舍破旧、图书馆经费短缺、图书馆馆员素质不理想、主管部门不重视图书馆等)的强烈冲击。如果图书馆立法者企图从理想出发去刻意设计一种看上去更合乎正义的图书馆法律制度,那么,由于理想和现实之间难以跨越的距离,这种刻意设计的法律制度极有可能因遭受社会现实的强烈冲击而使其自身的效力大打折扣,甚至会出现更加糟糕的情形,即旧的图书馆活动秩序已经瓦解,新的图书馆活动秩序仍然难以建立,整个图书馆系统因此处于无序混乱的状态。但是,图书馆立法者毕竟不能在社会现实面前采取完全顺从的态度,否则图书馆法就不能满足社会发展的要求。图书馆立法者必须在理想与现实之间寻求一条恰当的中间道路,既要仰望天空,又要脚踏实地,既不能执着于理想而急躁冒进,也不能屈服于现实而故步自封。

四、原则与具体兼顾

《图书馆法》是行诸文字并由概念和规则交织复合而成的一个逻辑体系,由于立法者认知能力的固有局限,也由于逻辑和实在之间的天然差距,复杂的图书馆活动永远不可能被表现为逻辑形态的《图书馆法》规定得面面俱到。无论《图书馆法》被制定得多么完备,也不可能把全部图书馆活动囊括其中。尽管如此,细致与具体仍然是用来衡量《图书馆法》完备程度的一个重要的技术尺度,从而也是图书馆立法者应当追求的一个技术指标。《图书馆法》只有被制定得足够细致、足够具体的时候,才可能具有足够的可操作性和可预测性,人们在尝试和从事各种图书馆活动的时候才会真正感到有法可依。如果《图书馆法》被制定得过于粗略,就会漏洞百出,这不仅会让相关主体在图书馆活动中不知所措,就连司法者和执法者也会感到无所适从。如果司法权和执法权所到之处皆有明确具体的法律规定,那么司法者和执法者滥用职权、营私舞弊的行为就会受到《图书馆法》的限制。

但是,图书馆立法者也不能在细致与具体的技术维度上走向极端。由于图书馆立法者感知和处理具体法律事件的经验与司决者和执法者有差别,并且由于规则与事实的摩擦地带通常是在司法过程和执法过程中,因而处理许多疑难法律事件还须司法者和执法者在法律规定的框架内斟酌权衡,给司法者和执法者保留适度的自由裁量权有助于克服《图书馆法》自身的僵硬呆板。无论如何,企图用详尽无遗的法律条文将司法者和执法者的自由裁量权彻底取缔的设想是不切实际的。《图书馆法》如果被制定得过于细致具体，其灵活性和机动性就会大大减弱，在处理许多具体问题的时候就会缺少发挥的空间。不仅如此，过分细致意味着烦琐，如果事无巨细全部做到有法可依，那么《图书馆法》的条文和篇幅肯定会膨胀到让人难以忍受。

五、稳定性与变动性兼顾

稳定性与变动性是图书馆立法者在时间维度上面临的一个两难选择。一个频繁更改、变化无常的图书馆法律制度，只能是为了应对某些偶然情势而制定的特殊措施，它会缺少连续性、稳定性和逻辑自治性。面对这样的图书馆法律制度，有关图书馆活动主体往往感到无所适从。然而，稳定性和确定性不足以为我们提供一个行之有效、富有生命力的图书馆法律制度。图书馆法还必须满足社会发展和变革提出的正当要求。如果一个图书馆法律制度和社会发展彻底错位，或者死死抱住上个时代只具有短暂意义的观念不放，那么显然是不可取的。如果把图书馆法的内容固定为永恒，那么它在一个变动的世界中将会很难发挥作用。我们必须在运动与静止、保守与创新这些彼此矛盾的力量之间谋求某种和谐。作为使松散的图书馆活动紧紧凝聚在一起的黏合物，《图书馆法》必须巧妙地将过去与现在结合起来，同时又不忽视未来的迫切需求。

法律中的许多变化都是缓慢而又渐进发生的，《图书馆法》的变化速度要控制在相关活动主体认知能力容许的限度之内，并且不能对现有图书馆活动秩序构成过分强烈的冲击。《图书馆法》的变化往往只能局限于图书馆法律制度的一些特殊方面，或只能局限于一个特定框架中的具体问题。图书馆法律制度中的某些部分会在某种程度上发生变化，而其原有结构的大部分则一如既往。大多数《图书馆法》的变革都具有非整体或不完全的性质，而这恰恰解释了稳定与变动在图书馆法律生活中相互联结和相互渗透的事实。

六、总结国内实践和借鉴异域经验相结合

这一原则是法的继承性在《图书馆法》的创制工作中的体现。认真总结、积极吸取国内外图书馆立法实践的经验教训，是图书馆立法活动少走弯路、沿着正确轨道前进的重要保障。我国图书馆立法是一项比较薄弱的工作，中华人民共和国成立后尚无统一的全国性图书馆立法，只产生了几部地方性法规和地方政府规章，因

此,在建立、健全和完善我国的图书馆法律制度方面,需要很好地借鉴和吸收其他国家或地区在这方面的成功经验和有益做法。

但是,我国图书馆立法工作在积极借鉴和吸收异域图书馆立法好的经验时,应当与中国的具体国情紧密结合。为此,借鉴和吸收不仅要积极大胆,而且要慎重细致,注重实效,力求做到“洋为中用”。因此,只有经过深入调查研究,反复比较论证,在鉴别和消化之后,根据我国具体国情进行筛选和取舍,才可能借鉴和吸收。更为重要的是,应当注意吸取对方在图书馆立法中失误的教训,这对我国图书馆立法工作有着重要的警示作用和参考价值。

第四节 《图书馆法》的核心主题

所谓《图书馆法》的核心主题,是指《图书馆法》所调整的相关活动主体享受的权利和承担的义务,主要体现在图书馆上级主管部门的权利与义务、图书馆的权利与义务、图书馆用户的权利与义务以及图书馆馆员的权利与义务四个方面。

一、图书馆上级主管部门的权利与义务

图书馆上级主管部门在管理图书馆事业的过程中,应享有以下权利:①领导、协调其下属图书馆的发展,领导、规划全国、本系统或本地区图书馆事业的总体布局与建设,对全国、本系统或本地区图书馆事业发展进行宏观或中观调控;②监督图书馆遵守法纪、执行政策;③对图书馆人员流动、财产流转等实行监督检查。

与此同时,图书馆上级主管部门应履行下列义务:①在法律规定范围内,对图书馆发展提供总体保障;②按时、足额下拨经费;③在法律规定范围内,及时为图书馆人员调动提供方便;④为图书馆设备更新、技术引进等提供途径和资金;⑤保障图书馆馆际协作与资源共享。

二、图书馆的权利与义务

图书馆应享有下列权利:①按照图书馆的目的、任务和章程独立确定本身工作内容与具体形式;②根据创办者意见制定图书馆规则;③根据图书馆利用规则确定珍稀出版物及其他文献的出借保证金金额;④根据图书馆利用规则确定用户给图书馆造成损失的赔偿形式和金额;⑤扩展图书馆为用户提供的服务项目,创造性地发展图书馆,可在不影响图书馆主要活动的情况下,进行经营活动;⑥按照现行法

规定的程序建立图书馆联合组织；⑦执行中央和地方图书馆事业发展规划；⑧按照规定的程序与外国图书馆和其他机构及组织团体进行合作，包括进行国际图书馆交换，按规定手续加入国际组织，参与实现国际图书馆界及其他有关计划；⑨根据现行法之规定，取得图书馆创办者同意，可按文献剔除手续从馆藏中剔除文献；⑩从事不与现行法相抵触的其他事务。

图书馆承担的义务有：①按照现行法、馆章和图书馆利用规则为用户服务；②按用户要求提供有关馆藏收集和利用方面的工作信息；③保障馆藏的完好性，及时将其编入联合目录，作为民族、文化财富进行登记；④按现行法和图书馆创办文件所规定的程序向其创办者和国家统计部门报告有关工作；⑤自觉宣传党和国家的方针政策。

三、图书馆用户的权利与义务

图书馆用户可享受下列权利：①每一个图书馆用户都有平等享受图书馆服务的权利，而不受年龄、种族、性别、宗教信仰、语言或社会地位的限制；②文献资料和图书馆服务设施的使用权；③文献采购的参与权；④对图书馆服务项目、服务内容及图书馆与读者双方权利义务的知情权；⑤借阅、查询和利用图书馆资源的行为及其具体内容应作为隐私权保护；⑥充分享受法定的图书馆开放时间；⑦对图书馆服务活动和管理活动的批评、建议和监督权。

图书馆用户应履行的义务可用一句话来概括，即遵守《图书馆法》及图书馆规章制度。具体而言，包括下列内容：①爱护图书馆资源；②维护图书馆秩序；③尊重图书馆馆员的劳动；④破坏图书馆利用规则和使图书馆遭受损失的用户，应自行承担相应的责任。

四、图书馆馆员的权利与义务

图书馆工作者可享受下列权利：①健康受保护权；②荣誉和名誉受保护权；③在图书馆范围内，自愿选择岗位权；④图书馆领导职务的选举权和被选举权；⑤职称晋升权；⑥对图书馆领导者和管理者的监督权；⑦与用户的交流权和交友权；⑧对违法或违背图书馆宗旨的命令有抗拒权。

图书馆馆员应履行的义务就是遵守《图书馆法》及其相关法，遵守图书馆规章制度，遵守图书馆馆员伦理准则，全心全意为读者服务。

第九章　图书馆目标管理

目标管理是美国首先提出的一种先进的企业管理制度，也是一种科学有效的管理方法。自20世纪50年代中期以来，目标管理的理论研究不断深入，实践范围逐渐扩大，目标管理早已冲破企业管理的樊篱，向各种类型的其他组织渗透，图书馆也在其中。

第一节　图书馆目标管理的理论渊源

一、彼得·德鲁克的目标管理理论

彼得·德鲁克在1954年出版的《管理的实践》一书中首先提出了目标管理的概念。随后，他在《有效的管理者》《管理：任务、责任、实践》以及《效果管理》等著作中又多次做了阐述。其主要观点是：

1. 企业的目的和任务必须转化成为目标

彼得·德鲁克指出，以追求最大利润作为事（企）业目标的理论必须摒弃。任何企业都具有八个重要领域，必须为每个领域制订努力目标。这八个领域是：在市场上的地位、革新、生产率、物资及财产、营利性、经营人员的能力及其培养、工人的能力及态度、对社会的责任。

2. 事业目标要在企业中展开

彼得·德鲁克认为，在明确了事（企）业目标之后，要把事业向前推进，目标就需要展开。他说，每项业务的目标都必须同整个事（企）业的目标相一致，尤其经营人员的业务更必须以整个事业的成功为中心来考虑。他指出，整个事业的目标必须分别作为每个经营人员的目标，由他们分担起来，即：经营人员的工作要以实现事（企）业目标来评定，其成果也必须根据为实现目标所做贡献的大小来评价。彼得·德鲁克认为，目标展开范围上至经理下至车间主任和事务主任，并且还必须对他们各自的目标作出明确的规定。

3. 目标的实施要以自我控制为主

彼得·德鲁克认为,不是因为有了工作才有目标,而是因为有了目标才能确定每个人的工作。目标经营方式所起的最大作用,就是能以自我控制的经营方式取代上级统一支配的经营方式。彼得·德鲁克指出,只有以自我控制的经营方式为前提,才能做到尽量由基层作出决定(分权),同时能按成绩付给工资。只有这种"目标与自我控制"的经营管理体制才是真正的目标管理。

4. 管理者的职责在于重视贡献

彼得·德鲁克认为,重视贡献能转移管理者的注意力,使他不致于局限于自己的专业、某种技能、自己的部门,而是注意整体工作,同时也能使他注意外界,因为成果只产生于外界。彼得·德鲁克认为,每个组织都需要做三项主要工作:它需要直接成果;价值的创造和确立;对未来人才的培养和开发。缺少了其中任何一个方面,组织就会衰亡。因此,每个管理者的贡献应包括这三个方面。彼得·德鲁克指出,重视贡献的管理者会提高所有与他共事人的水平,扩大他们的眼界。

5. 提出了建立组织的三项原则

彼得·德鲁克指出,在企业内部实际开展目标管理体制是有困难的,因为企业的构成并不能保证经营负责人自然而然地朝着一定目标进行工作。不仅如此,实际还恰恰相反,事业在性质上包含着使工作偏离目标方向的三个因素,即:经营负责人的多数工作是专业化的;经营管理组织是分阶层的;由于实际工作与思考方式因阶层而异,其结果导致经营管理阶层内部瓦解。为此,彼得·德鲁克提出了建立组织的三项原则:第一,经营组织必须有助于事业目标的实现;第二,组织要尽量减少中间层次,必须缩短"命令路径";第三,组织必须是能培育未来的企业经理并能测验他们能力的结构。他认为要满足这些原则,就得采用联邦分权制或职能分权制中的任一种或两神。他特别强调事业部制(即联邦分权制)的效果。

二、E. C. 施莱赫的结果管理理论

E. C. 施莱赫在其所著的《根据结果的管理》一书的前言中曾下过这样的定义:"所谓按结果管理是指让每个人都为企业的长期目标做出重大成果的经营方式。"其管理思想集中体现在以下几个方面:

1. 结果式经营

E. C. 施莱赫强调,企业寄期望于每个成员的并非工作本身而是工作的结果。

例如,公司将每个人一年内完成的工作成果定为目标,再分配给每个人,而每个人为完成该目标而努力。为了有效进行这种努力,要授予每个人一定的权限,以便每个人都有较大的酌情处理的自由。这样,将每个人在一定期间所应完成的工作结果(成果)定为目标,在授予较大权力的条件下,使其有效地去完成业务工作,这就是E.C.施莱赫提倡的按结果进行经营的管理体制。

2.目标定量化

E.C.施莱赫认为,制订的个人目标要尽量能用某种形式进行测定,这是进一步扩大每个人(最终成为整个企业的)成果的基础。E.C.施莱赫还说,只有定量地规定目标(例如美元、百分比等),才既容易理解,又能显示出方向来。人们一旦接受在一定期间内必须为企业成果做出贡献的想法,就会生机勃勃地开展工作。如果没有工作的目标,或各个阶层对目标都模糊不清,在这里工作的人就不能成为企业的中坚力量。

3.组织的生动化

E.C.施莱赫认为,权限应该按每个人的工作目标来确定。只有针对企业内外变化,年年制定目标,通过每个人为完成这项目标而开展活动,组织才能有生气。E.C.施莱赫指出,由于目标是动态的,所以不能认为目标一经决定便一成不变。

三、利克特的经营行为科学

利克特指出,社会科学通过现在能利用的测定法,对现在已取得优异成绩的经营管理人员与成绩欠佳的经营管理人员进行比较,可以证实两者之间在领导原则与实践上存在着差异。通过分析实验结果,利克特得出下列等式:

工作成果=决策的质量×激发人们履行决策的动机

"激发人们履行决策的动机"要根据下列两个因素进行:①靠充分的情报交流和吸收下级成员参与讨论公司计划来提高士气;②制订为士气高昂的下级成员们能接受的合理目标。这两个因素相辅相成。

鉴于此,利克特的等式可改造成下式:

优异成绩=决策的质量×(充分的情报交流和吸收下级成员参与讨论公司计划来提高士气+士气高昂的下级成员们能接受的合理目标)

可以说这是利克特所紧抓的"高效生产管理的一般方式"。

此外,利克特还制订了四个条件,作为新型有效经营管理所应具有的状态。

①整个企业的目标与其组成部分的目标即使不能遍及所有组织成员及组织受益者,也必须与大多数人的各自要求和愿望充分协调;②组织中各个成员的目标及其所占的比例,必须采用能够高度激发动机的方法来确定,以便当事人能够完成;③为了完成在经本人同意的基础上制定的目标,组织及其下属组织所采用的方法和手段要能够高度激发组织成员的动机,要能够充分发挥组织成员所拥有的潜力;④组织所采用的工资、奖金、红利、利息等报酬制度,必须让组织成员或有关人员感到是足以公正地补偿他们所做努力和贡献的代价。

利克特特别强调,目标不应单由上级规定,更不应是强加的,必须始终在本人同意的基础上加以规定。应尽力用充分的情报交流与下级成员参与制订计划,以建立起良好的人事关系,利用良好的人事关系制定目标,在完成这项目标的过程中再进一步改进人事关系,进而制订下一个更高的目标,这种循环过程便是利克特所说的目标管理。

四、万斯·帕卡德的自主管理理论

万斯·帕卡德在其所著的《攀登金字塔的人们》一书中,把组织比作金字塔,并阐述了其自主管理理论。

1. 对官僚组织机构的批判与改造

万斯·帕卡德指出,那种权力与决定权集中到最高层的办法只能导致组织软弱无力,失去革新的信心,培养出唯唯诺诺之辈。万斯·帕卡德提出了自己的改造方案:实行分权化,扩大控制范围,让一般管理人员参与讨论重大决策方案。

2. 自主管理

万斯·帕卡德认为,为了适应整个公司的目标,就必须创造出使每个人都勤奋努力的环境。每个下级成员经过与上级商议后制订出合乎公司方针的目标,也就明确了自己的责任范围。当然,他们在执行中必须向上级报告情况,但目标执行者不受任何约束,可以自由行动,自我控制,更为可靠和有效地完成自己的目标任务。万斯·帕卡德强调,在这种环境中工作的上下级不是在权威的传统基础上工作,而是在互相信任的基础上一同共事。上级的主要职责并非监督每个人,而是为了创造一个保证下级成员得以成长的气氛或环境。万斯·帕卡德称这种工作方法是“轻快的自治”。万斯·帕卡德指出,在现代工业组织中,这种“轻快的自治”明确了责任,与人的心理要求完全吻合,也与重视个人、加强民主化的社会要求相一致。

第二节　图书馆目标管理的内涵

一、图书馆目标管理的定义

图书馆目标管理是指图书馆各级领导及馆员一起参与图书馆管理目标的制订,由此决定各级责任和目标,并使其在目标实施中实行自我控制,把这些目标作为图书馆经营、评估和奖励每个部门和个人贡献的标准,以努力实现成目标的一种现代管理方法。

对图书馆目标管理的概念可以从以下四个方面来理解:

首先,图书馆目标管理是一种参与形式的管理。目标的实现者同时也是目标的制订者,即由上级与下级共同确定目标,上下级共同协商,制订出图书馆各部门直至每个员工的目标,用总目标指导分目标,用分目标保证总目标,形成一个目标手段链。因此,图书馆目标管理应强调自我控制,通过对动机的控制达到对行为的控制,对权力下放的过程进行管理。

其次,图书馆目标管理力求将图书馆目标与个人目标紧密地结合在一起,以增强员工在工作中的满足感,调动员工的积极性,增强图书馆的凝聚力。

再次,图书馆目标管理层次包括图书馆整体发展战略目标、图书馆年度目标、各部门目标和馆员个人目标。目标管理以图书馆战略目标为前提,以图书馆年度目标为依据,将各种任务、指标层层分解到各部门和每个人。

最后,图书馆目标管理实施的关键是事先制订图书馆合理的任务指标体系、考证因素分值体系和奖罚标准体系,事中进行过程管理,检查考评目标的执行情况,事后按工作绩效和约定的奖罚标准及时兑现奖罚。

二、图书馆目标管理的特点

图书馆目标管理具有以下几个特点:

1. 图书馆目标管理是面向未来的管理

目标是一定时期内个人或集体活动预期要达到的效果。这就决定了目标的未来属性。当然,面向未来进行管理,不是否定图书馆过去的历史经验,不是不重视现实情况,而是不被传统的经验所束缚,不为现实的情况所困惑,把注意力和工作重点放在对图书馆未来的谋划上,即选择和确定目标。这是一个目标方向选择和总体目标规划问题。对于管理绩效,现代管理理论有一个重要的公式:管理绩效=目标方向×工作效率。目标方向错了,效率再高也只能是无效劳动。在保证图书馆目标方向正确的前提下,还要做好总体目标规划,以有效地指导图书馆管理活动。

2. 图书馆目标管理是系统整体的管理

有组织的集群活动之所以比个人的力量大,能完成个人无法完成的任务,就在于把分散的个体结合为一个整体——组织系统,而图书馆管理活动是在组织系统内进行的。图书馆管理活动的这种系统特性,决定了全体人员的思想和行动要用共同的目标来统一。实行系统整体管理,才能获得好的绩效。

为什么说图书馆目标管理是一种系统整体的管理?

第一,目标是图书馆系统功能的集中体现,是评价管理绩效的根本标准,因而抓住了目标也就把握住了整体。

第二,图书馆全体员工参加了管理活动。通过目标制订与分解,把图书馆内全体人员动员起来参加管理活动,参与对未来的谋划。这样既有利于使全体人员明确图书馆的共同目标,加强整体观念;又有利于明确各部门、各馆员为实现共同目标所应承担的任务和目标以及在图书馆系统中所处的地位和作用,从而达到运用目标系统进行系统整体管理的目的。

第三,明确了目标也就明确了工作重点,有利于按"保障重点,兼顾一般"的指导原则对全部工作进行统筹安排,指导图书馆各部门和各馆员的行动,防止"各唱各的调"的现象发生,从而达到提高管理绩效的目的。

3. 图书馆目标管理是重视成果的管理

获取尽可能好的成果,是人们从事各种活动的共同愿望。然而,对于图书馆管理活动,怎样才能获得尽可能满意的成果?为此,首先要搞清楚什么是图书馆管理活动的成果。由于图书馆管理是有组织的群体活动,所以图书馆管理活动的成果是指图书馆的目标水平和目标达成度,即目标成果。目标水平高、目标达成度高,图书馆管理活动的成果就大,反之就小。那么,什么是图书馆的目标成果?目标成果是由图书馆的基本任务——最好地满足读者的知识信息需求决定的,即将基本任务转化为目标的那部分成果。如果抓不住目标成果,就是本末倒置了。譬如,一所图书馆打扫卫生得了红旗(成果),或参加红歌比赛得了第一名(成果),但读者投诉相当多,藏书利用率也很低,能说这所图书馆办好了吗?答案显然是否定的。因此,通过目标成果来评价图书馆管理绩效是合理的,图书馆目标管理就是重视成果的管理。

4. 图书馆目标管理是重视人的管理

人是管理的核心和动力,没有人的积极性是不能把事情办好的。人既是图书馆系统的管理者,也是被管理者,只有建立良好的人际关系,才能使图书馆管理产生好效益。然而,怎样调动图书馆人的积极性,协调好图书馆人际关系?图书馆目标管理强调:第一,目标要经过上下级充分协商以后由下级自己制定目标,不要勉为其难和强行指定任务,并且上级还要为下级创造实现目标的条件,以提高下级实现目标的信心和主动性;第二,用目标指导行动,要求上级少干预下级的工作,发挥下级自主管理能力,以创造施展才华的环境;第三,明确目标,使图书馆人在从事某一项活动之前,就知道活动的目的和要取得的具体成果,使“软”的管理变成可以看得见的“硬”管理,既增加压力,又增加动力,以激励图书馆人为实现目标去奋斗。

第三节　图书馆目标管理的基础工作

图书馆目标管理作为一种管理制度和管理思想,是以目标为中心来进行的一系列有组织的活动。它与其他管理制度一样,需要建立在一定的基础工作之上。

一、图书馆目标管理基础工作的概念

何谓图书馆目标管理基础工作?简单地说,图书馆目标管理基础工作就是为建立图书馆目标管理制度打根基的起点性工作。从管理学角度分析,可以理解为是为建立目标管理制度和发挥各项专业管理的作用而提供的必不可少的经常性工作。

由于图书馆类型和规模不同,不同类型和规模的图书馆担负的任务也有差异,因而不同类型、不同规模的图书馆实施目标管理所需要的基础性工作也各有侧重。但是,它们共同的基础工作应包括基础知识教育、标准化、责任制和信息工作四项。不管什么类型、什么规模的图书馆,只要其实施目标管理,这四项工作都必须先做好。其中,基础知识教育是先导,标准化是依据,责任制是核心,信息工作是纽带。它们组成一个有机的整体,缺一不可。

二、基础工作与图书馆目标管理的联系

1. 基础知识教育与图书馆目标管理的联系

基础知识教育是指为提高馆员的基本素质而进行的有关本职业、本岗位的职业道德、技术业务和纪律教育，其主要内容包括履行岗位责任制的应知应会教育、职工守则、馆规馆纪、安全卫生知识教育、目标管理基本理论和方法教育等。基础知识教育是图书馆推行目标管理的先导。

2. 标准化与图书馆目标管理的联系

标准化是以制定和贯彻统一的标准为核心的一系列活动过程，它是现代图书馆管理的重要手段。没有标准化，就没有专业化和高质量，就会给图书馆系统造成混乱。标准化与图书馆目标管理之间具有密切的联系：第一，标准是目标的依据，即无论是确定目标还是考评目标都离不开标准。所谓标准是指对重复性事物和概念所做出的统一规定。它以科学、技术和图书馆实践经验的综合成果为基础，经有关方面协商同意，由公认的机构批准，以特定的形式发布，如《专利文献著录项目标准》《文献著录总则》《普通图书著录规则》《连续出版物著录规则》《公共图书馆建筑防火安全技术标准》《襄樊市高中图书馆建设标准及评估细则》等。标准一经确定，就在其规定的范围内成为大家共同遵循的准则，具有强烈的权威性和法制性。因此，确定目标必须以标准为前提和依据。第二，有些标准可以纳入目标体系，成为其重要组成部分。图书馆目标是在一定时间内预期达到的目的和成果的综合反映，其具体表现形式包括目标方针、目标项目和目标值三部分。其中大部分目标值实质上就是标准，或者说是将那些符合自己主观条件的标准转化成为目标值。

3. 责任制与图书馆目标管理的联系

责任制是以提高图书馆管理效益为中心，以正确处理图书馆、读者和馆员三者之间的利益关系为基本原则，明确规定图书馆系统内部各个部门及各类人员的职责和权限的一种管理制度。责任制与图书馆目标管理的内在联系表现在：第一，二者都是一种重要的管理制度，都要以正确处理图书馆、读者和馆员三者之间的利益关系为基本原则，以提高图书馆管理效益为出发点和归宿，以充分调动馆员的积极性为基本手段。第二，图书馆目标展开、分解以后，必须将目标责任落实到人，这就要以责任制作基本保证。正因为如此，我们才说责任制是图书馆目标管理基础工作的核心内容。

4. 信息工作与图书馆目标管理的联系

信息是管理的最基本要素之一，任何管理活动都离不开信息。同样，图书馆目标管理也离不开信息：确定目标需要以获取的大量信息为依据；展开目标需要加工处理信息；实施目标需要不断反馈分析信息；评价目标需要整理和存储信息。图书馆目标管理的过程就是信息的传递和变换过程。因此，信息工作是图书馆目标管理基础工作的重要内容，是使图书馆目标管理得以正常运转的纽带和桥梁。

三、图书馆目标管理基础工作的特点

图书馆目标管理的基础工作主要具有以下三个特点：

第一，先行性、连续性和稳定性。基础工作大多建立在各项专业管理之前，并贯穿于整个图书馆管理活动过程。兹以标准化为例。标准化就是制订标准和贯彻标准的一系列活动：在推行目标管理时，确定目标应以标准为依据，实施目标和绩效审核也同样离不开标准，所以说它既具有先行性，也具有连续性。其他两项工作也具有同样的特征。此外，尽管随着形势的发展和认识的深入，基础工作在内容和方法上要不断发展，但在一定时间范围内一般会保持相对稳定。

第二，空间上的低层次性和群众性。基础工作一般发生或作用于较低层次，属于很具体的工作，往往牵涉到许多一线员工。它们是图书馆各项专业管理职能发挥作用的前提和依据，所以必须围绕图书馆系统总目标踏踏实实地去做，应设置相应的组织机构或专职管理人员，做到基础工作的扎实可靠。

第三，内容上的多维性和多层次性。多维性是指基础工作包括多种不同的角度和多个方面，它们相互交叉、相互渗透，又能各自单独地发挥作用。多层次性则是指其工作内容涉及图书馆系统的各个层次、各个岗位、各类人员。因此，图书馆全体人员必须共同努力才能做好基础工作。

第四节　图书馆目标管理的运行

图书馆目标管理过程依序涉及三个环节，即图书馆目标的设定、图书馆目标的实施和图书馆目标成果的考评，图书馆目标管理就是围绕这三个环节循环来运行的。

一、图书馆目标的设定

设定目标是图书馆目标管理的第一步工作和关键环节。目标是图书馆目标管理的依据,只有制订出既符合图书馆实际情况又有利于图书馆长远发展的目标,才能使图书馆目标管理活动收到好的效果。

1. 设定图书馆目标的依据

确定目标是图书馆内外条件统一的过程,即馆内条件与馆外因素的有机结合。因此,按"充分、必要"的原则处理好目标与条件的关系,是正确设定目标、保证图书馆目标管理绩效的基础。

(1)馆内条件

确定目标时的馆内条件包括图书馆的人力、财力、物力、信息力等实力情况、图书馆人员素质与管理水平、上期目标或任务的完成情况等。这些条件是确定目标的内在基础,其中,人力、财力、物力、信息力等实力是确定目标的资源基础,人员素质和管理水平直接关系到资源的合理使用和作用的充分发挥,而上期目标或任务的完成情况在一定程度上代表了图书馆的基础和人员水平。

(2)馆外因素

其一是图书馆主管部门的要求。主管部门的要求包括上级的目标、上级下达的任务和指令性计划,这是图书馆确定本馆目标的基本依据。其二,还有一些政治的、经济的、法律的、技术的和自然的因素。政治因素是指国家制定的有关科学、教育和文化事业发展政策,尤其是图书馆事业发展政策;经济因素是指国内外经济形势(如书刊价格走势、通货膨胀率、图书进出口贸易等);法律因素是指知识产权法(尤其是著作权法)和图书馆法的立法状况;技术因素是指科学技术的发展水平,尤其是新型信息技术的开发与应用状况;自然因素是指气候、地理位置等自然环境条件。这些因素都是确定图书馆目标的约束条件和客观基础,必须对它们深入地进行调查研究和分析。

2. 设定图书馆目标的要求

一个好的图书馆目标必须满足下列要求:

(1)关键性与全面性结合

确定目标时,既要从图书馆的基本任务出发,全面考虑,又要突出重点和关键性工作。所谓全面性,是指目标要能反映图书馆的全面工作,体现图书馆的基本任务,使下属的各个部门乃至各个人都有目标;所谓关键性,是指目标不能包罗万象,不能(也没有必要)把全部工作都列入目标,必须突出重点,抓主要矛盾。这样才不至于造成人力、财力、物力过于分散与领导精力过于分散。在有多个目标的情况下,要区分目标的主次,从资源分配上优先保证重点目标。

(2)灵活性与一致性结合

系统原理告诉我们,构成系统的各要素之间必须有合理的结构、有序的联系,才能使系统的整体功能得以发挥。因此,确定图书馆目标时,必须使本级目标同上级目标保持一致,使分目标与总目标保持一致,以保证上级目标和总目标的实现;同时还要从本级的实际出发,使目标具有一定的灵活性,要发挥本级的优势和长处,使目标有一定的弹性,能够适应未来的发展和信息环境的变化。这种灵活性与一致性的结合,既能保证上级目标的实现,又能充分发挥本级的主观能动性,提高图书馆管理绩效。

(3)可行性与挑战性结合

图书馆目标是激发和调动人们积极性的动力。目标没有挑战性,不需要付出多大努力就唾手可得,没有激励作用,也无助于提高馆员的能力;但如果目标定得过高,经过努力也无法达到,使人感到可望而不可及,又会使人们丧失信心,挫伤人们的积极性。只有把可行性与挑战性恰当地结合起来,才能发挥目标的激励作用,鼓舞和团结人们为之奋斗。

(4)具体化与定量化结合

图书馆目标不应该是一句空洞的口号,应该让人们看得见、摸得着,使人们在实施目标的过程中努力有方向、检查有依据、考核有标准。为此,目标应该明确、具体,尽量用定量的指标描述,如"藏书利用率达到 80%""图书分类误差率不超过 0.5%"等。对于难以量化的目标,也应该尽量具体化,订出衡量的标准,便于实施和考核。例如,对于阅览室的工作人员,一般不宜用进阅览室的读者人次来衡量其工作业绩,但可以借助书刊丢失率、书刊破损率、环境卫生状况、书刊归架准确度、读者投诉人次等指标来间接考核其工作业绩。

(5)指令性与民主性结合

设定目标是图书馆领导者的重要职责,必须由领导者亲自决策。而且目标一旦确定,就必须坚决贯彻实施,务求实现,不允许有背离目标、同目标方向不一致的行动。这是设定图书馆目标过程中的指令性一面。但是,设定图书馆目标又不是领导者一个人的事。任何领导者个人的能力、经验、智慧都是有限的,要顺利而正确地设定目标,必须依靠群体的智慧与才能。这既包括发挥智囊机构的作用,也包括发动下级管理者和广大群众参与目标的制定,走群众路线。

3. 设定图书馆目标的程序

一般来说,图书馆可按以下步骤来设定目标:

(1)正确理解图书馆的整体目标,并向下属传达目标与方针

目标管理的指导原则之一是每个管理人员都要承担帮助上级实现目标的责任。换句话说,图书馆每一个管理人员在他的上级的目标中,都有他的一部分活动。为了达成图书馆的整体目标,首先应由图书馆决策层确定目标和方针,然后下属由此决定自己的目标。如果图书馆决策层不能向下属明确传达整体目标和方针,那么下属因不了解图书馆的目标,不仅工作的积极性会受到挫折,而且在理解部门目标及制定个人目标时可能出现偏差。

(2)在设定自身目标前,充分进行横向讨论

下属设定目标前,应注意理解上级的目标及方针,并与横向的关联人员进行充分讨论。只有经过充分讨论,明确了相互之间的关系,才算真正做好了设定自身目标前的准备工作。

(3)下属设定自身(部门或个人)的目标

经过上面的步骤后,下属就可以开始设定自身的目标了。但下属在设定自身的目标时,一定要注意他的目标必须与上级的目标相关联,而不能是孤立的。只有这样,图书馆目标管理才会因一级一级目标的实现而取得预期效果。在设定目标时,如果需要上级的支持,也应该同时向主管明确表示。

(4)进行纵向讨论,检查是否与上级目标一致

虽然目标最后由本人自主设定,但这并不是说目标设定了以后就可以一劳永逸。不光自己要时时检查设定的目标与上级目标是否一致,上级也要时时检查各个目标是否与整体目标相关联。如果设定的目标不切实际,上级还要与该员工进行深入而诚恳的讨论,并在相互了解的基础上加以调整。

(5)列出可能遇到的问题,并找出相应的解决方法

这一步骤容易被忽略,但实际上它对于图书馆目标的顺利达成很重要。所谓有备无患,制定目标时应该具备风险意识,也就是对目标在实施过程中可能出现的问题、障碍制订应急预案。

(6)列出实现目标所需要的技能和知识

在所有影响图书馆目标实现的因素中,人的因素始终是第一位的。但这并不

是说每个人都能胜任实现目标的工作,实现目标离不开必要的技能和知识。就像打仗的时候我们需要列出那些必备的武器一样,在这里我们列出所需要的技能和知识,然后有针对性地去加以补充,两者的道理其实是一样的。

(7)列出为达到目标所必需的合作对象和外部资源

图书馆活动并不是孤立进行的,而是在与许多外部组织发生相互作用的过程中展开的,如出版社、图书公司、书店、其他图书馆、科研部门、企业、主管部门等,就常与图书馆发生联系。有时,图书馆的目标直接来自相关部门(如企业委托咨询课题),因此要达到目标,必然少不了相关部门的合作与支持,甚至要利用一些必要的外部资源(如馆际互借)。

(8)确定目标体系

整理图书馆整个目标体系,不但易于明了各目标之间的关系,也便于让图书馆管理人员做调整;同时也可以对各个目标的关系位置一目了然,提升员工个人的参与感。

(9)确定目标完成的日期并对目标予以书面化

目标制定的关键之一就是其完成日期。在目标制定之后,还要用书面形式确定下来,这是图书馆目标管理规范化的一种表现。对目标加以书面化以后,不会引起疑虑和争论,而且有利于目标检查和工作考核,也便于目标的修订。此外,目标书面化一定要落实到专人专项,最好是让下属自己将最终确定的工作目标进行整理,做成两份正式的书面材料,一份留给自己,作为后续工作的参考;另一份交给上级主管,以此对员工的工作进行检查。

二、图书馆目标的实施

1. 图书馆目标实施的内涵

目标实施是实现图书馆目标的过程。在实施图书馆目标之前,应将图书馆总体目标分解成若干阶段工作目标,对每一阶段的工作目标都应制定详尽的工作计划。在实施目标的过程中,图书馆领导或部门负责人应与员工沟通,了解目标的完成情况,诸如项目进行到什么地步?项目是否按规定的时间、质量完成?领导者应了解员工在目标完成的过程中需要哪些支持,并督促其完成项目。

图书馆目标实施包括以下内容:①设计目标完成各阶段时间表、质量记录文本等内容;②过程要点的检查监督与记录以及阶段评估;③目标执行过程中的调整;④检查反馈沟通记录。

2. 图书馆目标实施的影响因素

在图书馆目标的实施过程中,下列五个因素会影响其实施效果:

(1)对图书馆目标的期望强度

人们对目标的期望强度基本决定了其实现目标的可能性,因为人们对目标的期望强度决定了其为实现目标而付出的努力。期望强度越高,人们的付出就越多,积极性和动力也越大,目标实现的可能性越高。经验表明:当对目标的期望强度≤50%时,目标基本上不会实现;当50%<期望强度<100%时,目标有可能成功,但失败的可能性也很大;只有对目标的期望强度=100%时,人们才会保持着很高的热情和动力来执行目标,目标才会实现。

(2)对图书馆目标的认同感

一般来说,人们总是对自己不认同的那些目标缺乏兴趣,相应地实施该目标的动力也不足。同样,目标只有获得了管理者的认同,才会得到其支持而顺利实现。组织目标与个人目标的紧密结合,可以增强员工的满足感、积极性和凝聚力。

(3)图书馆目标实施过程中的自我评估

在达到目标的过程中,不断进行自我评估,不但有利于提高自己的能力,还能帮助员工掌握进度,对目标的执行进行有效控制。

(4)图书馆目标实施情况的反馈

反馈是组织中常用的激励策略和行为矫正手段,目标与反馈结合在一起才能提高图书馆绩效。目标给人们指出应达到什么样的结果,同时它也是个体评价自己绩效的标准。反馈则告诉人们这些标准满足得怎么样,哪些地方做得好,哪些地方尚待改进。在图书馆目标实施过程中进行反馈,有利于目标的顺利实现,防止实际情况与目标发生偏离。

(5)对图书馆目标实施过程的多点控制

在图书馆目标的实施过程中,通过上下级共同制定目标、共同监督,可以对目标进行调整并对目标的实施情况进行控制。这不但可以保障目标按照预期的方向顺利实现,而且可以提高上下级对工作的控制管理能力。

3. 图书馆目标实施过程中的控制

在图书馆目标的具体实施过程中,控制主要包括以下四个方面:

(1)制订工作计划

制订工作计划包括两个方面:一是确定完成任务的各阶段工作计划;二是检查

完成各项工作计划所需的资源。

(2)明确目标实施过程中的授权

授权就是分配给他人具体任务以及完成这些任务的权力，同时双方对如何评估任务结果的方法达成一致。制定好目标的工作规划及确定完成任务所需的资源后，要根据目标的规划及资源状况进行授权并分配相应的责任。通过授权，让图书馆每个部门直至每位员工能更有效地实现自己的目标任务。

在图书馆目标实施过程中，授权包括三个方面的内容：①要落实好层次管理，分责分权；②要落实目标责任，强化动态管理；③要完善激励机制。

(3)进行良好的沟通

图书馆目标实施过程中的沟通并非只是为了通报信息，更重要的是为了达成共识，使上下级能及时地把握目标的执行情况。在图书馆目标实施过程中，管理者可以采取以下方式来进行沟通：①每月或每周同每名员工进行一次简短的情况通气会；②定期召开例会，让每位员工汇报他完成任务和工作的情况；③收集和记录员工行为或结果的关键事件或数据；④督促每位员工定期进行简短的书面报告；⑤非正式沟通；⑥当出现问题时，根据员工的要求进行专门沟通。

(4)进行目标跟踪

在执行图书馆目标的过程中，对目标的跟踪有以下几个方面：①衡量工作进度及其结果；②评估结果，并与工作目标进行比较；③对下属的工作进行辅导；④如果发现严重的偏差，找出原因并加以分析；⑤采取必要的纠正措施，后者变更计划。

在进行目标跟踪时，要注意以下事项：第一，要遵循对事不对人的原则；第二，要让下属了解工作跟踪的必要性；第三，工作跟踪不是简单地监督工作情况，关键在于要辅助下属更好地完成工作，达成预定目标；第四，在跟踪工作绩效表现和执行改正措施时，要让下属亲自参与；第五，不以权威和命令的方式进行跟踪；第六，对下属遇到的困难表示理解，针对不同情况，努力帮助下属解决困难。

三、图书馆目标成果的考评

1. 图书馆目标成果考评的原则

目标成果考评是指图书馆管理者在目标管理实施过程结束后，将所取得的工作成果与原先确定的目标项目标准进行比较，从而对目标的实现情况进行衡量，并总结目标管理活动的经验教训，然后以此为依据对图书馆成员进行适当的奖励和惩罚，以便在更高的起点上开始新一轮的目标管理循环。

图书馆目标成果的考评对于充分发挥目标管理的导向作用和激励员工具有重要作用,它关系到图书馆目标管理是否做到善始善终,以及能否在新的起点上开始更高水平的循环。因此,要确保成果考评的科学性和准确性。这就要求我们在目标成果考评过程中,严格遵循以下主要原则:

(1)目标性原则

成果考评的基本尺度就是目标本身。因此,要按照目标所给定的各类定性和定量的项目指标对目标成果进行考评,切不可偏离目标,重新搞一套评价标准进行考评,以免成果考评失去原来的意义。

(2)客观性原则

在目标成果考评过程中,图书馆考评人员应该从实际情况出发,实事求是,不能弄虚作假。作为考评工作负责人,必须客观地评价每一个下级的目标实现情况,做到一视同仁,不论亲疏,不讲情面,避免由于掺杂个人感情而造成的主观偏见。作为执行目标的人员,则要做到不夸大成果和实施困难,通过成果考评,客观地认识自己,找出自身的弱点和不足,以便坚定开展下一轮循环的信心。

(3)激励性原则

成果考评的目的,是通过对整个图书馆推行目标管理活动的考评来检查图书馆成员的工作能力与绩效,并以此为依据进行奖惩,以激发图书馆成员的工作热情和拼搏精神。为此,在考评活动中,必须严格按照评价标准分清功过是非,充分运用考评的结果,达到奖勤罚懒、鼓励先进、鞭策后进,推动图书馆成员整体素质、士气和工作水平不断提高的目的。

(4)自我考评与上级考评相结合的原则

自我考评和上级考评是图书馆目标成果考评的两个方面,它们既有联系,又有区别。联系,是指两者的内容和方法基本相同,目的一致。所谓区别,是指两者的角度和要求不同。自我考评只是站在个人和局部的角度对成果进行评价,上级考评则是从较高的层次和某一全局性的角度来对成果进行评价。由于角度不同,往往对成果考评的结论也就不尽相同。在两者的结合中,要坚持以自我考评为主,辅之以上级考评。只有这样,才能充分调动双方的积极性,特别是可以促使下级积极参与成果评价,使成果考评比较符合客观实际,从而提高整个图书馆目标成果考评工作的效用。

2. 图书馆目标成果考评的内容

图书馆目标成果考评的内容包括目标状况、实施手段和工作态度三个方面,又可细分为目标实现程度、目标实现进展、目标的难度、实施手段和工作态度等具体指标。

(1)评价目标的实现程度

目标实现程度以目标值作为考评尺度。目标值是目标的具体形式,在考评阶段将实际成果与目标值加以比较,就可知道目标的实现程度。正常情况下,原定的目标值到目标实施过程结束不会发生什么变化,自然要成为成果考评的主要依据。但在目标实施过程中,有时会出现一些新的情况,最初提出的目标值会因为外界条件发生变化,而直接或间接地影响目标完成。这些变化造成的影响,有的可以通过目标执行者的努力来消除,有的则是主观能力难以消除的。为了正确地反映目标状况,就有必要根据外界客观条件的变化,适当地调整目标值并最后确定。

(2)评价目标的进展情况

目标是一个向量,不仅有质与量的要求,还有时间的要求。特别是对于那些工作过程有前后联系和逻辑顺序的部门或个人来说,对预定目标的进度要求往往很高。因此,在图书馆目标成果考评中,有必要对目标的进度加以评定。

对目标进度评价一般采用均衡性指标,它可以反映目标实施进度的均衡程度以及目标实施的实际进度与计划进度的偏离程度。均衡性指标包含三项内容:一是目标完成率,即某个时期内实际完成的目标值同计划目标值进行比较的比率;二是目标进度偏离程度,由实际目标完成率同理想完成率之间的差额来表示;三是目标进度均衡率,即理想均衡率与目标进度偏离程度之间的比率。

(3)目标难度的比较

目标难度是指根据目标任务的性质、客观条件和外界因素等的不同,为实现预定目标时所付出的代价和努力的大小不同。图书馆不同的工作部门、不同的岗位,其目标的难度往往各不相同,如参考咨询工作和流通阅览工作相比,其难度就大不一样。因此,在图书馆目标成果考评中,只注重目标的实现程度而不考虑目标难度的做法,并不能全面衡量目标执行者的业绩和能力。只有把目标实现程度和目标难度结合起来考虑,才能对目标成果做出较为全面的评价。

(4)评价实施手段的优劣

实施手段是实现目标的工具和方法,也是实现目标的基本保证。没有实施手段,图书馆目标任务就不能实现。一项好的实施手段,不仅能保证和促进图书馆目标的实现,而且能使目标执行者取得更大成果,充分反映出目标执行者的智慧和才能。一般来说,对实施手段的评价主要涉及三个方面:一是评价其在技术上的先进性;二是经济上的合理性;三是内容上是否具有创造性。

(5)对工作态度的考评

工作态度是指在图书馆目标推行过程中,目标执行者个人积极努力和发挥主观能动性的情况,它反映了人的精神面貌。对工作态度的考评,应从工作热情和协作精神两个方面着手。饱满的工作热情是实现图书馆目标的重要保证,也是图书馆具有活力的基础。协作精神是指目标执行者在工作过程中,能否主动协助他人解决困难,以及是否主动为共同目标执行者或相关人员实现目标创造良好的环境。在图书馆目标成果考评中确立“协作精神”指标,有利于加强图书馆内部的团结,确保各项子目标和图书馆整体目标的实现。

第十章　图书馆全面质量管理

第一节　图书馆全面质量管理的依据

全面质量管理是美国著名统计学家 W. 爱德华·德明在 20 世纪 50 年代提出的一种全新的管理理论和方法。全面质量管理理论特别强调管理过程中质量控制的核心地位和决定性作用，强调人对质量控制的支配意义，认为质量既是科学管理的一种要素和措施，又是实施科学管理的一种目的和要求。几十年来，全面质量管理理论风靡全球，走俏于各行各业，对提高各个领域的产品质量和服务质量起到了巨大的推动作用。

一、图书馆实施全面质量管理的可行性

1. 从管理的目的看，全面质量管理的实质与图书馆的宗旨一致

图书馆以服务用户为己任，质量一直是图书馆工作的一个具有战略性的问题。各个图书馆所采取的质量改进策略可能会有所不同，但改进服务从而提供最高质量的产品这一目标永远是我们职业精神的一个组成部分。因此，对图书馆来说，建立一种评价绩效的机制是必要的，而全面质量管理正是一个以了解用户需要、提高服务质量和满意度为中心的系统过程。此外，全面质量管理还强调持续改进，一个承诺满足用户要求、保证用户满意的图书馆就可以把全面质量管理作为持续评价和改进图书馆服务的有效战略。图书馆一直在努力改进服务和更好地满足用户需求，这两个目标与全面质量管理是直接相关的。因此，全面质量管理在本质上与图书馆的宗旨是一致的。

2. 从理论上看，图书馆全面质量管理的研究不断深入

(1) 文献数量不断增多。

(2) 内容丰富多彩。研究者从不同角度探讨了质量管理在图书馆的应用，其研究主题几乎涉及图书馆工作的各个方面，诸如图书馆人力资源质量管理、图书馆

读者工作质量管理、图书馆清产核资质量管理、图书馆采访工作质量管理、图书馆文献资源建设工作质量、图书馆编目工作质量管理等。

3. 从实践上看,全面质量管理理论在图书馆管理中得到证实

全面质量管理已为各种类型的图书馆所采纳。美国俄勘冈州立大学图书馆是最早引进全面质量管理的图书馆之一。1990 年,为了满足对服务增长的需要和减少由于成本提高而引发的问题,该图书馆运用全面质量管理提高工作效率、加强对资源的开发利用。英国女王大学图书馆利用全面质量管理改变了图书从订购到上架的整个流程,大大缩短了用户获得图书的时间。一些图书馆将 ISO 9000 认证体系引入质量管理实践并获得了成功,如大连海事大学图书馆、海南大学图书馆等。

二、图书馆实施全面质量管理的必要性

图书馆实施全面质量理,不仅是可行的,而且是必要的。

1. 提高服务质量

图书馆引进质量管理的思想和方法,对图书馆工作的各个环节采取有效措施进行质量控制,建立质量约束机制,对于树立馆员的质量意识,改善图书馆的服务质量无疑起到积极的作用。

图书馆读者服务工作是需要一个部门的多个人员和多个部门共同配合完成的。质量管理体系不仅对直接与读者打交道的流通、阅览、咨询、检索等环节工作做出详细要求,而且也要对间接为读者服务的部门提出上一环节为下一工序服务的要求。即凡是接续上一部门工作进行再加工的下一部门,就是上一部门的“顾客”,必须替下一部门着想。例如对采访部门来说,分编部门就是它的“顾客”,而阅览、流通等部门又是分编部门的“顾客”,它使图书馆每个部门、每个人都明确自己工作的“顾客”是谁,从而保证自己所完成工作的质量使下道工序的“顾客”满意,从而提高整个图书馆的工作质量。

2. 保证工作质量的稳定

在管理中,应确定本馆的质量方针与目标,应确定各岗位的职责与权限,还应建立质量体系并使其有效运行。质量管理不仅注重人的主导地位,更注重管理活动各环节质量的测度与调控。质量体系的文件化,增加了图书馆工作的稳定性。图书馆质量管理体系的有效运行,是图书馆为读者提供长期优质高效服务的保证。

3.促进工作的规范化

引进质量管理方法,建立起本馆的质量体系,明确各部门、各岗位人员职责与权限,明确各项工作的程序及其控制原则与方法,明确各工作环节之间接口的处理方法及各环节的责任,明确各个工作岗位的具体工作流程与行为规范,增强图书馆工作的个体规范性,提高馆员的工作规范化意识。

4.持续改进系统和过程

传统的管理方法常常以维持现状为重心。而全面质量管理则把重心转向对系统和过程进行持续改进。为了改进机构任务中关键的流程,持续改进使用了一系列特有的方法、工具和测度,以便系统地收集和分析数据。持续改进的要素包括两个方面:一方面是改进哲学;另一方面是一系列问题解决工具和技巧,其中问题解决工具有头脑风暴法、流程图、控制图、因果图等,利用这些图表可以显示出一个机构的工作流程如何,它的基准是什么,变动出现在什么地方,需解决的问题的相对重要程度及所产生的变化是否已达到预期的影响,等等。要进行持续改进,需具备一个简单的前提,即一个结构化的解决问题的过程会比一个非结构化的解决问题过程产生更好的效果。不像传统方法仅仅是以一种不明确的、直觉的方式去做得更好那样,持续改进以量化绩效指标为基础,使图书情报机构能建立起有可测度的目标,并监控趋向于这些目标的进程。

第二节　图书馆全面质量管理的要素

图书馆全面质量管理,是指图书馆为保证和提高信息服务质量,动员图书馆的各个部门和全体员工,综合运用管理技术、专业技术、思想教育、经济手段和科学方法,建立健全服务质量保证体系,对服务的全过程实行有效控制,从而经济地开发、生产和提供用户满意的信息产品与信息服务,做到最适质量、最低消耗和最佳服务,最终实现不断提高服务质量的目标。

图书馆全面质量管理包含下列几个要素:

一、对质量的全面承诺

在全面质量管理中,“全面”一词特别重要,因为图书馆若想实施全面质量管理,首先要做的就是全面承诺。图书馆高层管理者必须充分承诺执行全面质量管理工作的原则,并且这一承诺要在图书馆工作环节中表现出来。戴明认为,来自上层管理者的牢固承诺最重要。盖伊·圣克莱尔也指出:质量进程应从最高层开始,除非高层管理者接受质量管理的概念,并鼓励整个组织采纳它,否则即使有良好的愿望、热情、馆员对优质服务的承诺,质量进程也不会顺利。高层管理者不深深涉入全面质量管理,将给其他工作人员不充分执行承诺提供好的借口。图书馆管理者要保证为全面质量管理计划提供必需的资源,通过全面质量管理为用户提供所有的产品和服务,认真检查、研究图书馆所有的工作程序和过程,从而找出质量不高的原因,而不是从员工身上找原因。管理者应在整个图书馆中普及全面质量管理这种共同语言,增强全面质量意识,让人不仅能自如使用,而且能满腔热情地承担责任,从而使承诺呈现于整个图书馆工作之中。全面质量管理的全面承诺还要反映在图书馆的使命、愿景声明、长短期目标中,战略计划也应强化这一承诺。

二、以用户为导向的服务

全面质量管理认为:一个组织的质量是由顾客满意程度所决定的。当一个组织把为顾客提供满意的服务作为使命时,它自然会在实施全面质量管理中获益。长期以来,图书馆就是社会最好的服务组织之一,图书馆馆员一直把为用户服务作为工作原则。然而,随着环境的变化、社会的发展以及技术的突破,用户对图书馆的要求也在不断发生着变化,可以说,用户对图书情报服务提出了越来越高的要求,他们渴望从图书馆获得更多样化、更高级的产品和服务。因此,作为以服务为导向的组织,图书馆只有对这种不断变化的需求作出反应,不断改进服务质量,为用户提供满意的服务,才能保持自身的存在和发展。

全面质量管理强调对外部顾客(用户)的关注,但也对内部顾客,也就是图书馆工作人员的需求给予同等关注,这也正是全面质量管理优于其他管理方法的特征之一。全面质量管理认为:图书馆工作人员是图书馆最重要的资源;为用户提供满意的服务从根本上说将来自高素质的图书馆工作人员的工作。因此,为工作人员提供自身发展所需要的机会和条件,是图书馆发展的关键。

作为全面质量管理的一部分,图书馆应对其所处的环境有一个整体的了解,也就是说对用户满意程度要经常进行调查,从而了解他们不断变化的需求,并通过各种努力加以满足,也只有这样,图书馆才能发展繁荣。

三、消除重复工作

全面质量管理的主要原则之一是把工作做得更好和为用户提供更好的产品和服务。图书情报人员应明白他们的工作是与用户的需求直接相关的，他们应常常自问“我们正在为我们的用户做正确的事情吗？”“如果没有，我们如何才能改进我们的工作过程呢？”“为什么我们要做这项工作，它将对谁有益呢？”等问题，而不是不假思考地一味埋头按固有的方式做固有的工作。

全面质量管理要求图书馆根据用户需求，简化工作过程，使一些不必要的工序被取消，并且保证工作一次性做好，消除返工的可能性。因为修正以前所犯的错误、重做无用工作以及不会给产品或服务增值的工作，不但会导致巨大的人力、财力、物力浪费，而且不会给用户带来任何利益。据统计，在一个图书馆中，重复工作所造成的花费相当于整个开支的 20%。改进工作流程所必需的技巧之一是进行工作抽样，各种抽样方法对检查现在工作活动中是否存在错误或不合理的地方是很有帮助的。

四、协同工作

在执行全面质量管理原则时，若没有协同工作的精神是不可能取得进展的。无论是一个部门内的问题，还是各个部门间的问题，都应在团队中加以解决，因为团队更好地显示了“自我指向的工作组”的特点，团队把在一个区域内工作的大多数或所有员工集中起来，去改进各自领域的质量，全面质量管理团队的所有成员将共负责任，从“团队学习”中获益。团队可以由来自图书馆一个部门的人员构成，也可以是跨部门团队。团队工作重心可以集中在图书馆的多个方面，既可以对他们工作的结果进行评估，也可以通过研究如何改进工作方式来改进某项特定服务。

五、培训

要实施全面质量管理，广泛的培训是必不可少的。那些实施全面质量管理而没有收效的机构，其失败的一个重要原因就是急功近利，缺乏对工作人员进行适当的培训。一个有效的全面质量管理过程，需要对资源特别是对高强度的培训的承诺。领导培训、图书馆馆员培训、特定计划培训和部门培训是全面质量管理过程必需的人力资源投资的一部分。如果图书馆的领导认为无需任何额外支出就能实施全面质量管理，那么，全面质量管理计划成功的可能性就不大。

当员工们接受培训时,他们将会对改进服务和用户的重要性有一个更充分的理解,而这种意识将是以后所进行的全面质量管理活动的基石。培训计划的目标之一应该是培养图书馆工作人员的能力。此外,培训计划还应激励每个图书情报人员的创造力和革新潜能。

适当的培训将为图书馆培养全面质量管理骨干,然后,他们可以再向其他人传授在他们各自的领域中如何实施全面质量管理的知识和技巧。通过培训来传授如何能适当使用全面质量管理工具和技巧,将给图书馆带来巨大回报。卓越的图书情报服务是一个永恒向前移动的目标,而培训则能够创造框架和结构,帮助指导图书馆追求质量改进。

六、授权员工和尊重员工

全面质量管理的特点之一就是引起图书馆内文化的变化,决策将由图书馆中最基层的员工做出。今天,许多大型图书馆仍是等级结构,大多数决策仍是由最高管理者做出的。在这种等级结构中,图书情报人员未受到应有的尊重。

大多数全面质量管理大师认为:一个组织的大多数问题可追溯到其过程本身,很少问题是由员工造成的。戴明认为:85%的质量问题是在操作过程中造成的,而只有15%的问题是由员工造成的。因此,他们提倡应停止追究员工的责任,而把更多的注意力放在严格地检查过程或系统上。全面质量管理因授权员工而闻名。一般说来,人们都想把事情做好,都希望以自己的工作而自豪。无数关于"图书馆馆员为什么要选择图书馆工作作为他们的职业"这一主题的调查已表明,大多数反映者认为,他们之所以进入这一领域,是因为他们喜欢为其他人服务,他们喜欢与信息、知识资源打交道。怀着为其他人提供服务这一强烈愿望,图书馆馆员已与全面质量管理自然而然地联系起来,现在他们所需要的就是拥有尽可能有效地进行工作的权利。因此,消除阻止员工充分发挥作用的障碍就是图书馆管理者的责任之一。全面质量管理强调,图书馆管理者要赋予那些做实际工作的人员权利,以便纠正明显出错的工作和消除为用户服务的障碍。

七、持续改进

全面质量管理不是一项一蹴而就的工作,它不应仅仅在图书馆陷入困境时才被重视,它也不应当被看作解决图书馆所有问题的万灵药。从某种意义上说,不应把全面质量管理描述成一个"进程的变化",它应是一种"工作方式",图书情报服务和知识信息产品质量的持续改进是使用全面质量管理的目的。

全面质量管理应被看作一个长期作为图书馆一部分的管理过程。尽管全面质量管理的实施会遇到各种不同的挫折，但当它得以充分实施时，整个图书馆工作流程中的有形方面将会得到显著提高。对图书馆来说，更重要的利益之一将是，全面质量管理创造的文化——图书馆工作人员参与评估各种不同的操作、参与决定图书馆的战略方向、作为一个团队发挥作用。服务质量改进只是一个现象，其更深的意义在于它转变图书馆的一些领域，实施以质量为驱动的计划，为用户和图书馆提供健康、新鲜的空气。

第三节　国内外图书馆全面质量管理模型

20世纪90年代以来，国外图书馆界掀起一股质量管理热潮，各国图书馆不仅尝试着把全面质量管理引入实践，而且图书馆学者、工作者从理论上也展开了积极探讨。其中，图书馆全面质量管理模型也是最受关注的研究领域之一。

模型，利皮特把它定义为“以简化形式来描述世界某一方面的结构和流程的一个象征”。全面质量管理作为一种管理思想和管理工具，最终要落实到可以指导具体行动的模型上，而且模型设计的正确与否直接影响着实施的成败。下面选择介绍几个：

一、哈佛大学图书馆全面质量管理模型

1991年秋，哈佛大学图书馆开始引进全面质量管理。通过对图书馆、图书馆馆员的发展有关键影响的因素分析，该馆提出了全面质量管理实施模型，如图10-1所示。

图书馆战略规划位于模型中心，这表明图书馆一切全面质量管理活动都要围绕其展开。具体来说，要落实到三大功能模块的顺利实现。

（1）制订图书馆全面质量管理计划。在图书馆战略计划指导下，结合员工、用户多方面调查，制订出具体的全面质量管理计划，明确图书馆实施全面质量管理的日标和目的。

（2）实施多功能管理。通过建立多功能团队，加深对内部用户（图书馆馆员）、外部用户（图书馆读者）和供应商（书商、出版商等）及其相互关系的理解，保证及时了解并满足各方面的需求。

(3)改进日常作业。在图书馆各项作业中,以团队形式保证全体图书馆馆员积极加入工作、服务质量的持续改进中来。此外,交流弥漫在整个模型中。图书馆通过正式和非正式的交流渠道,如宣传栏、快报、会议、上下级之间对话、图书馆馆员间的交流等传播着有关全面质量管理的各种概念、知识以及质量改进活动的经验和心得,而团队、质量管理工具、解决问题的主要工具和技巧以及服务改进流程则支持着每一功能模块主要功能的实现。

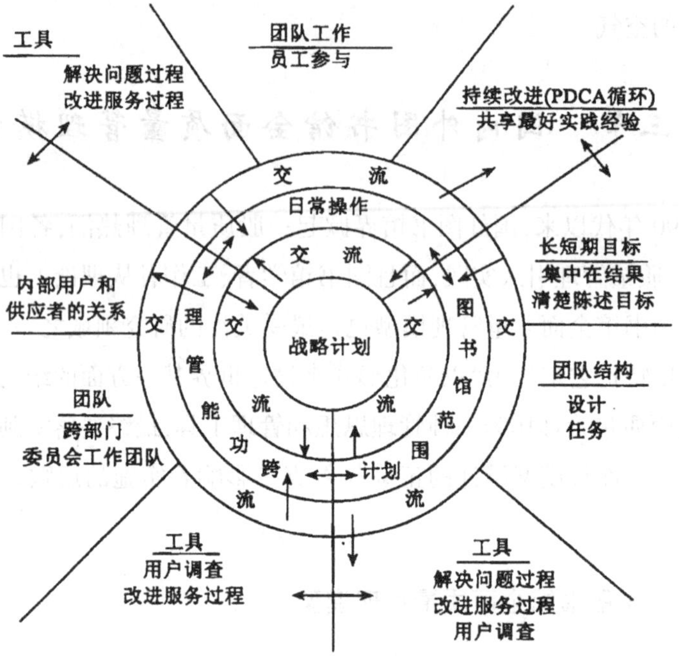

图 10-1　哈佛大学图书馆全面质量管理模型

二、3M 公司信息中心全面质量管理模型

3M 公司信息中心实际上是该公司的专门图书馆,其提出的全面质量管理实施模型如图 10-2 所示。

该模型是一个阶段性的过程,建立在前一阶段所产生的大量信息的基础上。图中的流向代表实施改进的过程,在每一衔接处所获得的信息会使中心重新审视前一阶段的活动,若有需要,也会重做前面的工作,直到取得满意的结果。实际上,每一步骤所产生的信息都被用来指导日常的操作。模型具体可分解为如下步骤:

(1)制订战略计划。战略计划位于模型中心,它指导着各个阶段的活动,并根据各个阶段的反馈信息不断加以修改、调整,以适应变化中的形势的需要。作为全面质量管理的首要阶段,计划内容包括:操作单位和成本,业务和当前状况,发展趋势,资源状况,使命说明,成功的关键因素,3M 信息服务中心愿景规划,关键问题、解决问题的战略和计划,风险评估,投资要求,评价成功的指标。

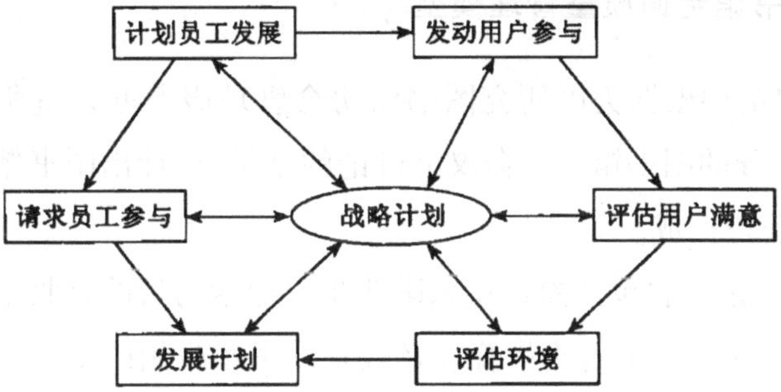

图 10-2　3M 公司信息中心全面质量管理模型

(2)员工参与和承诺。全员参与全面质量管理活动是计划成功实施的关键要素。为此,信息中心采取了各种促进方法,如广泛开展各种交流、对员工授权、鼓励员工对实施计划提出各种想法、形成执行项目等。然后,再将结果在全体员工中进行交流。

(3)用户参与。发动用户参与是制定和实施全面质量管理计划的重心。通过调查和访问了解用户对某些问题,如服务状况、资源利用情况等的看法,保证计划的制订和实施建立在用户需求的基础之上。

(4)评估用户满意程度。质量保证过程的第四个要素是评估用户满意程度。调查是评估用户满意程度的有效方法之一。该中心对特定服务领域,如参考服务、电子信息服务等用户的满意程度进行了调查,从中发现问题之所在,为改进选择突破口。

(5)员工发展。在 3M 公司信息中心,员工发展已成为聘用制度的一个组成部分。信息中心为每个工作岗位制订了岗位标准和要求,所聘用的员工不仅具有从事本职工作的良好素质,而且具有胜任信息中心其他工作所需要的技能和潜力。此外,信息中心还根据员工的季度、年度工作表现决定其去留,或转到其他更合适的岗位上去。教育也是信息中心用来提高员工知识、技巧的重要手段,信息中心员工平均每年有 80 个小时的继续教育时间。

(6)环境评估。在实施全面质量管理中,对外部环境进行评估也是很重要的一个方面。环境评估涉及的内容主要有：确定基准目标、收集有关资料、明确影响中心发展的关键环境因素，如信息技术现状及其发展趋势、知识产权问题等。

此外，交流也是3M公司信息中心实施全面质量管理的一个重要因素，包括与用户交流、与员工交流以及与中心管理者交流等。

三、研究图书馆全面质量管理模型

苏珊·B.巴纳德根据美国研究图书馆协会管理服务办公室所做的工作以及1992年在美国召开的图书馆馆长会议上讨论的结果，设计出图书馆全面质量管理模型，模型由四阶段构成。

(1)探索和承诺。它包括探索和承诺两步。探索的目的是收集有关全面质量管理的信息，建立起关于全面质量管理及其在图书馆应用的知识储备。承诺则是获得图书馆高、中层管理者和骨干人员对实施全面质量管理的理解和支持。

(2)质量策划。该阶段是为质量改进而进行的准备工作，也就是正式进入准备阶段。这一阶段的活动涉及制订有关计划，为全面质量管理在图书馆的实施提供基础和指导。具体来说，分为评价图书馆的主导文化是否与全面质量管理的要求相吻合；加深对内部用户和外部用户的了解；陈述愿景规划，制订指导方针和行动方案。

(3)实施。这包括：了解用户需求和期望；确定和测评图书馆关键业务流程；组建试验项目团队，负责有待改进的关键业务流程；培训团队成员，使其掌握团队有效运作所需的各种技巧，如人际关系技巧、决策技巧、解决问题的技巧等。

(4)评价和推广。在评价试验项目实施结果的基础上，制订正式的全面质量管理战略计划和部门计划，并推广试验项目所取得的经验，形成多个质量改进团队，开始其他质量改进项目。同时，应对在改进中做出贡献的团队和个人给予奖励和表扬。

四、图书馆全面质量管理模型

彼得·布罗菲和凯特·考林提出了图书馆全面质量管理模型。彼得·布罗菲和凯特·考林认为，图书馆全面质量管理模型应由五步构成。

(1)承诺，即上至高层管理者，下至一般图书馆馆员都对全面质量管理过程进行承诺，保证把全面质量管理长期执行下去，并对实施全面质量管理所需要的时间、财力、物力、员工努力做出充分估计。这期间，有效的交流将对全面质量管理实施起到催化剂的作用。

(2)规划愿景。承诺后,就开始规划通过实施全面质量管理所要达到的目的,清楚在今后2年、5年甚至10年内图书馆要走向何方。愿景规划可为全体图书馆人员指明奋斗的方向,增强他们的决心和信心。

(3)组建团队。全面质量管理要具有跨越内部界限的能力,保证对每个人授予必要的权力,这就要求组织由等级结构变为平等结构,从而完成对所有员工的授权。通过建立团队,可使大家共同面对有待解决的问题,提出可行的办法,然后通过管理保证实施。

(4)质量审验,即进行"差距分析",指出质量改进应从何处入手。分析涉及如下方面:①图书馆的目的及所要提供的产品和服务;②对用户的了解程度,包括图书馆的读者对象、读者需求、读者对质量的理解等;③质量成本,能否确认返工的地方,是否把质量成本转嫁到了用户身上,能否找到质量成本的具体例子;④持续改进,持续改进是否已成为图书馆文化的组成部分,有无测度服务改进的机制,能否证明用户的抱怨和建议在改进中已经起到了作用;⑤改进后的流程运转情况,每个流程是否都有专人负责,每个流程和改进情况是否都有文字记录,遇到问题时,是忽视、躲避,还是纠正它并改变流程,以避免再次发生;⑥绩效测评,是否对绩效进行了始终如一的测评,有无与用户需求相关的固定测评指标,是否设定目标,图书馆的目标与用户需求是否一致,是否对质量的"硬件"(如服务、产品的数量)和"软件"(如员工态度)进行了测评,能否证明是在测评的基础上采取的行动;⑦质量测评工具,质量测评工具是否合适,是否有统计技巧和测评的方法,员工是否清楚测评的重要性;⑧员工培训,是否对员工进行了培训,所有员工是否都明白了质量的含义,怎样了解员工对培训的需求。

(5)行动,即真正进入实施阶段。从承诺、规划愿景、组建团队、质量审验到行动本身,即做什么,由谁做,什么时间做,这往往是所有步骤中较为困难的。因为正是在这里,要求所有的员工从习惯的做事方式转变为持续改进。

五、罗曼博士设计的图书馆全面质量管理模型框架

该框架分为二个阶段:

(1)探索,包括探索和承诺两个步骤。探索主要是收集有关全面质量管理的各种信息;承诺主要是指图书馆全体人员承诺参与全面质量管理。

(2)准备,包括制订战略计划、了解用户需求、进行机构评估、发展领航计划、

建立质量改进团队等。

(3)行动,包括确认和选择问题、分析问题、提出解决问题的具体办法、制订实施计划、执行计划、评价实施结果。

六、张玉凤设计的理想的图书馆全面质量管理模型

该模型分六个阶段,每个阶段都在前一阶段成果的基础上继续前进,且每个阶段均围绕着“服务质量控制过程”这一中心进行,最终连接起来,形成一个持续改进的完整的全面质量管理过程。

(1)评估用户需求。通过各种方式,对用户(尤其是本馆核心用户)的需求进行充分的调查分析,了解用户的具体需要和对本馆服务的各项要求。

(2)根据用户需求制定出图书馆发展的战略计划,确定服务质量的标准、方针和目标,确定图书馆质量控制、质量保证和质量改进的原则与方法。

(3)根据战略计划选择适合的管理体系,营造与全面质量管理相兼容的管理文化。

(4)将新的管理体系与当前体系相比较,将新确定的质量目标、最新得出的用户需求与图书馆当前工作相比较,从中找出差距,进行系统分析,从而确立改进方向,确定改进项目。

(5)实施改进项目。在实施质量改进期间,图书馆应把科技、资本、人才三个资源要素与整个图书馆战略计划结合起来,将科技与人才要素组合构成有利于确保质量、培养全面质量管理行为的新文化机制,将资本与人才要素组合构成员工工作任务标准化、规范化及制度化的制度机制,将科技与资本要素组合成能根据变化的环境重新设计和整合工作程序的效益机制,以保证对实施改进项目的全过程进行有效控制。

(6)评估用户满意度。根据特定指标,通过各种方式,对用户对新的质量目标、新改进的服务项目的满意度进行调查,找出用户不满意之处或对图书馆服务质量的新要求。根据用户要求重新制定改进项目,并予以实施。如果仍达不到用户的满意程度,则开始新的用户需求调查,进入新一轮循环,直到用户满意。

第四节　图书馆全面质量管理体系的建立

一个有效运行的体系是一个完整的整体，它通过制定质量方针、质量目标，明确职能，确定权限，互相沟通了解，减少或消除由于职能不清导致的障碍，可系统地考虑资源的投入，减少浪费。所以，我们应该考虑建立图书馆全面质量管理体系。

一、建立图书馆全面质量管理体系采用的主要方法

1. 业务流程管理

业务流程管理是指通过对业务流程的分析研究，明确所需完成的任务和在执行任务过程中存在的问题与障碍，通过用户和工作人员通力合作，使供需双方顺利对接。

2. 定标赶超

定标赶超即预先确定一个参照目标（可从单位内外选定），然后把现存的系统同该目标进行对比，找出差距，从而不断加以改进、提高。

3. 再设计

再设计不仅涵盖了流程的改进，而且还在总体高度上对整个流程进行重建。

4. PDCA 循环

即"计划—执行—检查—处理"工作循环，四个阶段周而复始地运转：计划阶段制定质量目标、活动计划、管理目标和实施方案；执行阶段按预定计划要求扎扎实实地去做，以贯彻实现计划、目标；检查阶段对照执行结果和预定目标检查计划；处理阶段实际上就是工作总结阶段。

5. 成立质量控制小组

在实施全面质量管理时，通常成立一个质量控制小组，由图书馆内相关部门的人员参加，同时还聘请用户担任协调员。

6. 应用 SERVQUAL 方法评价图书馆服务质量

1990 年，美国服务市场营销学家依据全面质量管理理论提出了一种称为 SERVQUAL 的方法。美国图书馆学家对此很感兴趣，他们根据这一方法设计了五个层面，作为用户评价、衡量图书馆服务质量的客观标准。这五个层面分别是：有形

设施、可靠性、服务效率、保障及情感移人。每一个层面又分成若干问题,要求用户打分,最终获得用户对图书馆的客观评价,而管理者根据用户的评价制订出战略计划和改进图书馆服务质量的指南。

二、图书馆建立全面质量管理体系的要点

1. 领导亲自参与

日本著名质量管理专家在阐述日本式全面质量管理(又称全公司范围的质量管理)时,强调全面质量管理只有在公司社长(总经理)亲自参与的前提下,才能取得实实在在的成效;如果只是授权给下属或通过支持下属来推动,则效果会大打折扣,甚至不可能取得成功。这种说法也符合戴明、朱兰、费根堡姆、克罗斯比等美国著名质量管理专家的观点,即企业要迈向全面质量管理成功之路,很关键的一点是要认识到"质量是经营者亲自参与领导所创造出来的"。

2. 以人为本

在实施全面质量管理过程中,成败的关键在于人。美国质量管理专家韦弗曾一再强调,在推动全面质量管理时,领导者陈旧过时的风格应加以改变,即由监督改为协助,由命令改为沟通,由训诫改为建议,由注重产量改为注重质量,处事方法由封闭改为公开,对下属由担心改为信任。实际上这是管理学上麦格里哥所提出的 X 理论和 Y 理论以及奎奇所提出的 Z 理论思想的延伸。

3. 用户中心观念

用户是图书馆的顾客,是图书馆生存与发展的基础。图书馆内的各个部门都应树立用户中心的观念,凡未能满足内、外部用户需求的工作过程均应加以改进。每位员工在其工作内容与质量上,必须时时考虑用户的需求,以生产出用户真正满意的产品或推出用户信赖的服务。只有以用户为中心,才能使图书馆的作业过程合理化并成为用户心目中产品和服务的最佳提供者。

4. 持续的过程改进

持续的过程改进是图书馆不断提高产品或服务质量的重要途径。好的过程不一定产生好的质量,但好的质量一定是好的过程中产生出来的。在实施持续改进时,图书馆应将其内部的人力资源组成团队。团队的主要任务是对图书馆内部的关键过程和影响其生存与发展的重要方面不断地加以改进,使其常具竞争力。

三、图书馆建立全面质量管理体系的步骤

1. 统一思想

建立全面质量管理体系,实行全面质量管理,首先图书馆的领导要统一思想,让员工明确实行全面质量管理的必要性和可行性,尤其是最高管理者必须认清其作用和目的。其方法是:收集有关全面质量管理的信息,特别是其应用于教育部门、服务部门、非营利组织以及图书馆的重要论述;组织访问考察已成功实施全面质量管理的图书馆,获得关于全面质量管理的第一手资料;聘请全面质量管理专家和顾问到图书馆开办讲座,参加有关全面质量管理的会议、研讨会和培训班等。

通过这些活动,使图书馆所有人员对全面质量管理的概念、历史背景和它在非营利机构中的应用有比较充分的了解,明确图书馆实施全面质量管理的意义和它在改进图书馆工作质量和服务质量中的作用。

2. 组织保证

实施全面质量管理,领导是关键。应成立由馆长即最高管理者为组长,由业务副馆长为副组长,由各中层负责人参与的领导小组,具体负责管理体系建立的组织实施工作。中层干部既是具体指挥者又是实施者,他们的参与是图书馆成功实施全面质量管理的重要基础。

3. 员工培训

实施全面质量管理,必须全员参与。这就要求大家不仅要明确图书馆实施全面质量管理的意义和它在改进图书馆工作质量和服务质量中的作用,而且还要掌握实施全面质量管理的技术和方法,如产生思想和收集信息的工具(头脑风暴法、调查表、访问等)、达成共识的工具(标准评价表、投票等)、分析和显示数据的工具(因果图、直方图、排列图等)和计划行动的工具(流程图等)。这些工具和技巧在分析问题、实施改进和评价结果中是非常有用的。培训可以有多种途径,如全体员工大会、板报、快报、办培训班、组织参观等。

4. 全面质量管理体系的策划

进行全面质量管理,要制定实施全面质量管理体系的目标,即要实现的长期目标和近期目标。制定目标要围绕上级主管部门制定的图书馆在若干年内的发展总体规划,根据上级的规划和要求,制定出合乎实际需要的质量管理计划,再结合本馆的实际情况(图书馆的服务对象、经济状况、馆舍条件等)和上级的要求确定自

己的基本任务、近几年的目标以及实现上述任务的战略步骤。

5. 机构绩效评估

用户满意度调查或特定测评指标可以反映用户对图书馆提供服务的满意程度,这是进行持续改进的基础。因为只有通过把当前绩效同用户期望进行比较,从中找出差距,查出质量管理上存在的纰漏,才能瞄准改进的方向,设计出新的管理体系,提供高质量服务,达到满足用户需要的目标。

6. 全面质量管理体系结构的设计

全面质量管理体系的结构一般是根据全面质量管理的流程即策划—实施—评价来设计,并根据各馆的实际情况和理解,给各个阶段加入不同的内容,根据体系的结构绘出管理体系的模型。

7. 组织与实施

在质量管理体系策划和体系结构设计的基础上,应具体落实组织机构、职责权限和分工,通常要制定二图一表,即组织的《行政机构图》和《质量管理体系结构图》以及《各职能部门的职能分配表》,明确各个部门的职能。职能分配表具有十分重要的作用,因为它使体系的运行有了组织保证。

要调整机构、配备资源,要使职能部门按计划完成自己的任务和目标,就必须赋予其一定的职责和权力,就必将配备一定的人力资源、物资资源、基础设施,营造相应的工作环境。

8. 编制文件

实施全面质量管理,必须进行文字记载,以便保持行动的连续性和进行前后效果的比较。记载的内容包括实施全面质量管理的方针政策、保证体系正常运转的规章制度,以及平时会议、讨论和工作的记录。

9. 图书馆效率的测评和审计

图书馆开展全面质量管理活动后,必须了解活动开展后工作效率提高的情况和在使读者满意方面达到了何种程度。因此,除了对读者进行必要的调查,以了解读者的需求和对图书馆的满意程度外,还必须运用图书馆统计学知识,从质和量方面对所做工作作出评估。如统计出图书馆机读数据库被检索的次数,采购部门所采购的各专业图书数量,各专业图书的实际使用量等。将全面质量管理开展前后的统计数据作对比,从而测评出质量管理开展后图书馆工作效率的提高状况,这种测评对图书馆质量管理系统来说是至关重要的。

图书馆效率测评的另一个特殊形式是审计。审计指的是采用一些专业化标准对图书馆工作进行评估并做出结论。图书馆的审计工作通常可由馆内外专家和读者组成的审计小组来进行。

读者调查、效率测评和审计,可以对开展全面质量管理时制定的任务计划完成情况进行全面检查,总结经验教训,为下一步开展新一轮的质量管理做准备,从而形成新的质量管理循环。

第十一章　图书馆量化管理

第一节　图书馆量化管理概述

量化管理是指通过对某项工作每一个活动的研究分析，以科学的方法制定出完成该项工作的数量标准，并将它作为技术经济定额来提高工作效率。其实质就是工作过程中劳动消耗的一种数量界限。它有两种表现形式：一是时间定量，即完成某项工作所消耗的必要工时；二是工作定量，即在单位时间内完成的工作量。量化管理作为一种管理方式，具有优化人员结构、调动工作人员积极性、提高工作效率等优点。

图书馆量化管理，就是将图书馆各部门、各环节、各员工在一定的时间内应完成或达到的工作目标全部用一定的数值规定出来，用数值来衡量。

一、图书馆量化管理的原则

1. 实事求是原则

图书馆量化管理的工作分解和各项量化指标的制定，需要结合本单位的实际，不能照搬照抄。在制定量化指标时，不仅要考虑图书馆与其他组织工作性质的差异，而且要考虑馆内不同部门、不同岗位的具体工作差别；在实施过程中，还要结合工作环境的变化不断加以修正与完善。只有这样，才能制定出符合图书馆实际、真实反映工作绩效的公平合理的考核指标。

2. 可行性原则

量化管理作为一种评估体系，必须充分考虑具体实施中的可行性问题。在制定标准时，量化的内容能具体则尽量具体，数据能精确就不要模糊，否则量化管理就难以进行。

3. 灵活性原则

在图书馆活动中，有些工作很难精确计量，如服务态度与效果、改革创新行为等,若执意要对其精确计量,则反而不科学。为此,可采用一些变通的考核办法。譬如:图书馆流通工作是为读者服务的重要窗口,服务态度包括工作的认真程度、语言的规范程度、回答读者咨询问题的准确性、主动服务的质量与数量等。对服务态度与效果的量化可借助读者意见反馈和评价、馆员相互评价、检查考核记录等方式,采用加减一定分值的办法进行量化。

二、图书馆量化管理的意义

1. 量化管理是实行图书馆科学化、规范化管理的重要手段

图书馆内各部门、各工作环节之间有着密切的联系,实行科学的量化管理,能做到相互之间紧密协调和合作,使各项工作井然有序地进行。图书馆运用量化指标,可精确地反映和说明工作运转情况,可用数字来统计、分析、对比各项工作的成效,从而具体准确地研究各个部门和图书馆整个管理过程。

2. 量化管理便于准确考核图书馆馆员的工作情况

量化管理是由过去的模糊"软"指标过渡到明确的"硬"指标的必要措施。不实行量化管理,业务考核只能停留在评委给印象分的水平上,尽管印象分来自每个工作人员平时的实际工作表现,但由于缺乏量化指标,不具有足够的说服力,不能让人信服,也不符合考核的公正性和一致性原则。

3. 量化管理是图书馆引入竞争机制的具体体现

图书馆需要有高素质的人员从事工作。将各项管理工作赋予合理的数值指标,按岗定人,使每个工作人员心中有数,可激励和促进全体工作人员的责任心和工作热情,增加危机感和紧迫感,优胜劣汰,竞争上岗,提高工作效益。

第二节　图书馆量化管理的指标体系

制定量化管理指标是一个复杂、系统的工作,它既要涵盖图书馆工作的全过程,又要对每一具体工作环节给出科学实用的定量管理数据。有些工作可以用数量来表示完成情况,如文献入藏量、分编量、流通量等;而有些工作,则需各单项工作的数量值加以综合经过分析比较方能确定,如对文献的开发利用、满足读者需求的程度等。因此,指标的制定要结合各个图书馆的性质、任务、读者需求、馆舍设备及经费状况等主客观条件,由管理者具体制定,经馆内工作人员反复论证。

图书馆量化管理的指标体系内容很丰富,本节就一般图书馆的量化管理指标做一初步设计以供参考。

一、图书馆工作内容的分类

我们按工作的对象,把图书馆工作划分为文献资源建设、读者服务、技术服务与管理工作四大部分,又细分为18个小类。

文献资源建设包括:①文献采访工作;②文献分编工作;③文献加工工作;④文献典藏工作;⑤文献信息的开发。

读者服务包括:①文献借还工作;②读者教育工作(包括利用图书馆的技巧和文献检索技巧);③文献复制工作;④读者辅导工作(主要是解答咨询和定题服务);⑤文献宣传报道工作。

技术服务包括:①计算机软硬件的建设和维护;②数据的安全与备份工作;③工作人员应用计算机技术和软件技术的培训和辅导。

管理工作包括:①传达并布置执行上级部门的指示精神;②制定本部门的发展规划和各项规章制度;③进行本部门机构的设立和调整;④进行本部门人力资源的培训和调配;⑤对物资设备和办公用品的购买、调配和管理。

需要说明的是,上述工作并不代表工作的人数。因为有的是一项工作需要很多人干,如文献借还工作;有的是多项工作只需要一个人干,如管理工作。这就需要计算每项工作的工作量,计算每个工作人员完成该项工作的速度。不仅如此,还要制定出衡量该项工作的质量标准。但是,由于工作量与质量标准受多种因素影响,如学历、职称、能力、工具、环境等,无法制定一个适用于各种类型图书馆的指标,在这里要谈的是如何来制定这些指标,然后由各馆根据本馆实际情况自行制定。

二、工作数量量化标准的制定

工作数量量化标准的制定也叫劳动定额制定,大体上有以下四种方法:

1. 经验估工法

一般由馆长、专家和业务骨干组成估工小组,根据图书馆各部门工作的特点和要求,考虑该馆的技术条件和劳动组织形式,凭各自的工作实践经验,估计确定工时定额。估工时可按整个工序或工种进行估算,也可以按工序的各组成部分分别进行估算,然后汇总确定工序的工时定额。这种方法的优点是简单易行,工作量少,制定定额比较快,有一定的群众基础。缺点是对定额的各组成部分及其影响因素不能做细致的分析和具体的计算,因而技术根据不足;单凭估工人员的技术和经验,只能反映已达到的工作水平;对同一工种,不同的估工人员有时会估出不同的定额,容易出现偏高或偏低的现象,定额的准确性较差。

2. 统计分析法

根据过去同一工种的实际工时消耗和完成定额的统计资料,分析当前工作条件的变化,来制定定额。这种方法需要有较多的统计资料为依据,比经验估工法更能反映实际情况,并有利于促进图书馆的统计工作。但是,由于它依据的是过去的统计资料,这些资料中某些不合理的因素(如原始记录不准确,实耗工时中包括了一部分浪费的工时等),必然影响定额的准确性,使定额水平不够先进合理。为了提高用统计分析法制定定额的准确程度,必须建立和健全原始记录制度,加强定额的统计工作,特别要加强对统计资料的整理、分析和研究工作,剔除其中不合理的部分,分析平均水平与先进水平的差距及其原因,还要考虑当前的工作条件同过去相比有哪些变化,这些变化对定额有什么影响。一定要把提高工作效率的各种可能因素,如推广先进的操作方法、采用新技术等考虑进去。

这种方法适用于工作条件比较正常,原始记录和统计工作比较健全的图书馆。

3. 类推比较法

类推比较法又叫典型定额法,是以某种同类工种(如几个不同书库的微机借还书)的典型定额为依据,进行对比分析,计算确定另一工种的工时定额。运用这种方法,首先要对全馆工作进行分类归组,然后在每一组中选出具有代表性的工种,制定典型定额标准,同组中其他工种的定额,通过与典型定额相比较而确定。这种方法比较容易使同类工种之间定额水平保持平衡,只要典型定额制定恰当,对比分析细致,则定额的准确程度较经验估工法为高。为了进一步提高定额的准确程度,要做好工种的分类归组工作,正确地选择代表性工种,科学地、有根据地制定典型定额标准。在对比分析时,要抓住主要影响因素,寻求工时消耗的规律性,并考虑到提高工作效率的潜力。

4. 技术测定法

技术测定法,即在充分挖掘劳动潜力的基础上,根据合理的工作条件和工艺方法,对组成定额的各部分时间进行实地观测或分析计算来制定定额。采用这种方法制定的定额又叫技术定额。第一,要将制定定额的对象(一般为工序)划分为较少的各个组成部分,进行动作研究,找出不必要的动作和交叉作业的可能性,尽量使工序的结构较为合理;第二,要对工作条件和工艺方法进行分析研究,如劳动分工是否合理,工作地布置和设施是否恰当,设备能否得到充分利用,工艺规程是否合理;第三,通过调查或计算取得工序各组成部分的消耗资料,由于取得资料的来源不同,技术测定法又可分为分析调查法和分析计算法。前者是在现场通过工作记录和测量取得消耗资料;后者是运用事先制定的定额标准,查阅图表取得所需资料;第四,对取得的工时消耗资料进行整理、分析和计算。初步确定各种定额和实现定额的组织技术措施,经讨论、修改、批准后,贯彻执行。

这种方法比较科学,有一定的技术依据,较为准确,易于平衡,对工作、技术有促进作用。但是,制定定额的过程比较复杂,工作量大,不易做到快和全。

上述四种制定劳动定额的方法,各有优缺点和适用范围。究竟采用哪种方法,或几种方法结合运用,各馆应从实际出发,根据需要和可能的条件来确定。

三、各项工作的质量量化标准

图书馆各项工作都有其特殊性,都应有其质量标准。

1. 文献资源建设

(1)文献采访工作。采访工作的质量量化标准应从订购图书的重复率、优秀图书以及丛书、多卷书的购全率,优秀工具书的购全率以及有关各馆收藏重点图书的情况等账目手续及图书登录准确完备情况,购书计划的执行情况等方面给出分值,优则加分,劣则减分。

(2)文献分编工作。文献分编工作的质量量化标准应从分类的准确度、编目的标准度、著录项目的齐全度、标引的精确度、文献入库是否及时、图书交接账目是否准确等来衡量,其标准与准确情况,可用百分比来定量。

(3)文献加工工作。文献加工工作的质量量化标准应从加工文献的数量、书标的粘贴、收藏章、财产号的打印准确完整率、条形码打印的是否清楚、贴的位置是否恰当等标准来衡量,可以规定错误率的百分比计算质量的优劣。

(4)典藏工作

文献典藏工作应根据其上架是否及时、书架是否整齐、有无乱架现象、书架是否卫生、文献的丢失率、破损率,来定出百分比(或千分比),依比值大小等标准计分衡量。

(5)文献信息的开发

文献信息的开发可以参照类同工作,根据其实际情况制定。如编制文献篇名索引,可参照文献的分类和著录标准执行。如果编写文章述评或信息分析报告,可以参照科研人员发表论文进行制定,也可根据实际情况自行制定。

以上几项内容,凡有全国图书馆评估定级标准的,均可按照相应考核标准进行检查,检查方法可按月或半年定期检查,也可不定期地进行抽查,几次抽查的差错率之和除以抽查的次数,所得商就是全年的错误率,然后再依比值大小定出加减分值。

2. 读者服务

读者服务是直接接触读者的工作,其服务数量的多少、服务速度的快慢、服务态度的好坏、服务效果的优劣,都应在质量标准中反映出来。目前由于绝大多数图书馆都使用计算机管理文献的借还,所以其服务的数量和速度都可以很容易地统计出来,并且比较精确。读者服务工作的好坏,主要体现在服务态度和服务效果上,而这两个方面主要靠读者的反映,因为读者是服务的对象,他们最有发言权,图书馆应广开言路,采用一切有效的方法充分收集读者的意见,并把意见在质量标准中反映出来,定出分值,比较出服务的优劣。

3. 技术服务

技术服务工作主要是针对馆内工作人员的服务,其工作质量的好坏主要是看软硬件出现故障的次数、排除故障所用时间的长短和服务态度的好坏。故障的次数反映出日常维护工作的情况。一般来讲,维护得好,故障就会少,否则故障就多。故障的次数还反映出对工作人员的技术辅导情况。一般来讲,工作人员技术水平高、操作熟练,故障就少,否则故障就多。排除故障的速度,反映了计算机技术能力和熟练程度。当然,影响软硬件出现故障的因素很多,与软硬件的档次、质量,网络防护设施的配备之间的关系也很大。各馆可以根据具体情况定出切实可行的标准,以出现故障的次数和故障对工作影响的大小定出优劣。其服务态度,可以用座谈或调查表的形式进行了解,并可依调查结果和工作记录进行综合评分、定级。

4. 管理人员

管理人员的工作应按照党对干部德、能、勤、绩的标准进行衡量。关于这四个方面的要求,有关干部的考核文件都有具体的规定,这里不再赘述。需要说明的一点是,图书馆管理干部的"绩",应按照政府主管部门颁布的有关图书馆工作的条例和评估指标进行衡量和打分,因为这些条例和指标都是经过专家研究制定的,经行政部门审批下发的,对当前或今后较长一段时期的图书馆管理工作具有较强的指导意义。图书馆对工作条例的执行情况、工作评估的达标情况与图书馆管理者的能力和成绩密切相关,应该说可以反映出其工作的优劣。

四、图书馆量化标准的实施

图书馆工作实行量化管理,比工厂车间的定额管理复杂得多,制定量化管理指标体系只是量化管理工作的开始,重要的是要发动全体人员努力达到和突破指标,充分发挥量化管理的积极作用。贯彻执行量化指标,要抓好以下工作:

第一,加强思想政治工作,使图书馆全体人员都懂得,能不能完成量化指标直接关系到工作效率的提高和图书馆整体工作计划的实现,关系到图书馆的职能能否较好发挥。

第二,及时地将量化指标下达到部、室(组)和个人。图书馆应根据全馆的工作计划和整体要求,对各部(室)下达任务。部(室)接到任务后,要进一步审核、编制部内的工作计划,计算出每个岗位的量化指标,并以书面形式下达到每个人。每个人员都清楚自己的工作范围和量化指标,工作就有了标准,考核就有了依据。

第三,狠抓各种技术组织措施的实现,为完成量化指标提供必要的条件。例如,合理安排工作任务,搞好工序衔接,改进和提高工艺水平等。

第四,量化指标的贯彻执行要与工艺改进、开展合理化建议活动以及组织劳动竞赛、总结和推广先进经验等项工作密切结合起来。

第五,加强培训,提高馆员的文化和业务水平。通过举办业务学习班,开展岗位练兵,组织业务骨干进行操作表演等多种方式,帮助大家改进操作方法,掌握先进技能,以达到和突破指标。

第六,正确贯彻按劳分配原则,完善奖惩制度,把完成量化指标的情况作为奖惩依据。

第七,加强量化指标执行情况的统计、检查和分析工作,要做好原始记录,正确地反映各部(室)、每个人的工作成绩、工时利用和指标完成情况,因为它是量化管理统计工作的基础。根据这些统计资料以及必要的调查分析,就可以掌握量化指标的贯彻执行情况,分析影响工时利用的各种因素,为降低工时消耗,提高工作效率指明方向。例如分析人员完成指标的程度、超标和完不成指标的人员所占的比重及其增减趋势,就可以针对不同原因采取措施,进一步挖掘劳动潜力,提高劳动效率。

第三节　图书馆统计

图书馆统计既是图书馆管理的基础，也是图书馆管理的方法之一。尤其是量化管理，更离不开统计工作，它是量化管理的基础，也是量化管理的组成部分。图书馆工作量的定额，可采取经验法或取工作量的平均数，二者都离不开统计工作；在量化管理过程中，为了监测量化管理的进程和效果，也要进行严密的统计工作。

一、图书馆统计的定义、对象和任务

1. 定义

统计包括三方面内容：统计工作、统计资料和统计学。统计工作一般包括统计调查、统计整理、统计描述、统计分析和统计显示等。针对图书馆而言，图书馆统计工作是一项传统的业务工作，是指运用统计学原理，根据具体数字来反映图书馆各项工作的实际情况，通过对图书馆工作中的各种现象、状态、趋势等进行量的描述与分析研究，为工作决策提供坚实可靠的数据支持。随着社会的发展、信息时代的到来，各项改革不断深入，图书馆传统的管理体制受到强烈的冲击，以标准化、规范化、科学化的方式和手段管理图书馆的思想日渐浓厚，图书馆各项统计工作的作用日趋显著，目前，统计工作已受到越来越多的图书馆管理者的重视。

2. 对象及任务

图书馆统计的对象是组成图书馆的要素，即藏书、馆员、读者、经费、设备以及与其相关的媒介指标，如书刊购置费、藏书利用率等。

图书馆统计的基本任务是对所研究的现象进行统计调查、统计分析，提供统计资料，实行统计监督，制定数量指标系统，确定图书馆统计方法，对图书馆统计工作进行评价。

二、图书馆统计的内容

1. 读者统计

读者统计包括对读者到馆人数、读者借阅次数、拒借数字等的统计。只有通过统计分析，才能掌握图书馆各种藏书的利用率及读者到馆率、读者拒借率等统计比

率。这些详细的数据可以用排队论的方法,科学地安排工作人员的上班时间,合理地组织劳动力,使之获得最佳效益。

2. 藏书统计

藏书统计内容包括藏书数量及其发展变化情况。科学的藏书结构,无疑有利于流通量的进一步提高。用实际藏书结构进行统计分析,可以选出该馆藏书的最优值,得出最佳藏书量和复本量,调整并确定出最适应读者需要的藏书类型,同时还可以对藏书补充做出具有科学依据的预测,使图书馆充分发挥其职能。

3. 借阅统计

借阅统计内容包括图书开放情况,图书内览外借情况,馆际互借、图书宣传、参考咨询、情报服务、书目服务等情况。通过借阅统计,可看出哪些书长期为读者所需要,哪些书使用率低,使用寿命短,读者需求变化的倾向等情况,据此来实施本馆图书的采购与剔旧工作。通过对图书借阅情况的统计,可以反映出读者利用藏书的情况,也可以反映出各种类藏书的流通情况。

4. 图书馆工作人员统计

图书馆工作人员统计内容包括人员数量、各类人员分布、年龄与知识结构、职称、职务、从事专业时间、学术成果等情况。

5. 经费统计

经费统计内容包括经费数量、来源与分配情况。

6. 建筑设备统计

建筑设备统计内容包括图书馆建筑面积、书库、阅览室、办公室等用房的分布情况,机器设备的名称、型号、规格、数量、质量情况等。

7. 图书馆网络统计

图书馆网络统计内容包括参加网络的图书馆数量、网络分布状况、藏书总量、计算机数量、数据库状况、图书馆网站点击率、电子文献记录的下载次数等。

三、图书馆统计的方法和步骤

图书馆统计工作的全过程主要可以分为统计调查、统计资料整理和统计资料的分析三个阶段。

1. 统计调查

(1)统计资料的搜集

统计资料的搜集也称统计调查或统计观察。它是根据图书馆统计的任务,采用科学的调查方法,从搜集研究对象的原始资料开始的工作全过程,是图书馆统计工作的开始阶段,是认识事物的起点,也是整个统计工作的基础。图书馆统计只有通过统计调查取得有关资料,才能为统计整理和统计分析提供依据。

统计调查首先要制定统计调查方案,然后确定统计调查的目的、对象、范围、项目,之后编制图书馆统计调查表,最后确定调查的方式方法。

(2)图书馆统计调查的方式

按调查时间它可分为经常性调查和一次性调查。经常性调查是按照现象发生的时间,进行经常的、连续不断的登记,以反映事物在一定时间内的全部发展过程的一种调查方法,如登记读者到馆人次、图书流通册次等;一次性调查是不连续的调查,只是对事物在一定时间点上的状态进行登记。

按调查范围它可分为全面调查和局部调查。全面调查是对调查对象的全部数据加以调查,如图书、读者、馆员、经费、设备等;局部调查是仅对调查对象中的一部分项目进行调查,即抽查法。

按调查组织形式它可分为统计报表制度和专门调查。统计报表制度是按国家或上级主管部门规定的表式、时间和程序,自下而上地报送统计资料的一种调查方式。专门调查是根据调查对象的具体情况,专门组织的调查。按其不同的特点,可分为普查、重点调查、典型调查和抽样调查等四种。普查是一种全面调查,它调查的项目主要是现象,是一定时点上的状态。普查有两种组织形式:一种是通过专门组织的登记来进行,如藏书清点;另一种是在各单位本身的核算资料、报表资料的基础上进行,如图书馆各类人员统计。重点调查是在全部单位中选择部分重点单位进行的调查。这些重点单位在全部单位中虽然只是一部分,但它在研究现象的总量中却占有较大的比重。典型调查是根据调查的目的和要求,选择具有代表性的单位、项目,做周密系统的调查研究,借以认识事物发展规律的一种调查方法。典型调查和统计报表结合,可以弥补报表资料的不足,推算全面数字。抽样调查也称抽样观察、抽样推断、抽样法,在数理统计学里叫参数估计。它不仅包括原始资料的收集,还包括统计资料的整理与推算。它是按随机原则在总体中抽取一部分调查单位进行观察,用以推算全部总体的一种调查方法。被调查的对象整体,叫作全部总体,而被抽选出来的那一部分观察对象的整体,叫作抽样总体。由于抽样的随机性而产生的样本指标和总体指标之间数量上的差别,称为抽样误差。抽样调查可采用纯随机抽样、机械随机抽样、分类随机抽样、整群随机抽样等方式。

2. 统计资料的整理

统计资料的整理,是图书馆统计工作的第二阶段。它是根据统计工作的任务和要求,对调查所得到的原始资料,进行科学的加工整理,使之系统化,成为反映总体特征和状况的工作过程。人们在统计调查阶段搜集到的资料是分散的、不系统的,也不能反映总体内部联系和全貌。为了说明事物的本质和它存在的规律,必须对搜集来的资料进行加工整理、综合分析。有时为了特定的目的,对已整理过的统计资料进行再加工,也属于统计资料整理。统计资料整理是统计分析的基础和前提。

(1)图书馆统计资料整理的分类

一是定期统计资料整理,这是按一定时间(日、月、季、年)对统计资料进行的加工整理;二是专题统计资料整理,这是在一定时期内对图书馆某种现象调查的资料进行加工整理;三是历史资料整理,如对历年来图书馆发展的数量、藏书数量统计资料的整理等。

(2)统计资料整理的内容

事先制定出一个整理纲要,这个纲要包括如下内容:一是统计资料的分组。这是统计整理的基础。分组就是按一定的标志把调查的图书馆这一现象总体单位划分成若干部分或组,对调查来的资料进行科学的分析整理,以揭示总体内部的构成、类型以及它们相互之间的联系和区别。分组标志可分为数量标志和品质标志。数量标志按事物的数量变化分组;品质标志按事物的性质差异分组,如读者可按性别、民族、年龄、职业分组等。二是统计资料汇总,也称统计资料综合。这是统计资料整理的主要内容。统计资料汇总前要进行检查,检查资料的完整性、及时性和准确性。检查的方法有逻辑检查、计算检查、填表检查等。汇总的组织方式有逐级汇总、集中汇总、会审会总等。汇总的技术有手工汇总、机械汇总、计算机汇总。三是统计表的设计。它是统计资料整理的表现形式。统计表的结构从形式上看,由标题、标目、横行、纵行、数字资料五个部分组成;从内容上看,包括主词和宾词两部分。统计表的种类有简单统计表、分组统计表和复合统计表。

3. 统计资料的分析

统计资料的分析是整个统计方法的关键步骤,包括统计数据的结论分析和误差分析。前者是从统计数据出发,分析判断出相应的规律性结论;后者是对结果的准确性和精确度进行分析。一般来说,从数据得出结论的方法极多,主要有对比分析法、相关分析法、动态分析法、分组分析法、结构分析法、因素分析法、平衡法'、指数法等。下面简述几种常用的方法。

(1)对比分析法

该方法是统计分析的基本方法之一,它主要是通过纵向对比、横向对比来研究事物发展的规律。对比主要是部门之间、馆与馆之间、系统与系统之间、地区与地区之间及国内与国外之间的对比。

该方法主要有三个步骤:一是收集整理拟分析对象的统计数据,如本馆历年图书流通量、读者人数等;二是确定参照系并收集相关统计数据,如选定同类型馆的相同统计指标(图书流通量、读者人数等)作为参照系;三是进行纵向和横向的相对比较,并得出结论。对比分析对数学的要求不高,且属静态的简单比较,因而适用面广,为人们所常用。

(2)动态分析法

反映某种现象在时间上变化与发展的一系列指标数值,按时间先后顺序排列,形成一个动态数列。分析动态数列的发展速度和增减速度,可了解事物的变化过程。掌握发展趋势的重要方法即为动态分析法。该方法包括:一是确定拟分析的问题;二是收集整理一定时期内的相关统计数据;三是建立数学模型;四是进行模型精度检验及发展趋势预测。

(3)相关分析法

该方法是一种处理变量和变量之间关系的数学方法,即运用数学方法来分析图书馆活动中的各种统计量之间以及各统计量与某一外部指标之间的相关性,从而确定各种统计量之间的相互作用程度大小,该方法的核心是寻求两个或多个变量的内在联系。例如,由于图书馆的非营利性及其效益的隐蔽性、时滞性和长期性,使得图书馆经济学的核心和难点——图书馆经济效益评价与计量这一课题的定量研究特别困难。为此,有人针对图书馆投入与产出的不一致性导致的直接应用图书馆劳动成果——服务与劳动消耗之比难以进行的状况,以易于计量的图书馆服务量与外部某 收益指标(教学成果)的相关性作为分析问题的出发点,采用机辅分析来寻求两者之间的内在联系与规律,以此来确定图书馆服务量的增加与教学成果增加的正线性相关关系,从而避开了直接计量图书馆效益的障碍,收到了一定的效果。

(4)分组分析法

该方法就是把统计资料按某些变动标志分成若干部分进行研究的方法。包括:①收集整理拟分析对象的总体统计资料,使之科学化和系统化;②分析总体内不同性质的构成单元的情况,将性质相同的单元归在一个组内;③从数量方面分析各单元组内部的联系与规律,从而深入说明各单元及总体的特征与规律。

(5)结构分析法

这是计算某一事物的各个部分在总体中所占比重的分析方法,该方法以分组法为基础,要求首先掌握总体事物的基本统计数据,然后对总体中各个部分的数据进行分解分析,从而计算出各个部分的数值与总体数值的百分比。

图书馆统计分析的方法不限于上述几种,对于不同的问题可以采用不同的分析方法,也可以采用综合的分析方法。只要数据准确,分析方法和步骤得当,就可以得出正确的结论。

四、图书馆统计工作的注意事项

1. 领导要重视

各级领导应高度重视业务统计工作,使图书馆上下都把业务统计工作作为一项全局性和基础性的工作来抓,制定出完整、统一的统计制度。在具体实施时,应使所制定的统计制度与图书馆的组织结构和岗位责任制结合起来,同时明确具体的统计任务和各部门中承担对统计进行监督和汇总的责任人选。对全馆性的统计和资料分析应有专人负责,并要严格执行主管人审核签认的规定。统计工作人员应坚持实事求是的原则,图书馆应把统计工作中反映出来的工作量大小和工作情况的优劣在年终与部门和个人的考核挂钩,作为奖惩工作人员的主要依据。只有这样,才能从根本上避免统计工作中“走过场”式的弊病的出现。

2. 统计工作要规范化、标准化

为了真实反映图书馆工作中发生的各种现象和过程,就需要确定一套完整的统计指标体系,这种指标体系应从数量方面来反映图书馆业务工作的全部过程。因此,指标体系中所设置的各种指标必须全面和标准,以便能分别评价出各部门和全馆的绩效。指标的设置不宜过多,应突出核心指标,以免陷入烦琐,反而不利于管理。各馆要根据实际需要,建立一套完整、易于操作的统计指标体系,并形成一套相对全面、固定的统计表格,表格的设计要实用和规范,表格中填报的内容要真实,应杜绝漏报、虚报等现象的出现。

3. 统计手段要现代化

目前,各图书馆基本上都使用了计算机进行业务工作管理,统计工作应尽量使用计算机等现代化设备,建立图书馆数据统计网络机制,实现统计工作的自动化。只有这样,才能将统计工作人员从繁杂枯燥的数字计算中解放出来,真正做到高效、准确、规范地进行统计,提高工作效率,保证工作质量。

4. 责任到人

设置专职或兼职的统计人员直接隶属于馆领导,形成一个上下贯通的统计系统,从而保证统计工作准确及时。同时,从事统计的工作人员应树立敬业精神,具有高度的责任感和职业道德水平,具备各种统计知识和分析技巧,保证统计数据的客观和公正,保证分析结果的正确性,以提高图书馆的工作效率和服务质量。

第四节　图书馆管理中常用的数学方法

管理科学如果没有数学方法进行刻画和描述,就不可能成为精辟的科学。数学所研究的量与量之间的关系普遍存在于各种物质运动形态之中。图书馆管理活动中存在大量的数量和数量之间的关系。要使图书馆管理精确化、科学化,就必须广泛运用数学方法,实现计量化管理,把定性管理和定量管理有机结合起来。除上节谈到的统计方法之外,图书馆管理中常用的数学方法还有以下几种。

一、模糊数学的方法

模糊数学是对模糊事物或现象进行定量描述使其清晰化的一种数学方法,它是图书馆学研究中重要的数学分支,主要用于人员考评、期刊选优、系统评价和图书分类。

1. 模糊论的基本原理

有一定内涵但外延具有不确定性的现象称作模糊现象。客观世界一切事物都存在着一定的模糊性,只是表现的形式和程度有所不同。模糊性是绝对的,清晰性是相对的。

为了用定量方法描述模糊事物的质,模糊论提出“隶属度”的概念,并据以构建出一套隶属函数方法体系。所谓隶属度,就是事物隶属于某种类属或情态的程度。比如,我们要分析一位优秀图书馆工作者的工作质量,就要分析他的工作的优秀的程度,是十分优秀,还是较优秀。所谓隶属函数,就是隶属度在某区间上的可能分布,它所刻画的是事物由从属于到不属于的渐变过程,这个过程的有关数值就是隶属函数。将不同部分的质分别建立相应的隶属函数,并经合成运算,就可以对模糊事物总体质量做出客观的完整的精确的描述。

2. 模糊数学在图书馆管理中的应用

(1)人员考评

图书馆管理的关键是对人的管理,由于人的因素在图书馆工作中起着决定性作用,所以对其考评必须充分体现出公开、民主、平等的科学原则,这是调动人员积极性的必要条件。人员考评十分复杂。首先,人的素质本身是多因素的综合表现,各因素的表现差异不具有明确的“非好即坏”和数量区别,即存在着一定的模糊性;其次,进行评价的人员对同一因素存在认识上的差异。所以,模糊数学便成了解决这一问题的有效工具。模糊综合评判法能把工作的优劣自然演化为数量上的差异,把定性评判建立在定量分析的基础上,做到问题数学化、方法模式化,使考核具有较高的准确性和科学性。

(2)期刊选优

受书刊多种因素的影响,图书馆逐渐认识到确定馆藏核心期刊的重要性。核心期刊的确定有多种方法,如引文法、文摘法、流通法等。我们可以把这三种方法加以综合,建立期刊选优的模糊数学模型,使期刊选优工作更具科学性和准确性。

(3)关于图书馆评价

模糊数学对被评对象质量优劣模糊识别的过程,完整地体现了事物,由质到量,再由量到质的转化过程,为图书馆评价提供了一个全新的科学的数学模型,是图书馆定量化和科学化评价的有效方法。下面举例谈一下模糊数学在图书馆评价中的应用。

3. 模糊数学在图书馆评价中的应用方法

运用模糊数学进行图书馆评价,关键在于确定切合实际的隶属函数,一般可通过建立评价模式然后列出相应的隶属函数。我国通常采取二元结构的评价模式。它是由指标体系和评语体系组成的。指标体系包含有一组指标和相应的权重,它是一组反映质量结构特征的隶属函数;评语体系包含有一组评语等级和相应的分数,它是一组表达质量优劣程度的隶属函数。两组函数经综合分析,得出的结果就是对质量的优劣程度所做出的综合判断。具体操作过程可分为四步：

(1)建立体系

建立体系将被评对象有关质量视为一个系统，它由两个子系统（指标体系和评语体系）组成。

指标体系由指标集和对应的权重集组成。指标是关于质量的规定，它是一个具体、可测量、可操作的质量因素。指标一般分为一级指标和二级指标两个层次，构成特定的因果关系。一个指标只能反映质量的一个方面的特征。只有系统化的一组指标即指标集，才能反映质量的总体。指标集应满足方向性、完整性、独立性和可测性的要求。指标集中的指标的个数应在 10～30 内。确定指标集以后，还要定出每个指标的重要程度（即权重），组成权重集。它们反映各指标和被评对象所构成的隶属关系，应当按隶属度概念来赋值，各权重的总和取值为 1。

评语体系由评语集和对应的权重集组成。评语是评价者对被评对象相关方面的质量做出的有等级之分的判断。在图书馆内部，评语集一般可选用两种形式：四等级（优、良、中、差）和五等级（优、良、中、可、差）。等级数过少，不符合模糊识别的质量要求，过多将会超出人的语义区别能力。权重集是对应不同等级的隶属程度而赋予的数值，通常以分数形式表示，比如，对应于四等级的取值分别为 95 分、85 分、75 分、65 分四级，对应于五等级的取值分别为 95 分、85 分、75 分、65 分、55 分五级。被评对象对应各评语等级隶属程度的信息通过这个权重叙述表示出来，体现出评价工作的模糊特性。

(2)评价统计

首先，按照指标体系和评语体系的要求，设计一份评价表，交给评价人员认真填写，并及时收回；其次，统计出每个指标不同等级的同意人数，再化为同意比率，得到一组比率，它们表示不同指标不同等级中同意人数的百分比；将各比率依次排列起来，构成一个矩阵，定名为比率集，其表达式为：

$$R=\begin{bmatrix} R_{11} & R_{12} & \cdots & R_{1m} \\ R_{21} & R_{22} & \cdots & R_{2m} \\ \cdots & \cdots & \cdots & \cdots \\ R_{n1} & R_{n2} & \cdots & R_{nm} \end{bmatrix} (0 \leqslant R_i \leqslant 1)$$

式中的 R_i 表示为任意一个指标所做出的某种等级的判断，它精确地描述出任意一个指标与某种等级的隶属关系。对于比率集 R 来说，它汇集了全体评价人员对各指标的优劣程度所做出的各种判断，组成了一组反映有关整体质量的模糊关系,并给予综合的定量的描述,因而构成了对整体质量进行模糊识别的基础。

(3)合成运算

合成运算指标体系所反映的是量化了的总体质量,比率集所反映的是对该质量的优劣程度所做出的综合评价。两者有机结合,能够对被评对象的质量优劣做出精确的判断,这就是模糊关系的合成。模糊论为我们提供了多种合成方法。其中,常用的一种称为模糊矩阵乘法运算。

模糊论认为,如果隶属函数在某区间的分布是一种有限集合,则模糊关系的合成就可以转化为模糊矩阵的乘法运算。这种运算法,要求将具有结构特征的权重集 P 与表示质量优劣程度的比率集 R 组成一个新的模糊关系 S,记作 $S=P\times R$,或写成:

$$S=\begin{pmatrix} P_1 \\ P_2 \\ \cdots \\ P_n \end{pmatrix} \cdot = \begin{pmatrix} R_{11} & R_{12} & \cdots & R_{1m} \\ R_{21} & R_{22} & \cdots & R_{2m} \\ \cdots & \cdots & \cdots & \cdots \\ R_{n1} & R_{n2} & \cdots & R_{nm} \end{pmatrix} \left(\sum_{i=1}^{n} R_i = 1\right)(0 \leqslant R_i \leqslant 1)$$

这是一个比较客观、真实、完整地反映质量优劣程度的模糊系统。各要素纵横排列有序,相互间存在制约关系,任何一个要素的残缺,均会影响系统的整体性能。式中的“·”表示模糊矩阵乘法运算。模糊矩阵的乘法类似于普通矩阵的乘法,不同的是把算术乘“×”换为取最小值“∧”,把算术加换为取最大值“∨”。按照这个法规进行计算,即可得到一组新的矩阵,记作 $S=[S_1,S_2,\ldots,S_m]$。

这是一个新的模糊关系,它综合了所有评价人员对被评对象的评价,较为真实地列出一组完整的判断。

为了对这一组的判断有一个确切的了解,可将其进行归一处理:设 $S'=S_1+S_2+\ldots+S_m$,则 $S_0=[S_1/S',S_2/S',\ldots,S_m/S']$。经归一处理的 S,称为总评集,总评集中的每一个数值,表示该评语等级在总体中所占的百分比。

(4)分析处理

由于评价的结果仍然是一种模糊关系,不能直接用来对被评对象进行排名评优,因而还要做进一步分析处理。根据不同的评价要求,一般可采用三种方法进行分析处理。

一是确定最终评价。这种方法要求按最大隶属原则,确定出被评对象最终的评语等级。比如,在 $S=[S_1,S_2,S_3,S_4,S_5]$ 中,如果 S_1 为最大值,则最终评价确定为优等。实质上,这是一种人为的裁决,在一般情况下,这种裁决是有效的。

二是计算优良度。此方法设 $S=[S_1,S_2,S_3,S_4,S_5]$，则优良度 $=S_1+S_2/S_1+S_2+S_3+S_4+S_5$，优良度越大，说明被评对象优良的程度越高。

三是模糊关系单值化。在图书馆评价过程中，有时需要对同一类型的被评对象进行比较，就必须进行量化处理，使多值关系变成单值关系。可以先将评语体系中的权重集以具体的分数表示，然后与总评集进行合成，按普通矩阵乘法法则进行运算，最后得出一个综合评分。

二、运筹学的方法

1. 运筹学的基本原理

运筹学是现代数学的一个重要分支，是20世纪40年代发展起来的一门新兴学科，是利用数学工具谋求最优安排的一种方法。运筹学是软科学中的一个学科，兼有逻辑数学和数学逻辑的性质，是系统工程学和现代管理科学的基础理论之一，是许多学科不可缺少的方法、手段。

运筹学研究的特点是：将许多具有典型性的问题抽象成具有共性的数学模型，对模型求解，再对解进行切合实际的解释，然后把结果用于这类问题。

运筹学的具体内容包括：规划论（包括线性规划、非线性规划、整数规划和动态规划）、决策论、对策论、排队论、搜索论、库存论、计划协调技术等。

2. 运筹学在图书馆管理中的应用

（1）规划论

规划论是在一定的约束条件下，求得某一指标的最大值或最小值的数学方法。在图书馆工作中，经常可以碰到这类问题，例如，购书经费有限，如何合理地采购各类图书资料；如何对各阅览室进行图书分配，以便能获得最大利用价值；已知各类书刊资料的利用率和价格，如何既追求图书资料的最大利用价值，又节省图书经费。此外，在馆舍建筑设计、阅览室的位置分布、藏书的合理布局等方面，都可运用规划模型。

（2）决策论

决策论，即如何在客观条件允许的范围内，进行科学的分析和计算，做出正确的判断，制定各种策略，并按一定的衡量标准选择最优策略作为行动的准则。图书馆中有大量工作需要我们选择最佳方案，如图书、期刊的采购比例及中外文书刊的采购比例怎样才是最合适；是否要对所有读者的所有借阅要求全部满足；如果不是,该满足到什么程度才能既竭力为读者服务又不超出图书馆的实际服务能力。

(3)对策论

对策论,即研究如何建立竞争局势下的数学模型,探索最优竞争策略的一种数学方法。

(4)排队论

排队论又称随机服务系统理论,通过统计研究找出反映一些现象的平均特性的规律,以提高服务质量、降低成本。在图书馆工作中,排队是经常遇到的现象,如读者借书、还书都需要排队,就连书刊有时也需要排队;书刊资料采购进来以后,要经过分类、编目等一道道工序。排队论可以对这些现象进行定量分析,为控制服务成本和读者的等候时间成本提供可靠的数据。诸如在工作人员服务能力不变的情况下,是设一个总借阅台还是设几个分借阅台才能减少读者等候时间?如何缓解流通台前的高峰分布?对此,排队论都可以提出最好的模型。

(5)搜索论

搜索论指在搜索某种对象的过程中,如何合理地组织搜索工作,以取得最好效果。如在图书馆查新服务中,只有制定最佳的检索策略,才能最迅速、最有效地满足用户的需求和最经济地节省图书馆的成本。

(6)库存论

库存论又称存储论,是研究存储问题的数学方法。在图书馆工作中,人们既不希望因存储书刊过少而拒绝大量的读者借阅要求,也不希望因存储过多而造成"书满为患"的局面,这就需要制定合适的书库存储量。同样,公共图书馆如何控制借书证的数量才能充分发挥馆藏的作用,也可用存储论来解决。

(7)计划协调技术

计划协调技术是将一项计划的实施过程用网络图形式表示出来,找出计划中的关键工作和关键线路,选取最优方案加以实施,以达到缩短任务完成时间等目标的一种科学方法。例如,图书馆新馆建设或开办分馆以前,可以设计一些活动,估计完成每一活动所需的时间,用网络图表达各项活动的先后顺序及时间长短,找出建馆的最快途径或最关键的路线。

目前我国图书馆学界对运筹学在图书馆管理中的应用研究以排队论居多。下面就举例谈一下排队论在图书馆借阅管理中的应用。

排队论是运筹学的组成部分,也是管理科学方法体系中内容异常丰富的一个精华部分。它研究的内容有三部分:一是性态问题,它研究各种排队系统的概率规律性,主要是研究排队长度分布、等待时间分布和忙期分布等,包括瞬态和稳态两种情形;二是最优化问题,包括静态最优和动态最优,前者指最优设计,后者指排队系统的最优营运;三是排队系统的统计判断,指判断一个给定的排队系统符合哪种模型,以便根据排队理论进行分析研究。

①排队系统的组成。排队系统包括读者以恒定或变化的到达率来到服务台(或服务设施)等待服务。如果到达的读者能进入服务设施,就接受服务;如果他们必须等待,就开始参加排队,然后以恒定的或变化的服务率接受服务,接着便离开系统。

一般的排队系统由输入过程、排队规则和服务机构三个部分组成。一是输入过程,包括单位时间到达的读者数量分布,允许形成的队数,最长的队长,需要服务的最大读者数量;二是服务机构,包括为一个读者服务的时间分布,馆员数量,馆员的排列(并联、串联等);三是排队的规则,指读者排队的次序(先到先服务,后到后服务;随机服务与优先服务等)。

②排队模型。典型的排队模型有以下三种:一是最简单的排队模型,读者到来的速度(用 A 表示)和服务的速度(用 S 表示)都是固定的,则有 $S>A$、$S<A$ 和 $S=A$ 三种情况。$S>A$,则服务设施可有 $1-S/A$ 的空闲时间;$S<A$,则排队线愈来愈长;$S=A$,不用排队,服务设备也得到充分利用。二是单台——单向随机排队模型,读者来到的速度和服务速度都是不固定的,则平均排队长度为 $L=(S-A)$,平均等待时间为 $W=A/(S-A)$,服务设施利用率 $P=A/S$。三是多台——单向随机排队模型,平均排队长度:

$$L=\frac{AS(\frac{A}{S})^{k}}{(K-1)!\ (KS-A)^{2}}P_0+\frac{A}{S}$$

平均等待时间:$W=L-A/S$,

服务设施利用率:

$$P=\frac{1}{K!}(\frac{A}{S})^{k}\frac{KS}{KS-A}P_0$$

其中 K 为服务设施台数,P_0 为排队系统处于空闲状态的概率。

利用这个模型可以得出一条重要的排队系统管理规律:把多个单台排队系统合并为一个多台排队系统,可以大大提高效率,缩短读者平均等待时间。

③排队论实例。某图书馆有读者 5000 人,日来馆借书者在 100~300 人次之

间。该馆图书实行开架借阅。设置100个代书板,每人限拿一个代书板借书。库内最多人数限为100人。每人平均在库内逗留时间为10分钟。那么该馆日容纳读者量为100×60+10×8=4800。就是说该图书馆基本上能满足全校读者同日到馆,即使在人流最多的时候,也能满足接待任务。在这里100个代书板相当于100个排队系统。每个10分钟的逗留时间相当于服务时间的分布,也就是服务速度。这表明每10分钟该馆平均可接待读者100名。而每日读者来馆的人数只有100~300名。可见该馆读者稀少,造成资源闲置浪费。因此该馆应广开门路,吸引更多的读者。而该馆的还书口只有1人,假设平均每分钟接待1名读者,则该馆日接待还书读者量为1×60×8=480。虽然该馆日还书接待能力只有借书接待能力的1/10,且读者到馆时间也经常很集中,但从用户到馆的速度 $A=\frac{100}{60\times 8}\sim\frac{300}{60\times 8}$ 和服务的速度($S=1$)来看,$S>A$,服务设施可有 $1-A/S$ 的空闲时间。所以暂时还不需要增加还书设备和人力。

三、其他方法

1. 移动平均法

移动平均法是假设未来的状况与较近时期有关,而与更早的时期关系不大,并已有过去时期的数据,也就是一组时间序列 $X_1,X_2,X_3,\ldots,X_t$ 用它来预测未来的时段 $t+1$ 的预测值 X_{t+1}。如果现在只考虑三个数据,可用下列公式计算预测值:$X_{t+1}=X_1+X_2+X_3/3$

2. 指数平滑法

这是对移动平均法的一种改进。因为移动平均法计算的是算术平均值,即认为每个数据对未来定量值有相同的作用。移动平均法,只利用过去较近的一部分时间序列。实际上,每个数据的作用并不相同,再加上图书馆各部门工作本身在不同时间的工作量呈现出不同的特点,未来的定量也未必只与较近时期的时间序列有关。因此,当时间序列已表现出某种规律性趋势时,例如上升、下降和周期性变化等,定量就需要考虑这些趋势的意义。

3. 数理统计

在图书馆学研究中,数理统计方法的应用是相当普遍的,图书周转率、借阅率、拒借率、读者到馆率的计算,以及书刊采购规律、读者阅读规律的研究等,几乎图书馆工作的每一个环节都要用到数理统计知识。数理统计对于馆藏最佳复本量的确定、指导图书采购工作、制定合理的采购策略等,均具有十分重要的现实意义。

第十二章　图书馆人力资源管理

人力资源是重要的社会资源和经济资源,在人类组织活动中发挥着积极的能动作用。尤其是随着信息技术的广泛运用,社会突飞猛进的变化,对人力资源的结构和组织方式提出了更高的要求。因此,人力资源管理已成为有效实现组织既定目标的关键因素。图书馆作为社会信息交流的有机实体,如何适应社会发展的需要,建立合理的人力资源管理机制,真正做到在图书馆工作中发现人才、培养人才、吸引人才,从而使图书馆人力资源与物质资源实现完美结合,达到最佳运行状态,是当前图书馆管理活动中的主要任务。从某种意义上讲,图书馆人力资源的数量和质量关系到图书馆事业发展的活力和水平。

第一节　图书馆人力资源管理的内涵

一、什么是图书馆人力资源管理

图书馆人力资源是指所有从事图书馆工作的在职人员的总和,或者说是指为图书馆创造物质财富和精神财富,具有从事智力劳动和体力劳动能力的工作人员的总和。它是图书馆组织中最重要的资源,在图书馆工作中发挥着主导作用。美国著名图书馆管理学家罗伯特·D. 斯图亚特和约翰·泰勒·伊斯特利克指出:“所有的图书馆都包括三个组成部分:①物资设备与供图书馆活动用的成套设备;②资源收藏;③收集和组织资源及检索用户需要的情报工作人员。在这三个组成部分之中,只有工作人员才能给图书馆带来生命,使图书馆产生原动力,成为社会服务的重要力量。”由此可见,人力资源是图书馆生存和发展的基本要素,对图书馆事业的发展有着决定性的作用。

图书馆人力资源管理是指为了顺利地实现既定目标,而对图书馆人力资源的获取、开发、保持、利用进行系统化管理的活动过程。具体来说,就是在图书馆的管理活动中“形成、培养、配置、周转、爱护、保全组织成员,建立组织及其成员之间良好的劳动关系,充分挖掘组织成员的劳动潜能,调动其积极性、自觉性、创造性,以实现组织目标的全过程”。图书馆人力资源管理的目的就是要通过人力资源的合理调配与培训，建立图书馆组织机构与工作人员之间的良好互动关系，实现图书馆其他资源与人力资源的最佳结合。这是因为图书馆服务的开展，图书馆资源的利用、操作和配置以及图书馆形象的塑造都由图书馆馆员来实现。人力资源的优化配置是提高图书馆核心竞争力的关键因素，是图书馆可持续发展的坚强基石。

二、图书馆人力资源管理的内容

图书馆人力资源管理的内容相当广泛，归纳起来，主要体现在两个层面上，即宏观的人力资源管理和微观的人力资源管理。

宏观层面的图书馆人力资源管理是指决策者在图书馆管理活动中进行的人力资源战略规划，制定人力资源发展的方针政策，分析与预测图书馆人力资源的存量与需求，控制与评价人力资源利用的管理过程。通常体现为针对社会发展以及图书馆事业发展的需要，制定图书馆人力资源的发展规划与战略管理政策，建立图书馆人力资源社会保障体系，推动图书馆人力资源管理的社会化和系统化发展，如图书馆专业人员职业资格的培训与认证工作。

微观层面的图书馆人力资源管理主要是指具体制定图书馆人事管理制度与相关方针政策，确定人员编制，规定人员的业务职称标准和考核标准，明确岗位要求与薪酬制度，配备与培训图书馆工作人员，协调图书馆各部门人力资源关系等图书馆管理活动过程。如果说宏观的图书馆人力资源管理的重点在于营造图书馆人力资源使用的社会环境的话，那么微观的图书馆人力资源管理则侧重于对图书馆工作人员的录用、选拔、培训、使用、考核与奖惩等具体指标的制定与运用。微观的图书馆人力资源管理通常是由图书馆的人事管理部门来执行与完成。

宏观的人力资源管理与微观的人力资源管理是图书馆人力资源管理不可缺少的重要内容，在很大程度上决定了社会与图书馆、图书馆与部门、部门与个人之间的互动关系，也决定了图书馆事业发展的动向。

三、图书馆人力资源管理的原则

图书馆人力资源管理是图书馆管理和发展战略中重要的工作内容，需要政府和社会的积极支持以及图书馆各级领导与管理部门的协同努力。从根本上说，图书馆人力资源管理的核心是优化图书馆人力资源结构以及合理使用专业人员，它直接关系到图书馆组织的生存与发展，也是衡量人力资源管理效果的主要标准。

在图书馆人力资源管理活动中应遵循“以人为本”的指导思想，坚持体现以下几个基本原则：

1. 以思想和行为为中心

这是图书馆人力资源管理基本思想的具体体现。图书馆工作人员是图书馆的第一资源，他们是图书馆工作的生命与灵魂。由于图书馆工作人员是由具有精神和情感的血肉之躯构成的特定群体，有着自己的理想与追求，渴望实现自己的人生价值，因此在图书馆人力资源管理过程中，应采取柔性管理策略，认真观察图书馆工作人员的思想和行为的变化，注重维护图书馆工作人员的利益，强调对图书馆工作人员的人性化管理，激发他们的工作热情，为图书馆工作人员创造良好的工作环境，使之努力实现图书馆的既定目标。

2. 以需要和能力为标准

这是图书馆人力资源管理指导思想的具体运用。图书馆人力资源管理的主要内容是对各类专业人员的配备和使用。如何构建图书馆组织机构与工作人员之间的互动关系，实现图书馆其他资源与人力资源的最佳结合，是人力资源管理的关键问题。因此，在图书馆人力资源管理活动中应充分注意按照因事择人、因才器用的管理规律，不但要根据工作岗位的实际要求来选拔和使用各类专业人员，同时还应根据人们的能力和素质的差异去安排不同的工作。只有这样，才能够最大限度地激发图书馆工作人员的个人潜力和工作热情，并使之产生理想的工作效果。所以，工作需要和工作能力是进行人事制度管理和人员配备的基础。

3. 以平衡和团队为动力

任何事物都是运动并发展的，图书馆人力资源管理也是如此。随着社会的变化和发展，图书馆工作人员客观地存在着适应社会的滞后现象。因此，在调整图书馆与社会发展关系，进行图书馆组织机构重组与变革的同时，还应做出相应的人力资源调整，以维持社会和图书馆发展的动态平衡，同时也应注意图书馆人力资源的专业结构平衡、年龄结构平衡以及知识结构平衡。要做到这一点，就要不断强化图书馆工作人员的继续教育和业务培训，注重图书馆人力资源的引进与流动。对在职人员进行继续教育，可提高工作人员的技能和水平，改善图书馆人力资源结构。此外，引进人员，改善和调整图书馆工作人员的能力结构，组成科学合理的团队，可以以团队的力量来推动图书馆事业的发展。这是现代社会发展对人力资源的要求，也是图书馆在发展中不断创新的力量源泉。

总之,图书馆人力资源管理应该建立在尊重知识、尊重人才的基础之上,充分发挥图书馆工作人员的聪明才智,调动其积极性。只有以人为本,强调人的主观能动性,合理组织图书馆人力资源队伍,才能使图书馆事业兴旺发达。

第二节　图书馆馆员的职业资格

一、图书馆馆员职业资格产生的背景

随着信息技术和网络技术的快速发展,全球性的竞争加剧,促使图书馆面临的社会环境发生了极其重要的转变。计算机技术、多媒体技术、网络技术等被大量引入图书馆,使图书馆的资源结构、信息处理技术、服务项目和手段发生了巨大变化,这对图书馆馆员提出了更高的素质要求和专业技能要求。在新的环境中,图书馆馆员不仅要具有图书情报专业知识,而且还应具有计算机操作、网络信息收集、数字信息加工处理以及信息资源管理等多方面的知识和技能,充当信息资源的管理者、导航者以及信息资源的利用者。1997 年 6 月,比尔·盖茨在美国专业图书馆学会第 88 届年会上曾就知识经济时代图书馆及图书馆馆员的地位和作用问题明确指出:图书馆馆员应当成为专业的知识组织者和导航员。为了更好地提高图书馆馆员的素质,强化图书馆管理,规范图书馆馆员的就业行为,人们提出了对图书馆馆员的职业资格认证问题。

二、图书馆馆员职业资格的含义

所谓职业资格,是指对劳动者或就业者从事某一职业所必备的学识、技术和能力的基本要求。图书馆馆员职业资格是指图书馆馆员在信息资源获取、信息资源组织、信息技术利用、信息服务活动等领域中有效完成工作任务所必须具备的基础知识、理解能力和基本技能,它是选拔、录用图书馆馆员的主要依据,也是图书馆馆员职业发展的必要条件。

作为一名出色的图书馆馆员,其自身的价值主要体现在两个方面:一是在图书馆工作中能够熟练地分析与掌握信息资源的内容和组织方式,并能够在浩如烟海的信息海洋中挑选出最适合用户需求的信息资源;二是图书馆馆员能够针对信息用户的特定需求解答所提出的问题,并指导信息利用,以满足信息用户不断增长的信息需求。所以,图书馆馆员在国外也被称为信息导航员和社会教师。

一些欧美国家规定,要成为图书馆专业人员,必须在经图书馆协会认可的图书馆学院或图书馆情报学院修满一定的学分,才能获得图书馆馆员职业资格。可以说,在这些国家里,图书馆馆员是从事社会知识服务的职业人员。尤其是在美国和英国,图书馆馆员之所以普遍受到社会的尊重,有较高的社会地位,正是因为他们以一流的信息服务为国家的政治、经济、科技文化等各个领域的发展作出了贡献,以高效优质的服务赢得了社会的广泛认同和赞誉。

此外,一些专业组织也对图书馆馆员的职业资格作了进一步研究与认定。例如美国专业图书馆协会认为专业图书馆馆员(美国图书馆界工作人员分为专业馆员、支持馆员、学生助理,不同级别馆员的收入差距较大)特有的专业资格是:对专题范围内的印刷版和电子版信息资源有深入的了解;能根据所服务的对象的战略性信息需求来设计并管理信息服务。具体来说,专业图书馆馆员的职业要求包括:①具有掌握、评价与筛选学科专业领域核心信息资源的能力;②具有针对用户的专业学科知识需求提供相适应的信息服务的能力;③具有为图书馆和信息用户提供优质的信息利用指导和支持的能力;④具有评价与预测信息需求的满足程度、设计与推广增值性服务和提供相关信息产品的能力;⑤具有通过适当的信息技术获取、组织与传播信息资源内容的能力;⑥具有为特定用户开发专题信息资源并提供个性化定制服务的能力;⑦具有信息服务评价及提出改进意见的能力;⑧具有充当高级管理小组信息资源组织顾问的能力。

国际图联与联合国教科文组织公布的《公共图书馆服务发展指南》指出,“专业图书馆馆员应当能够设计、规划、组织、实施、管理并评估图书信息服务工作和制度,以便满足社区图书信息服务用户的需求。这些工作包括馆藏建设、馆藏资源的整理与利用、为用户查找和利用信息提供辅导与帮助,以及系统开发,以方便使用图书馆资源。”其中对专业图书馆馆员的职业资格规定:①分析社区的资源与信息需求;②制订和实施发展服务工作的政策;③规划公众服务措施并参与提供服务;④获取和提供信息;⑤使用适当的资料解答信息和参考咨询问题;⑥协助用户使用图书馆资源和信息;⑦制订服务措施,满足如儿童等特殊群体的需求;⑧建立和维护数据库,满足图书馆及其用户的需求;⑨设计图书信息服务工作和制度,满足公众的需求;⑩制订采购政策和馆藏体系;⑪管理图书信息系统;⑫分编图书馆资料;⑬宣传图书馆的服务;⑭评估图书馆的服务措施和制度,并衡量其实际效果;⑮选择、评估、管理以及培训员工;⑯经费预算;⑰制定工作规划;⑱参与新图书馆、重新装修图书馆和流动图书馆的设计和布局;⑲跟踪图书信息服务,包括相关技术的发展等。

根据国际上对图书馆馆员职业资格的认识,我们认为,作为一名合格的图书馆馆员,应该符合以下职业要求:①具备良好的个人品德修养和文化修养,以及为公众提供服务的志向和献身精神;②受过良好的社会教育,具备一定的学科知识和专业背景,具有系统的知识理论和专业服务能力;③具有社会权威部门承认的专业图书馆馆员资格,精通图书馆学或情报学的基本知识和基本技能,有着良好的业务修养;④具有运用信息技术的基本能力和素养,能熟练掌握计算机技术、网络技术、通信技术以及信息检索技术提供用户所需要的信息服务;⑤具有一种或几种外语能力,以提高图书馆信息服务的质量和效率;⑥具备一定的图书馆活动的管理能力、研究能力、创新能力、语言文字表达能力,以对图书馆活动中的各种问题进行深入研究与分析,从而提出解决的方案。

图书馆馆员职业资格管理实际上是对从事图书馆工作的人员提出了更高的要求,它以专业人员和拥有专业技术的人员作为提高图书馆管理水平的突破口进行人力资源整合,充分挖掘图书馆工作人员的知识和能力,以专业化和专家型的社会服务改变图书馆的社会地位,提高图书馆馆员的整体素质。因此,作为一种社会职业,图书馆馆员不仅应具有专门的服务技术和能力,而且还应遵守职业道德伦理,并以此推动图书馆事业发展。

三、图书馆馆员职业资格制度

所谓职业资格制度是以从业人员的职业资格为核心,通过制定相关的法律、法规,以及规定获取职业资格的行政程序等方式,对其进行职业资格的鉴定和验证,以提高从业人员素质和保证就业质量的职业许可制度。它是一种法制化的管理制度。实行职业技术鉴定,推行国家职业资格等级认证制度,能有效地提高劳动力职业素质,是我国人力资源开发的一项战略措施。近年来,随着图书馆专业队伍建设的不断发展,对图书馆馆员职业资格的认知度愈来愈高,要求建立图书馆馆员职业资格制度的呼声也愈来愈高。目前,我国已颁布了《文化行业国家职业标准 · 图书资料馆员(试行)》《文化行业国家职业标准 · 古籍馆员(试行)》和《文化行业国家职业标准 · 文献修复师(试行)》等文件。同时,国外图书馆界已有完善的职业资格制度,这为我国图书馆馆员职业资格制度的实施提供了很好的借鉴。

1. 国外的图书馆馆员职业资格制度

(1)图书馆馆员职业资格认证制度的起源和发展

图书馆馆员职业资格证书制度起源于英国。1880年,英国图书馆协会年会通过了对图书馆从业人员进行专业能力考试的决定。1885年,英国图书馆协会受国家委托,举行了第一次专业考试。申请图书馆馆员职业资格的人员必须通过英国图书馆协会所组织的考试,才能获得“协会准会员”和“协会正式会员”资格。100多年来,美国、英国、日本、韩国、印度、丹麦、挪威等众多国家不断制定和修改完善250多部图书馆法律、法规,许多国家的图书馆法规定,图书馆从业人员必须首先经过专业培训,获得图书馆馆员职业资格证书之后,才能从事图书馆的各项工作。

(2)国外图书馆馆员职业资格制度的执行

国外图书馆馆员职业资格制度的执行情况各有不同,但从执行的过程来看,最普遍的做法就是通过法律来保证国家图书馆馆员职业资格制度的实施。制定《图书馆法》,以法律的形式确定图书馆馆员资格认证制度以及图书馆馆员的专业地位,并通过面向社会的统一考试对图书馆馆员进行严格的选拔和筛选,以保证从业人员的素质与业务质量,是目前通行的行之有效的方法和经验。此制度的执行,使图书馆馆员作为专业人员有着较高的社会声誉和地位以及良好的福利待遇,受到了社会和人们的尊敬。

从20世纪50年代开始,英国图书馆馆员职业资格制度发生变化,图书馆馆员职业资格考试被分为两个等级,其考试的难度有所加大,而且必须在通过第一级考试之后才有资格参加第二级考试。在通过第二级考试并在图书馆有三年工作经验的从业人员才有资格成为英国图书馆协会的会员。在成为会员并出版了高水平的学术专著和发表论文的基础上,再工作五年,才有资格成为研究馆员。

1925年美国颁布了《图书馆学院最低标准》,并于1933年、1951年、1972年多次修订。ALA认可委员会执行的标准是该委员会制订的《图书情报学硕士学位教育计划认可标准》,由ALA理事会1992年1月28日通过,1993年1月开始实施,并于2008年修订。ALA认可委员会于1995年还制定了《认可过程政策与程序》,2003年修订。

2001年,日本重新修订了《图书馆法》,加大了司书资格考试的难度,对图书馆从业人员的素质提出了更高的要求。日本的司书资格考试实际上由公务员考试和专业测试两部分组成。资格考试实行淘汰制,只有通过综合考试才有资格进入专业考试。司书资格考试极为严格,最后的录取率仅为3%~4%,而日本国立大学图书馆更是要求参加司书资格考试的考生必须有本科以上学历水平。

2. 我国图书馆馆员职业资格制度的建立

在我国,建立图书馆馆员职业资格制度具有重要的现实意义。

首先,从法律制度上保障和完善图书馆的职业发展框架。网络环境导致图书馆馆员的职业角色日益细化,亟需建立完善的职业分类体系、评价体系与职业分布需求体系。职业资格制度将有效地改变人们的职业意识,增强法制观念,从法律制度上给图书馆的专业人才管理提供保障。

其次,促进图书馆人力资源管理纵深发展。职业资格制度的实施,使传统的图书馆人事管理得到改善和创新,使图书馆拥有真正意义上的人事制度管理权。通过图书馆馆员职业资格认证制度,实行岗位聘任制,强化竞争意识,促进图书馆与从业者的双向选择,起用符合社会发展需要的专门人才,以改变图书馆工作人员素质低下和平均年龄偏高的现状。通过图书馆馆员职业资格登记认证,还可以使图书馆与就业人员牢固树立继续教育观念,根据社会发展的需要不断进行职业培训,以提高从业人员的职业意识与职业素质,使图书馆馆员专业培训更具针对性,从而提升图书馆服务的整体形象。

最后,进行图书馆馆员社会角色的重新定位,提高图书馆工作人员的社会职业地位。社会科学技术的突飞猛进,对现代图书馆专业人员提出了更高的要求,作为信息资源的组织者、信息资源的导航者以及信息资源的管理者应具有符合社会需要的职业素养和专业素质。1998 年全国图书情报研究生学术研讨会就提出将“信息主管”作为研究生教育培养目标之一。图书馆馆员职业资格制度将为图书馆馆员角色的转变和图书情报专业培养目标的转变提供国家法律制度上的保障,树立信息主管、信息导航员、知识产品经纪人等职业新形象,使图书馆馆员这一信息服务的崇高职业获得新的发展。图书馆馆员职业资格制度将有效地实现完善的图书馆服务体系,促进图书馆馆员服务价值观念上的转变,从而使社会能从更高的层面上来评价图书馆馆员的信息服务和知识服务。

我国建立图书馆馆员资格制度可采用国际上通行的做法,以保证图书馆馆员职业资格制度的有效执行。

第一,《中华人民共和国图书馆法》是实施图书馆专业资格认证制度的法律保障。从国外图书馆馆员职业资格认证制度的建立过程来看,都是通过法律法规来制订资格制度的基本纲要,并在此基础上制订出具体的实施内容和方案。如果职业资格制度没有法律依据,那么即使建立起职业资格制度,也是难以实施和发展的。

第二,注意各种类型图书馆馆员职业资格制度的灵活运用。从世界各国图书馆馆员职业资格证书制度看,图书馆馆员职业资格认证有三种类型:等级制(如英、美、日等国)、学历制(如韩国)以及考试制(如美、英等国),各种职业资格的要求各有不同。在实施过程中,应根据各馆的具体情况来分别制定相关的执行制度。我国可以灵活运用这些制度,发挥各种职业资格认证制度的长处,规避其短处。国外图书馆资格认证情况是,规模大的图书馆,对从业人员的素质要求高,所采取的图书馆馆员职业资格认证的标准就高,反之则低。这对于我国图书馆规范图书馆馆员职业资格认证的行为以及促进其发展都具有积极的借鉴意义。我们可以通过制定资格认证级别,来规定不同工作岗位对图书馆馆员的级别要求,以优化图书馆人力资源配置。

第三,通过图书馆馆员职业资格考试检验图书馆馆员的知识结构和服务能力。借鉴国外的经验,可以依托图书馆学、情报学高等教育机构对有志于图书馆职业的社会成员进行职业培训,然后由政府部门和中国图书馆学会组织全国性的统一等级考试。考试合格者即取得从事图书馆馆员职业资格,并发给相应的专业资格证书。初级资格者可以从事图书馆基本的工作,而高级资格获取者则可以从事难度较大要求较高的图书馆信息资源组织和图书馆个性化服务工作。在对图书馆馆员职业资格认证的过程中,应着重考察申请者的知识结构和知识覆盖面,考核适应工作需要的各种专业技能。考试内容应随时代的发展及时更新,以保证图书馆的专业人员始终具有较高的专业理论水平和技能。

第四,坚持公正、公平、公开的原则。在图书馆馆员职业资格制度的执行过程中,应当严格遵守公正、公平、公开的基本原则,一视同仁,不讲私情。但由于不同地区经济文化发展不平衡,其社会成员的教育水平亦不同。因此,可以按地区发展的状况采取分步的措施来保证图书馆馆员职业资格制度的实施。如在经济文化发达的地区率先实行图书馆馆员职业资格的认证,并逐步在全国推广。也可以先在发展水平较快的图书馆率先实施该制度,取得经验后再向其他图书馆推广。同时,还可以根据图书馆馆员的专业教育情况,对未受过图书情报专业教育的现任图书馆馆员进行在职业务培训或脱产业务培训,要求他们在规定的期限内通过图书馆馆员职业资格考试。当然也要考虑到历史原因和现状,由于我国图书馆中年龄偏大的低层次馆员数量较大,而且在很长一段时间内还将继续维持这种状况,硬性要求他们在短时间内提高能力,通过相关的职业资格考试是不现实的,因此宜放宽要求,但应注意以其他有效方式督促这些图书馆馆员提高业务素质。

总之,我们应积极借鉴国外资格认证的成功经验,根据本国实际情况改进现有的图书馆人力资源管理制度,在不久的将来,真正建立起一支素质优良、掌握现代化技术的专业人员队伍,以先进的图书馆人力资源开发管理来实现图书馆事业的全面发展。

第三节　图书馆馆员的甄选与聘用

图书馆馆员的选拔和聘用是图书馆人力资源开发和管理的一项基本任务和重要环节,它决定了图书馆人力资源的结构成分以及馆员的能力水平。图书馆馆员甄选是指对从事图书馆工作的人员进行公开选拔和测试,其目的是挑选符合需要的图书馆馆员,提高工作效率,降低图书馆馆员职业的培训成本。图书馆馆员聘用是指在甄选的基础上,对具有专业技术资格和技术能力的竞聘人员进行录用,其目的是对录用的馆员授予一定的岗位权利,以充分发挥所聘人员的才能和作用。这是图书馆人力资源管理的主要过程。

一、图书馆馆员甄选任用的原则

1. 公平、公正、公开的原则

图书馆要获得高质量的图书馆馆员,提高自己的管理水平,就应在甄选和任用未来馆员的过程中坚持公平、公正、公开的原则。图书馆应打破传统的自我封闭的形象,把图书馆所需的工作岗位和人员数量以及任职资格、录用时间向社会公布,鼓励社会成员参加竞选和竞聘。甄选要做到机会均等,一视同仁,坚持任人唯贤,并通过相关的制度来确保选拔和聘用人员的质量。为此,图书馆应为选拔优秀人才创造良好的政策环境和工作环境,以保证图书馆运用科学的方法吸收和录用合适的馆员。

2. 用人之长的原则

知人善任,是图书馆馆员选聘过程中应该注意的重要原则。图书馆组织应该采取客观、辩证的态度,将待用人员的长处和短处、主流与非本质等方面作反复仔细的研究。甄选员工的关键在于如何根据岗位要求,发挥工作人员的长处。对于待用人员来讲,若能在一个适合其个性特点的工作岗位上发挥其长处,就能各得其所；对于图书馆组织而言，要选择适合的馆员，人尽其用。

3. 用人不疑原则

用人不疑原则又称信任原则。对被任用的人才，要放心使用他们，发挥其主动性、积极性和创造性，支持馆员取得各项工作业绩。一个人如果得不到管理者的信任，处处受到猜疑，他就不会全身心地投入到工作中去，智慧和才能就不会充分发挥。只有充分信任，放手支持选拔和录用的工作人员大胆工作，才能使之充分发挥其聪明才智，为图书馆创造更大的价值。

4. 注重潜力的原则

图书馆组织要注重竞聘人员的潜在发展能力。有些人在担任现职时表现出色，但当被选拔到高一级职位时，就不能胜任工作的需要。因此，在对应聘人员进行考核时，应注重对其工作能力、知识范围、思想品德以及交往能力进行全面考核和评定，同时还应注意其团队精神和协作精神的评定。要正确评价竞聘人员的发展潜力，根据其处理复杂问题的能力和是否具备高层次人才所需的基本素质进行甄选和聘用。只有这样，图书馆组织才能够避免造成人力资源的误用和浪费。

5. 条件适当的原则

在选聘过程中，选聘的条件可能很多，候选人过五关斩六将才能够得到想要的岗位。但是，这些条件的设置不能过于苛刻，必须要根据图书馆组织的目标以及这一目标对人员配置职能的要求等方面来客观设计，应对待聘职位的性质进行工作分析，并充分考虑这一职位对人员提出的要求来选拔人才，这样才不至于浪费大量的时间、精力和费用，同时又能够得到图书馆所需要的人才。

二、图书馆馆员甄选聘用的途径

图书馆选拔与聘用馆员通常有两种途径：一种是对图书馆内部的员工进行选拔；另一种就是对图书馆行业外的社会成员进行公开招聘。

1. 内部选拔

内部选拔是指从图书馆行业内已有的人员中进行选拔提升，一般要求在组织中建立起详尽的人员工作表现调查登记材料，以此为基础建立数据库，以便在职位出现空缺时，能够据此进行分析研究，从而从中选出符合要求的人员。

在图书馆内部选拔人才有以下几个优点：①由于对图书馆内人员比较了解，可以通过充分、可靠的人事管理资料进行分析与比较；②被提升的组织内部人员对图书馆组织运行的状况以及现存的问题比较了解,能够比较快地适应岗位要求;③通过图书馆内部人员选拔,可以使广大员工看到工作的希望和前途,增强自信心,鼓舞士气,并使其保持良好的工作热情;④可以使图书馆快速获得员工对图书馆业务培训的回报。

但从内部选拔人才也有可能产生一些弊端:①容易造成"近亲繁殖"的后果。由于组织成员已经形成了长期的思维定式,难以产生新的观念和行为,因而此举不利于图书馆组织的发展与创新;②如果图书馆工作岗位所需人员的缺口比较大,而又一味坚持从图书馆内部选拔人才,就有可能导致不适合图书馆岗位要求的工作人员上岗,这样不仅使图书馆失去了获得一流专业人才的机会,也会对图书馆组织的发展形成阻力。

2. 外部招聘

外部招聘是指从图书馆以外的途径来获得人才。外部招聘的渠道很多,例如广告、职业中介、学校、图书馆馆员的推荐等。要使外部招聘得以有效实施,就必须将图书馆空缺岗位的相关情况事先告知应聘者,例如岗位的性质和要求、工作环境的现状和前景、报酬以及福利待遇等。图书馆外部招聘的优缺点恰好与内部选拔互补。

对外招聘的主要优点是:①有较广泛的人才来源来满足图书馆的需求,并有可能招聘到一流的人才;②可避免近亲繁殖,为图书馆带来新鲜空气,新的思想和方法可以为图书馆补充新鲜血液;③由于大部分应聘者都具有一定的理论知识和实践经验,因而可以节省在培训方面所耗费的大量时间和费用。但它也存在不足:①如果图书馆中有胜任的人未被选用,采取外部招聘的方法可能会使这部分人才感到不公平,可能会产生与应聘者不合作的态度,同时会使组织士气和积极性受到打击;②应聘者对图书馆的历史和现状不了解,需要有个了解和熟悉的过程;③由于对应聘者的实际工作能力并不十分了解,因而在招聘过程中不可避免地会过分关注其学历等。

总而言之,无论是内部选拔还是外部招聘,都各有长处和不足,都不是十全十美的甄选聘用方法。但在实际工作中,我们可以遵循一些一般的规律。例如,当图书馆内有适合该空缺岗位要求的人选时,应首先从内部进行选拔;当空缺的岗位是图书馆内的关键职位,而图书馆内部又无人可胜任时,就应该从外部招聘。这两种方法应该结合使用,从外部招聘进来的人员应该从基本工作做起,然后根据其表现来进行适当的提升。

三、图书馆馆员甄选聘用的程序与方法

图书馆馆员甄选与聘用的流程可根据图书馆的规模和性质以及岗位要求来进行设计。首先应从岗位的需要出发进行工作分析。确定某项专业工作所需人才的业务水平是确认甄选的标准,是识别最佳人选的前提。例如,选择担任文献采选人员、编目人员、咨询课题主持人与计算机管理系统设计人员时,对他们的要求是有区别的。外语水平与知识广度是外文采选工作的基本要求,编目人员要有系统的图书情报专业知识,而专题咨询与计算机管理系统设计人员则需要较深厚的专业理论基础。同时,也要考察工作对候选人的个性特长的要求,然后针对这些要求设计甄选的方式,如问卷调查、面试等。设计甄选与聘用活动的程序应考虑到实施过程中的相关影响因素,例如时间、费用、甄选的难易程度以及实际意义等。

图书馆馆员甄选聘用的方法主要有笔试和面试。

其中笔试可以通过各种测验来对以下内容进行考察分析:①智力测验。目的是衡量候选人的记忆力、观察力等,主要考察候选人在继续学习上的能力,同时也对候选人有个基本了解。②专业测验。目的是测验候选人所具有的专业技能,以及进一步掌握技能的潜力和能力,例如对参考咨询人员的测验,就应该考察其在咨询工具操作能力,以及对信息的检索分析处理能力,等等。③性格测验。目的是衡量候选人在性格上的特征。图书馆咨询服务十分强调与读者的交流沟通能力,若候选人在性格上不够耐心,沟通上欠缺技巧,就不符合该岗位的要求。④领导能力测验。目的是衡量候选人在领导能力方面的表现,以及在这方面的潜能。若待聘职位是关键的领导岗位或者是该类岗位的储备人员,就应该特别强调候选人在这方面的能力。

面试则是一种要求候选人口头回答主试提问,以了解候选人的素质和潜能的甄选方法。面试的优点是直接简便,可以快速淘汰那些明显不合格的候选人,但同时这种方式也很容易受到候选人表象的影响。由于很多图书馆没有实施现代人力资源管理制度,招聘选用人才时没有采取科学的方法,面试往往只是走过场,所以负责甄选人才的人员不能从中得到有价值的所需要的候选人的相关资料。图书馆在采取面试这种方式甄选人才时,必须警惕形式主义。在美国,高校图书馆的招聘面试工作主要采取多层次系列面试的方法。根据职务的档次高低,招聘单位一般安排在不同的时间邀请3~5名应聘者来学校图书馆参加为时1~3天的面试。申请馆长职务的应聘人,必须经历校长、校务委员会成员、图书馆部主任及图书馆工

作人员对其进行多层次的面试过程，时间为2～3天。申请图书馆部主任职务的应聘人，需接受馆长、图书馆管理委员会以及部门工作人员对其进行的面试过程，时间一般需要1～2天。申请图书馆一般工作人员职务的应聘人，需经历图书馆管理委员会、招聘部门主任及有关的工作人员共同参加的面试过程，一般需要半天时间。面试的重点，一是了解候选人的工作能力，可以通过询问其以往的工作经历、经验来判断其是否适合该岗位要求；二是了解候选人的性格特点，观察其应变能力等因素。三是了解候选人的求职动机。如有的人将大城市的图书馆当作职业上的跳板，工作态度不端正，应该在面试时充分了解考察，早做判断。

总之，图书馆馆员甄选任用的方式并不是孤立的，而是根据实际需要灵活选用。在实际工作中，若是从内部选拔人才，对其个人情况都比较了解，可以根据岗位的要求重点考察某一两个方面的能力，而对于从外部招聘的人才，则需采用多种方式来全方位进行考察。

四、图书馆馆员甄选聘用的案例分析

1.上海图书馆的竞聘制度

上海图书馆的竞聘制度是实施人事管理制度改革的产物。该馆采用自上而下的竞聘方法，把竞聘活动分为五个阶段，即第一责任人竞聘、中心处室副职工作人员竞聘、中心处室下属部门管理岗位竞聘、图书馆工作岗位竞聘、培训试岗。

第一阶段是第一责任人（各业务中心和职能管理部门主任、处长及主持工作的副职）竞聘上岗。程序为：公布岗位—全体干部职工民主推荐—现职岗位正职意向（可自荐）—领导初审—拟聘任名单公示—公示征求意见情况通报—下发任期目标与岗位说明书—任职演讲—领导审定—上级批准—岗前培训—签约。

第二阶段是中心处室的副职工作人员竞聘上岗，即副主任和副处长的岗位，程序与第一责任人的竞聘程序大体相同。所不同的是增加了第一责任人意见和群众测评。

第三阶段是中心处室下属部门的管理岗位的竞聘，即一般的部主任和科级岗位。程序与第二阶段同。

第四阶段是图书馆工作岗位的竞聘。在图书馆馆员竞聘工作岗位的过程中，上海图书馆采取了积极动员，下发《职工参加岗位竞聘流程图》等各种职工竞聘的通知和表格等方式，鼓励图书馆馆员参与竞聘活动。其主要程序为：公布待聘岗位的具体情况—各中心（处室）提供咨询—填写竞聘表（可多选同时竞聘）—面试—拟被聘用—参加岗位培训—签订聘用合同。

第五阶段是未聘人员培训试岗。凡是在两轮中未能竞聘上岗的职工，其人力资源的管理关系归入图书馆人力资源开发部。由该部对未聘员工进行一个月的岗位培训，内容包括工作态度、团队协作方面的培训，另外还对各空缺岗位提供咨询，进行择业指导。

上海图书馆的人事制度改革，不但加大了管理的力度，而且具有明确的组织措施，对图书馆人力资源聘任制度的实行具有参考借鉴意义。在整个过程中，上海图书馆坚持了图书馆馆员甄选聘用的基本原则，将公开选拔、民主推荐、程序监督、竞争上岗、双向选择、组织公示等方式相互渗透使用，使人事制度的改革充分体现了图书馆发展的预期目标。整个过程增强了图书馆工作人员的责任感和使命感，使他们更加珍惜竞聘所获得的岗位。

2. 美国图书馆协会的“招聘委员会”

该模式是协会在概括总结了许多大型研究图书馆相关程序的基础上提出来的，它采用招聘委员会作为馆长招聘工作顾问。人事管理人员是委员会的成员，负责日程安排、文件管理及保密等事务。待聘岗位的上司在招聘过程中起关键作用，并提出岗位说明书，包括人选的学历、经历、技能等情况。

在招聘过程中向社会发出招聘广告，内容包括岗位职责、应具备的条件、工资等的简要说明，以及福利待遇、上岗时间、联系人员、应提交的材料等。申报人提交的材料通常包括简历或履历，甚至代表作。招聘过程中一个重要部分是向推荐人询问有望入选者的情况。对推荐者提供的情况严格加以保密。在筛选之后，对不符合要求者立即淘汰并通知本人，对入选者则做进一步考察。

面试由招聘委员会进行，围绕岗位职责和必备条件进行提问，对竞聘者的个人经历和现状进行考察，同时也考察竞聘者的判断力、灵活性和组织能力等基本素质。招聘委员会把面试情况作为向馆长提出聘用建议的依据。根据竞聘岗位的级别，面试通常要进行一到两天。在面试过程中，图书馆领导和工作人员同时也向应聘者介绍和宣传图书馆的情况。面试之后，招聘委员会将综合收集到的材料及考察情况向馆长汇报并提出聘用的建议，由馆长做出决定。

该招聘过程在美国各个图书馆虽有各自的不同之处，但大体是相似的，且在多数研究图书馆都基本遵循研究图书馆协会的指导方针。这种甄选聘用的方式可以使更多人参与选聘过程，吸取更多人的意见，有利于提高对候选人条件审查判断的客观性。同时由于委员会成员多是与该职位有关的各部门代表，故中选者更易为其他图书馆馆员所接受。但缺点是耗时过长。

第四节　图书馆馆员的考核与激励

一、图书馆馆员的考核

随着现代管理学不断发展,人力资源考核已不再局限于对工作效果的评估,而强调把图书馆组织的目标融入日常工作中,建立整个图书馆组织管理的考核与激励体系,同时也逐渐把考核重点放在对图书馆工作过程的全程监督、指导与调节上。因此有的学者把这种考核与激励体系称为绩效管理。

1. 图书馆馆员考核的作用

科学的人力资源考核系统具有以下作用:①考核是馆员聘用的依据。图书馆馆员的聘用标准应该是德才兼备,很大程度上应遵循考核得出的结论,不应该受其他外部因素的影响。②考核是合理配置人力资源的基础。只有通过全面的考核,管理者才能合理地判定每位馆员是否具有图书馆业务工作的素质和能力,或者及时觉察馆员素质和能力的变化,并及时予以调整,只有这样才能够合理地配置人力资源,以保证图书馆高效运行。③考核为人员培训提供了理论依据。人员培训是人力资源开发和管理的关键环节。随着现代信息技术的介入,图书馆服务功能增强,与之相适应对工作人员的素质也就提出了更高的要求,人员的培训也逐渐成为图书馆发展的核心所在,而要确定人员的培养方向,就必须通过对员工的考核来获得。④考核是措施激励的前提。通过科学合理的人员考核,图书馆工作人员可以看到自己的工作成绩,同时也可以看到自己的缺点和不足,明确努力方向,它有助于馆员之间开展公平竞争,充分调动每个人的主观能动性,不断提高个人素质和业务能力,形成积极向上的良好工作作风。

但是,我国的图书馆馆员考核工作还存在一些误区:①偏重评价工作任务完成情况,忽视结合图书馆工作发展的新要求去考核图书馆馆员的个人能力、发展倾向和特长等。图书馆馆员在工作中体会不到兴趣发展的愉悦感,导致缺乏工作热情。②偏重事后监督功能,忽视过程指导作用。现有的考核体系导向的组织文化是奖惩性的,而对于在工作过程中出现的一些情况,却没有进行及时的纠正与指导,往往导致错误发生之后问题才被关注的后果。③偏重考核工作的完成,忽视反馈工作的继续。当考核完成之后,图书馆通常只是简单地对这一结果进行按部就班地奖惩,流于形式,而图书馆馆员却没有从这一结果中了解到自身的工作效果与图书馆的目标有什么出入,不利于工作绩效的改进。

另外值得注意的是,在实际考核过程中应力求避免以下三种偏差:①眩惑影响:即被考核人在某一内容的考核上表现突出,则在其他项目的评分中往往受其特点影响而表现出得分较高。因此为了使考核公平合理,各考核人应尽可能避免这种现象的出现。②评分宽大倾向:即对自己的部下因爱护心切,在考核评分时往往高于实际评分。为防止这种现象产生,各考核人员应当尽量遵守评分规则,实事求是地给予评分。③评分中心化倾向:即评分的结果是大部分人均集中于"中等"这一现象。这是因为考核人对下属不太了解,当对考核项目不能果断进行好坏判断时,为求安全而得出的判定结果。如果不能对各被考核者的能力进行合理公正的评定,那么对员工的考核就失去了实际指导意义。

2. 图书馆馆员考核的内容

图书馆因岗位性质不尽相同,不能制定统一的考核标准,应根据岗位职责及岗位实际工作内容,制定出相应的考核标准,考核内容也应根据岗位要求而定。

关于图书馆馆员的考核内容,应分为政治素质考核和业务水平考核两大方面。政治素质考核应从政治思想表现和职业道德两方面进行;而业务水平的考核内容应包括以下几方面:一是独立工作能力考核。指图书馆各岗位工作人员应根据图书馆对其岗位工作的具体要求,运用自己掌握的专业知识,独立解决工作中出现的问题,高效准确地完成任务。二是工作量、工作质量、差错率考核。三是知识更新情况考核。由于信息化、网络化的快速发展,新的工作要求对图书馆工作人员进行计算机操作技术、外语水平及信息组织能力的考核。四是科研成果考核。高水平的科研能力与优质的服务质量是相辅相成的,具体考核内容为图书馆工作人员一年中在各级各类刊物发表文章的情况及完成科研课题情况。

在实践中,也有一些图书馆对考核方式进行了一定的改革。例如武汉大学图书馆的年终考核方案就是改革的成果。武汉大学图书馆对职工的年度考核分为三个部分,即《图书馆岗位工作考核自我鉴定表》《图书馆岗位工作考核表》《武汉大学职工年度登记表》。其中考核项目包括综合素质、完成工作任务情况、完成创新工作情况以及对本职工作的意见和建议四项。其中综合素质由政治思想、职业素质、工作态度和其他构成。

根据现代人力资源管理理论,图书馆考核领导小组应在对各部门进行考察的前提下,对图书馆馆员进行以下几个方面的考核:

(1)能力。能力是指图书馆馆员在履行职责的过程中表现出的一种综合素质。它是图书馆馆员完成工作任务的有效保证。图书馆馆员的能力指标主要包括基础能力、业务能力和素质能力三项内容。其中基础能力包括了基础知识和技能技巧等。关于图书馆馆员应有的知识技能,很多专家学者都有自己的见解。这方面能力可以从深度和广度两方面去考核,总结归纳起来,包括有系统的图书情报学知识、信息技术、其他学科背景、外语水平良好等。业务能力包括图书馆工作的判断能力、沟通能力和指导能力等。网络环境的不断发展变化,要求图书馆馆员应具备相当的判断力,以保证能够理解读者的需求,并具有彻底解决某些细节问题的能力;与读者和同事之间的沟通能力也在很大程度上影响其工作表现;而作为一名能够提供给读者所需信息的知识导航员,具备较强的指导能力也是必然的要求。素质能力包括智力素质、体力素质和性格修养等方面。对于这个方面的考核可以赋予其"能力开发"的内涵,纳入评估考核体系中。

(2)业绩。业绩是指对图书馆馆员作成绩的评定。它既是对图书馆馆员行为结果的评价认定,也是考核图书馆馆员在一定期间内对本单位的贡献和价值。工作业绩的考核可以从工作质量以及工作数量两方面进行评定。具体指标可根据各个工作岗位的性质来确定。

(3)态度。态度包括图书馆馆员在工作中的积极性、协调性和责任感的规律性表现。积极性是指图书馆馆员主动参与图书馆的管理活动并积极提出合理建议,即使面对困难的工作,也勇于承担积极完成;协调性指在工作中与同事间的关系,要求图书馆馆员具有较强的合作精神和团队精神;责任感要求不回避责任,不转嫁他人。对这个项目内容的评定,宜采取定性评价的方式进行分析,一般采取主观性评价的方法。

3. 考核的程序及方法

(1)量化考核:为使考核全面、公正、高效,图书馆馆员的量化考核部分可制订一份考核表,对各个可以量化的指标进行认真分解,并按优劣程度进行分级,然后根据各人表现来进行打分考评。

(2)定性评议:为了使考核更科学、全面,在进行量化考核的同时,不应忽视全体馆员和广大读者的评议性意见。应对每一位馆员进行定性评议,主要针对的是考核内容中不宜进行定量考核的要素进行群众评议或组织评议。应强调的是,为读者服务是图书馆的基本职能,因此图书馆在考核过程中,对直接与读者接触的部门应考虑进行读者测评一项,以提高图书馆的服务水平。

(3)确定考核结果:考核小组成员将考核人员量化考核和定性评议的得分综合处理,得到被考核人员的最后得分,并将考核结果公布于众。

二、图书馆馆员的激励

从心理学的角度来讲,激励是指激发人的行为动机的心理过程。通过激励,在某种外部刺激的作用下,使人获得某种内部推动力,让人始终处在进取、愉悦的状态中。激励机制是人力资源管理中非常重要的组成部分。其主要含义是指为了提高员工的积极性而采取的工作手段。图书馆要大力激发广大馆员的工作热情,调动馆员的主观能动性,提高服务水平,必须引进和实行激励机制。《世界上最科学的管理原则》一书的作者米歇尔·立波夫认为:如何回报员工,员工就如何工作。图书馆馆员在为读者组织信息资源、提供信息服务和情报咨询的工作中付出了自己的努力和劳动,自然希望自己的工作成绩能得到认可。如果图书馆管理者要增强图书馆馆员的积极性,提高他们的工作效率,就要让员工知道自己的业绩将获得何种回报。作为图书馆的管理者要及时了解和掌握馆员的需求与动机,有针对性地采用激励机制和方式,实事求是地进行激励,并通过各种措施来充分肯定图书馆馆员的个人价值和取得的工作业绩,激发全体馆员的工作热情,调动其内在的自觉意识,挖掘他们的潜力,确保馆员的行为与图书馆的发展目标保持一致。

1. 激励图书馆馆员的基本原则

(1)公平性原则。在任何单位或组织内部,人与人之间首先要相互理解、相互尊重,并在此基础上形成平等和公正的环境。图书馆管理者不能以长官意志、个人好恶和主观偏见来评判馆员的工作表现和成败得失。坚持公平性原则,可以确保每个馆员的心理得以平衡,使其最大限度地发挥自身的主动性、积极性和创造性。

(2)兼顾性原则。是指在图书馆人力资源开发与管理中要做到两个结合。一是物质激励和精神激励相结合,物质激励以精神激励为导向,而精神激励以物质激励为依托;二是奖励和惩罚相结合,奖惩在人力资源开发中十分重要,但惩罚的负效应要求以奖励为主,以惩罚为辅,做到奖罚有度、奖罚分明。

(3)发展性原则。心理学认为,人时刻都处在一种不满足的状态,由不满足而引发的心理压力和紧迫感、责任感又产生了满足新的需要的强大动力,而新的需要一旦得到满足,便会追求更新的需求。如此呈现出循环往复、不断发展、螺旋式上升的趋势。实施激励措施、开发图书馆人力资源,要遵循发展的原则,使馆员在工作中时刻有动力和压力,有责任感和荣辱感,在发展中不断满足心理需求,强化奋发向上的力量。

2. 激励图书馆馆员的途径和方法

关于图书馆馆员的激励方法和途径,很多文献都对此有专门的论述。

有学者指出图书馆可适当采用人性激励法,重视以人为本的管理方法,知人善任,并根据业务工作和质量要求及每个馆员的专长、能力安排适宜的岗位;目标激励法,确立适当的目标,诱发人的动机,达到调动人的积极性的目的;参与激励法,通过各种途径鼓励馆员参与管理与决策;知识激励法,图书馆要时常向馆员宣传本行业和相关行业的发展趋势及最新的应用技术,鼓励馆员参加各种继续教育活动。

还有学者将图书馆馆员的激励分为成就激励、能力激励、环境激励和物质激励四大类。认为成就激励可以分为组织激励、榜样激励、荣誉激励、绩效激励、目标激励和理想激励六个方面;而图书馆可以通过培训激励和工作内容激励来实现能力激励;公平合理、关系和谐的人文环境以及良好的规章制度与和谐的人际关系则是环境激励的内容;物质激励是改善图书馆馆员生活环境和生活质量的基础。并在此基础上提出了建立图书馆人力资源开发激励机制模式,主张以人为本的人才配置激励,始终坚持以馆员为中心;强化技能的人才培养激励,对馆员的培养是图书馆智能资本中最重要的部分;按绩付酬的物质利益激励是一个科学有效的激励机制,它以物质利益为基本导向;和谐向上的精神文化激励,是图书馆激励机制的重要环节;责任到人的目标价值激励,是把一定时期内每个馆员应当完成的任务转化为明确的个人目标,激发每个馆员按照既定目标积极主动地工作;树立典型的先进榜样激励,体现出保持先进和追求先进是馆员的内在动力。所有关于图书馆馆员激励的研究都为图书馆人力资源管理提供了可参考的理论依据。

对图书馆馆员的激励,应尊重馆员,尊重并满足馆员自身发展的需要。这是人性化管理理念的具体体现,也是提高管理质量的客观要求。恰当的物质利益激励,个性化的工作设计以及给予馆员更大的个人发展空间是激励图书馆馆员发挥更高的工作效率和水平的有效途径。具体来说,激励图书馆馆员的主要措施是:

(1)尊重并满足个人的需要

马斯洛需要层次理论为这一做法提供了很好的理论基础。从激励角度看,人的任何行为都客观地存在着驱使人们开展行为活动的种种需要。因此管理者要高度重视对图书馆馆员个人发展的环境分析。个人发展环境的动力包括机遇和风险两方面,前者包括加薪、提拔、培训机会、更有挑战性的工作机会等;后者则包括失业、接受不公正的管理、了无生趣的工作以及紧张的人际关系等。只有了解图书馆馆员的真实环境与思想，才能有目的地采取有效行动，调动员工积极性，激励员工朝着组织和个人共同的目标前进。

尊重并满足个人需要的具体做法是：①切实了解图书馆馆员的个人需要，从其动机中发现激励点。工作动机因人而异，能够有效刺激个人的激励点也就不同。要针对其特点进行恰当的激励方式选择，给予他们得到机遇、规避风险的保证和信心。②建立便于各方面交流的畅通渠道。这样的一个渠道对于图书馆来讲是十分重要的，如果这个渠道在某一环节出现堵塞或信息变异，将使管理者无法了解馆员的真正需求，馆员的诉求也无人重视，导致工作环境中出现恶性循环。③善于肯定图书馆馆员的个人价值和所取得的成绩。鲍勃·尼尔森在《1001 种奖励员工的办法》一书中指出，在员工们的奖励中，排在第一位的是顶头上司的口头赞赏或表扬，第二位是上司的书面表扬或赞赏。这种管理层的理解和赞赏是对员工工作业绩和个人价值最直截了当的肯定。在这种肯定的氛围中工作的员工会有遇到“伯乐”的感觉，也就没有道理不更好地调动自己的潜能去做好工作。

(2)恰当的物质利益激励

根据马斯洛需求层次理论和物质决定精神的原理，物质利益激励是个体精神激励和协调发展激励的基础，只有当前者产生一定效果后，后者才能奏效。物质激励的内容包括工资奖金和各种福利。它是一种最基本的激励手段，因为获得更多的物质利益是普通馆员的共同愿望，它决定着馆员基本需要的满足程度。但需要注意的是，物质激励是一种极具风险的选择，它并不能够激发人们长期处于最佳工作状态，往往花钱不少，但员工的绩效却并无起色。正如心理学家告诉我们的，“金钱顶多是一种短期动力”，时间一长，“这是应得的权利”的想法就会取而代之，其推动作用会很快消失。而且物质激励的操作性也十分复杂，因为要想达到预期效果必须依赖多种因素，而每个人对物质的态度以及为此所愿付出的代价是大相径庭的。

进行恰当的物质利益激励通常可以采取以下做法：①保持固定工资在同行业中的领先地位。从这个角度折射出来的是本组织在同行业中具有某种优势。员工将会从这种领先的工资水平中得到心理暗示：该馆是优秀的，与个人自身价值相当，在该馆工作是值得骄傲的。物质利益不仅是图书馆馆员生存和发展的物质保障，还是评判其社会地位的价值尺度。②建立完善的考核奖惩制度，以图书馆馆员的考核成绩为标准来发放奖金，避免平均分配，保证员工的薪酬，根据其价值具有竞争性。开发图书馆人力资源，同样要遵循市场经济规律，打破吃大锅饭的局面，

解放被束缚的员工潜在能力，本着公平的原则建立并完善付酬机制。图书馆必须采用灵活的工资福利制度，既体现馆员的资本价值，又有利于增进图书馆的绩效。

(3)个性化的工作设计

工作设计是近年来受到普遍关注的一种激励方法。是指根据赫茨伯格理论，在工作中添加一些可以使员工有机会获得成就感的激励因子，赋予员工更多的自主权和控制权，使他们能不断地挑战自我，用适合自己的方式去实现目标。所有这些都需要管理层懂得如何"下放权力"，同时也要求管理层对最终的结果负责。在图书馆中，往往会听到馆员抱怨说工作重复枯燥，缺乏挑战性，这样通过个性化的工作设计来解决这一问题就比较具有针对性。以下的一些做法值得注意：①为员工出色完成任务提供良好的工作环境。包括提供必要的信息，装配先进的工具设备，并建立符合本馆目标和特色的组织文化，使组织内部洋溢着社区般的友好气氛等。②根据个人的能力为馆员提供更具挑战性的目标，使馆员将压力变为动力，最大限度地挖掘其内在潜力。这种做法可以激发馆员的斗志，激励他们更出色地完成工作，使工作成为一种乐趣。例如增加一些与现任工作相关联的新任务，增派一些原来由经验丰富的老员工、专业人士甚至是管理层做的工作，还可以设定绩效目标，让员工用适合自己的方式去实现它们。

需要指出的是，把工作设计得更有激励性，目的不在于花同样的钱让馆员做更多的工作，而是为了让更有价值的馆员发挥出更大的潜力，而其自身也会因此而获得更多的报酬，使其对自己的能力也有进一步的认识。

(4)给予图书馆馆员个人更大的发展空间

通常个人在选择一份职业时，相比物质利益来讲，更为关心的是组织能够提供给个人的发展空间有多大，前景是否值得期许。贺子岳博士在2003年1月对武汉市几所图书馆所做的调查显示，有58%的馆员认为个人发展是重要的激励方式，只有9.4%的人认为无所谓个人发展。图书馆馆员在工作中，自然非常希望了解其所属环境发生的一切事情，并能够在工作中得到不断提高知识技能的机会，以满足自身安全与自尊的需要。为此，可采用以下做法：①为馆员提供参与管理的机会。馆员能够借此激励制度参与图书馆内的各级管理决策，以发挥其潜能，增进心理上的满足感，同时也能从中发掘、培养往更高职位发展的能力，提高工作效率。馆员参与管理有多种灵活方式，例如可以定期举行会议，设立包括馆员代表的咨询机构和顾问委员会，还可以举行座谈会，甚至可以建立合理建议制度等。②为优秀馆员提供继续学习深造的机会。根据心理学家马斯洛的需求层次理论，作为个体的员工除了希望有一个好的工作环境和优厚的工作待遇外，更需要不断提高自己的工作能力和综合素质，在工作中不断进步并获得足够的成就感。通过继续教育，可以提高馆员实现目标的能力，实现了图书馆馆员个人价值的再生，为承担更大的责任、更富挑战性的工作及提升到更重要的岗位创造条件，同时也加强了他们对图书馆的忠诚度，从而提升了图书馆的整体素质。这种激励方法使图书馆在以后的可持续发展中充满生机和活力。

在实践中，还有多种切实有效的激励方式，但无论如何，真正有效的激励方法必须是富有情感、充满活力以及生动新鲜的。

参考文献

[1] 周三多.管理学:原理与方法[M].上海:复旦大学出版社,1999.

[2] 韩乐江,李朝晖.管理学基础[M].北京:中国商务出版社,2009.

[3] 亨利·法约尔.工业管理与一般管理[M].迟力耕,张璇,译.北京:机械工业出版社,2007.

[4] 罗珉.管理学[M].北京:机械工业出版社,2006.

[5] 张兰霞.新管理理论丛林[M].沈阳:辽宁人民出版社,2001.

[6] 芮明杰.管理学:现代的观点[M].上海:上海人民出版社,1999.

[7] 鲍林涛.图书馆管理学[M].北京:学苑出版社,1989.

[8] 于鸣镝.图书馆管理学纲要[M].沈阳:辽宁人民出版社,1986.

[9] 黄宗忠.图书馆管理学[M].武汉:武汉大学出版社,1992.

[10] 谭祥金.图书馆管理综论[M].北京:北京图书馆出版社,1997.

[11] 潘寅生.图书馆管理工作[M].北京;北京图书馆出版社,2001.

[12] 官鸣.管理哲学[M].上海:知识出版社,1993.

[13] 肖明.管理哲学纲要[M].北京:红旗出版社,1987.

[14] 杨伍栓.管理哲学新论[M].北京:北京大学出版社,2003.

[15] 刘友金,张天平.管理学[M]·北京:中国经济出版社,2008.

[16] 韩乐江,李朝晖.管理学基础[M].北京:中国商务出版社,2009.

[17] 李兴山.现代管理学[M].北京:中共中央党校出版社,2002.